神华集团公司推进清洁能源发展战略

绿色发电节能环保升级改造行动计划

（2016—2020）

2017 版

神华集团有限责任公司　编

中国电力出版社
CHINA ELECTRIC POWER PRESS

图书在版编目（CIP）数据

神华集团公司推进清洁能源发展战略　绿色发电节能环保升级改造行动计划：2017 版．2016—2020/神华集团有限责任公司编．—北京：中国电力出版社，2017.9

ISBN 978-7-5198-1168-6

Ⅰ.①神…　Ⅱ.①神…　Ⅲ.①无污染能源一能源发展一研究一中国一2016—2020　Ⅳ.①F426.2

中国版本图书馆 CIP 数据核字（2017）第 232744 号

审图号：GS（2017）2380 号

出版发行：中国电力出版社
地　　址：北京市东城区北京站西街 19 号（邮政编码 100005）
网　　址：http：//www.cepp.sgcc.com.cn
责任编辑：郑艳蓉（010-63412379）
责任校对：王开云
装帧设计：王红柳　赵姗姗
责任印制：蔺义舟

印　　刷：北京天宇星印刷厂
版　　次：2018 年 1 月第一版
印　　次：2018 年 1 月北京第一次印刷
开　　本：787 毫米×1092 毫米　16 开本
印　　张：26.25
字　　数：324 千字
定　　价：138.00 元

国家能源发展战略思想

第一，推动能源消费革命，抑制不合理能源消费；

第二，推动能源供给革命，建立多元供应体系；

第三，推动能源技术革命，带动产业升级；

第四，推动能源体制革命，打通能源发展快车道；

第五，全方位加强国际合作，实现开发条件下能源安全。

摘自习近平总书记 2014 年 6 月 13 日

《在中央财经领导小组第六次会议上的讲话》

习近平在 2014 年
中央财经领导小组
第六次会议上的讲话

国家能源发展战略方针

坚持“节约、清洁、安全”的战略方针，加快构建清洁、高效、安全、可持续的现代能源体系。

摘自国务院办公厅

《关于印发能源发展战略行动计划（2014—2020年）的通知》

（国办发〔2014〕31号）

国务院办公厅：能源发展战略行动计划（2014—2020年）

神华集团公司“1245”清洁能源发展战略

围绕一个目标：	建设世界一流的清洁能源供应商
抓好两个转变：	转变发展理念，转变发展方式
推进四个发展：	安全发展、转型发展、创新发展、和谐发展
实现五个提高：	提高企业的发展质量和效益，提高企业管理水平，提高国际化能力，提高企业软实力，提高履行社会责任的能力

牢固树立绿色发展理念　推进能源低碳清洁发展

神华集团公司推进清洁能源发展战略

绿色发电节能环保升级改造行动计划(2016—2020)
2017 版
编委会

编　　制（按姓氏笔画排序）

于建民　马元坤　王　超　王凤池　王凤桥
王仕龙　王立功　王立新　王安明　王绪文
王瑞龙　白继亮　宁国睿　朱　宏　朱叶卫
邬金海　刘　俊　刘志东　刘利平　安志勇
孙　平　孙　灏　孙志宽　孙雪松　苏　起
苏建民　李　石　李　铮　李立峰　李再忠
李宏伟　李金涛　李星华　李栓宝　杨　建
杨建兴　杨俊强　何文强　谷振全　邹海峰
张　勇　张　翼　张延鹏　张宝川　张建生
张树成　张艳亮　张砺刚　张晓波　陈　凯
苗俊明　范忠明　卓　华　尚呼平　季明彬
金海斌　周本多　周国民　庞宏立　郑少亮
郑海峰　孟林辉　孟宪云　赵生光　胡殿儒
宫广正　贺　峰　袁　丁　袁　平　夏玉恒
徐顺喜　高武军　郭小元　郭继光　黄　立
崔立明　梁志宏　梁建红　蒋军成　韩　涛
温长宏　雒建中

做神华“1245”清洁能源发展战略的领跑者

党的十八大提出的中国特色社会主义“五位一体”总体布局，对推进生态文明建设提出了一系列新思想、新论断和新要求，十八届五中全会又提出必须牢固树立“创新、协调、绿色、开放、共享”发展理念。习近平总书记在中央财经领导小组第六次会议上，从国家能源安全战略的高度，就推动能源生产和消费革命作出“四个革命、一个合作”的重要指示。国务院印发《能源发展战略行动计划（2014—2020年）》，要求大力发展清洁高效煤电，2015年第114次常务会议决定全面实施燃煤电厂超低排放和节能改造。国家发展改革委、环境保护部和国家能源局陆续印发《煤电节能减排升级与改造行动计划（2014—2020年）》和《全面实施燃煤电厂超低排放和节能改造工作方案》，对燃煤机组的供电煤耗、大气污染物排放及节能减排改造目标作出明确要求。

神华集团公司认真贯彻落实党中央、国务院的决策部署，深入学习领会习近平总书记的重要讲话精神，审时度势、研判形势，确定了“1245”清洁能源发展战略，为神华集团公司今后的发展指明了方向。我们要将思想和行动统一到

“1245”清洁能源发展战略上来，围绕“建设世界一流的清洁能源供应商”这个目标，转变发展理念、转变发展方式，积极推进煤炭清洁化利用，这是时代赋予我们的光荣责任和使命。

发展清洁煤电已是神华产业的核心优势和必然选择，《神华绿色发电节能环保升级改造行动计划（2016—2020）》是实现“1245”清洁能源发展战略的重要支撑。神华集团公司上下务必要统一思想、毫不动摇、狠抓落实，以“生态文明为旗帜、清洁高效为路径、美丽电站为纲领”，做世界煤电清洁化的“领跑者”，三年内使集团电力各项技术经济指标达到国内前三名；到2020年各项技术经济指标达到世界先进水平，努力开创煤电清洁高效的新纪元，在神华集团公司打造“世界一流清洁能源供应商”的新征程上，作出新的更大的贡献！

神华集团总经理 

2017年6月

凌文：神华集团绿色转型之路

加快实施节能环保改造
全面实现高品质绿色发电

神华集团“1245”清洁能源战略是应对国际国内新形势、经济新常态的战略举措，是集团战略转型和实现可持续发展的正确抉择。作为一体化运营模式的重要组成部分，神华电力在神华集团公司可持续发展和生态文明建设方面做出了突出成绩。实践证明，只要选择合理的技术路线，运用先进的节能环保技术，完全能实现煤炭清洁高效发电。

面对机遇和挑战，各级干部和全体员工要聚力于战略落地，务必抓好《神华绿色发电节能环保升级改造行动计划（2016—2020）》的实施，“十三五”期间预计投资 191 亿元，力争完成 1050 余项节能环保升级改造，持续推进节能增效和环保减排。到 2017 年底，东部和中部地区燃煤机组全部实现超低排放；到 2020 年底，燃煤机组（包括循环流化床机组）全部实现超低排放，火电机组平均供电标准煤耗达到 297g/kWh，全面实现高品质绿色发电。

加快实施节能环保改造应做好以下三方面。

加强组织实施。神华集团公司要强化部门间的协调，各司其职、各负其责、密切配合，及时协调解决实施过程中出现的困难和问题。各子（分）公司和电厂是绿色发电节能环保升级改造的责任主体，要持续推进本单位行动计划的实施，保障人、财、物的落实。

加强技术管理。深入开展技术方案比选优化与效果评估；高度重视系统节能、设备节能、管理节能和科技创新等手段的综合运用，力求实现宽负荷工况下的节能降耗；全面总结超低排放的运行经验，积极采用污染物一体化脱除环保先进技术，最大程度发挥绿色升级改造的成果优势。

加强项目管控。加快项目可研的编制、评审及批复工作，加强资金保障，科学合理安排生产检修计划，确保项目计划尽快落实。重视项目全过程安全、质量监督与改造效果监测评价，确保改造工程按期建成并稳定运行，努力打造若干电力节能环保标杆企业和示范项目。

神华集团副总经理 李东

2017 年 6 月

李东：煤炭前景仍可看好，发展关键在于“清洁”

目　录

一、国家能源要求与集团发展战略

（一）全面建设清洁低碳、安全高效的现代能源体系

1. 生态文明建设和绿色发展的需要

党的十八大提出了建设中国特色社会主义“五位一体”的总布局，要求把生态文明建设放在突出地位，融入经济建设、政治建设、文化建设、社会建设各方面和全过程，着力推进绿色发展、循环发展和低碳发展，努力建设美丽中国，实现中华民族永续发展。党的十八届五中全会审议通过的《中共中央关于制定国民经济和社会发展第十三个五年规划的建议》，提出了全面建成小康社会新的目标、思路和要求，强调“十三五”是生态文明建设和环境保护取得实质性进展的重要窗口机遇期，要牢固树立创新、协调、绿色、开放、共享的发展理念。生态文明和绿色发展已正式成为党和国家的执政理念。

中国共产党十八届五中全会公报

十二届人大四次会议政府工作报告关于生态文明建设的部署

2. 能源生产和消费革命的需要

习近平总书记在2014年中央财经领导小组第六次会议上，就推动能源生产和消费革命作出“四个革命、一个合作”的

五点指示：第一，推动能源消费革命，抑制不合理能源消费；第二，推动能源供给革命，建立多元供应体系；第三，推动能源技术革命，带动产业升级；第四，推动能源体制革命，打通能源发展快车道；第五，全方位加强国际合作，实现开放条件下能源安全。李克强总理在2015年《政府工作报告》中指出：要深入实施大气污染防治行动计划，加强煤炭清洁高效利用，推动燃煤电厂超低排放改造，促进重点区域煤炭消费零增长。国务院办公厅印发的《能源发展战略行动计划（2014—2020年）》（国办发〔2014〕31号），明确提出要转变能源发展方式，调整优化能源结构，着力发展清洁能源和提高能源效率，推进能源绿色发展，切实提高能源产业核心竞争力，打造中国能源升级版。要加快发展煤炭清洁开发利用技术，转变煤炭使用方式，大力发展清洁高效煤电，提高煤炭集中高效发电比例，不断提高煤炭清洁高效开发利用水平。

3. 应对全球气候变化和低碳发展的需要

巴黎气候大会通过的《巴黎协定》，规定各方要加强对气候变化威胁的全球应对，把全球平均气温较工业化前水平升高控制在2℃之内，并为把升温控制在1.5℃之内而努力，尽快实现温室气体排放达峰，二十一世纪下半叶实现温室气体净零排放。中国在“国家自主贡献”中提出：将于2030年左右使二氧化碳排放达到峰值并争取尽早实现，2030年单位

习近平在气候变化巴黎大会开幕式上的讲话

国内生产总值二氧化碳排放比 2005 年下降 60%～65%，非化石能源占一次能源消费比重达到 20%左右。森林蓄积量比 2005 年增加 45 亿 m^3左右。国务院印发的《"十三五"控制温室气体排放工作方案》要求到 2020 年，单位国内生产总值二氧化碳排放比 2015 年下降 18%，碳排放总量得到有效控制，大型发电集团单位供电二氧化碳排放控制在 550g/kWh 以内。国家发展改革委 2016 年 1 月发布《关于切实做好全国碳排放权交易市场启动重点工作的通知》，2017 年将启动全国碳排放权交易，政府通过总量控制，向企业发放碳排放权配额，规定企业二氧化碳排放上限额度，要求企业对温室气体排放实行总量控制，对超出配额的排放设立罚则。

（二）全面推广电力超低排放和世界一流水平能耗标准

1. 煤电节能减排升级改造的新要求

2013 年 9 月 10 日和 2015 年 4 月 2 日，国务院分别印发了《大气污染防治行动计划》（国发〔2013〕37 号）和《水污染防治行动计划》（国发〔2015〕17 号），备受关注的《中华人民共和国大气污染防治法》也于 2016 年 1 月 1 日正式实施，全面开启了包括电力行业在内的大气和水污染防治工作。2015 年 12 月 2 日，国务院第 114 次常务会议决定全面实施燃煤电厂超低排放和节能改

国务院：大气污染防治行动计划

2015 年国务院第 114 次常务会议

造，大幅降低发电煤耗和污染物排放，在全国全面推广超低排放和世界一流水平的能耗标准。

2011 年 7 月 29 日，环境保护部发布了 GB 13223—2011《火电厂大气污染物排放标准》，大幅度提高燃煤机组大气污染物排放标准；2014 年 9 月 12 日，国家发展改革委、环境保护部和国家能源局联合印发《煤电节能减排升级与改造行动计划（2014—2020 年）》（发改能源〔2014〕2093 号），对新建和现役燃煤机组的供电煤耗、大气污染物排放及节能减排改造目标作出明确规定；2015 年 12 月 11 日，环境保护部、国家发展改革委和国家能源局联合印发《全面实施燃煤电厂超低排放和节能改造工作方案》（环发〔2015〕164 号），要求到 2020 年，全国所有具备改造条件的燃煤电厂力争实现超低排放，有条件的新建燃煤发电机组达到超低排放水平；全国新建燃煤发电项目平均供电标准煤耗低于 300g/kWh，现役燃煤发电机组平均供电标准煤耗低于 310g/kWh。部分省、市、自治区政府也相继出台了更为严格的煤电节能减排改造计划。2017 年 2 月 27 日，环境保护部会同京津冀及周边地区大气污染防治协作小组及有关单位制定印发了《京津冀及周边地区 2017 年大气污染防治工作方案》，要求切实改善京津冀及周边地区环境空气质量，进一步加大京

国家发展改革委、环境保护部和国家能源局：煤电节能减排升级与改造行动计划（2014—2020 年）

环境保护部、国家发展改革委和国家能源局：全面实施燃煤电厂超低排放和节能改造工作方案

津冀大气污染传输通道（“2+26”城市）治理力度。

2. 煤电节能减排奖励政策的新激励

2015年12月9日，国家发展改革委、环境保护部和国家能源局联合发布《关于实行燃煤电厂超低排放电价支持政策有关问题的通知》（发改价格〔2015〕2835号），对符合超低限值要求的燃煤发电企业给予适当的上网电价支持。其中：对2016年1月1日以前已经并网运行的现役机组，对其统购上网电量每千瓦时加价1分钱（含税）；对2016年1月1日之后并网运行的新建机组，对其统购上网电量每千瓦时加价0.5分钱（含税）。

国家发展改革委、环境保护部和国家能源局：实行燃煤电厂超低排放电价支持政策

部分地方政府也出台了煤电改造节能减排激励政策，对达到超低排放标准的机组，每年给予不低于200h的电量奖励或1分/kWh的环保电价补贴。一系列煤电机组节能减排改造奖励政策的出台，大大激发了煤电企业节能减排升级改造的积极性。

（三）全面实施神华“1245”清洁能源发展战略

神华集团公司作为我国最大的煤炭生产企业和煤炭销售商，传统的业务模式将面临能源结构调整和环境保护的双重挑战，规模扩张的发展方式难以为继，必须采取行动，加快转型发展。

神华集团公司党组、董事会认真贯彻落实习近平总书记提出的关于能源发展“四个革命”和“一个合作”的战略部署，制订了“1245”清洁能源发展战略和行动计划，即“围绕一个目标，加快两个转变，推进四个发展，实现五个提高”，贯彻“安全、高效、清洁、可持续”的方针，加快建设具有神华特色的清洁能源产业化供应体系，建设世界一流清洁能源供应商和清洁能源方案提供商。

神华电力是神华集团公司推进“1245”清洁能源发展战略的“关键环节”和“主要力量”，必须要以生态文明为旗帜、以美丽电站为纲领、以清洁高效为路径，实施燃煤机组绿色发电节能环保升级改造行动；要坚持高品质发展理念，树立神华绿色清洁发电品牌；以科技创新为手段，大力推行超低排放、高效节能节水和资源综合利用技术，提升火电机组调频、调峰能力，适应新能源大规模接入的新要求；努力实现煤电的清洁化、集约化、智能化，确保神华电力具备强大的价值创造力和可持续发展能力。

神华：一度电的清洁诞生

（四）神华电力节能环保现状

“十二五”以来，依托煤电一体化运作模式，神华集团公司发电业务不断发展壮大，围绕坑口、港口、路口、电网输送要道、经济负荷中心和沿海经济强省区域，重点建设了一批高效率、高参数、大容量火力发电项目，业务扩展到了全国30个省、市和自治区，在可持续发展中发挥了“蓄水池”和“稳定器”的作用。截至2015年底，神华集团公司电力总装机容量7879万kW；其中：煤电7096万kW、燃机173万kW、风电580万kW、水电12.52万kW、光伏17.1万kW。同时，将生态文明建设作为提高企业核心竞争力的重要内容，加快节能环保改造，能源利用效率进一步提高，污染物排放进一步降低，努力实现企业环境本质安全。

神华：做煤电烟气排放领跑者

1. 持续优化发电机组结构

（1）不断提高新建项目准入。引进国际最先进节能环保技术，在重点发电技术领域取得突破，不断提升新建机组指标水平。台山电厂一期、宁海电厂二期、绥中电厂二期等多项工程先后获得国家优质工程金奖及鲁班奖。北京燃气热电实现“一键启停、无人值守、全员值班”的自动智能控制，成为神华集团公司首个“智能电站”。

（2）大力发展超（超）临界机组。截至2015年底，600MW等级（含）以上机组容量占燃煤机组总容量约70%，1000MW等级机组已正式投运14台。

（3）加大小机组关停力度。共关停淘汰燃煤小机组154.9万kW（徐州2×20万kW、准能2×10万kW、大漠2×2.5万kW、焦作2×22万kW、重庆2×20万kW、神宝

0.9 万 kW、伊犁 2×2.5 万 kW），环保政策性关停北京热电 2×20 万 kW 机组。

（4）大力发展综合利用发电。CFB（循环流化床锅炉）发电机组共计 822 万 kW，占火电机组容量的 11.5%，成为国内 CFB 机组装机容量最大的发电企业，年消耗低热值煤约 700 万 t，折合节约标准煤约 200 万 t，实现了低热值能源就地绿色转化。

（5）推进新能源发电项目建设。风电装机共计 568 万 kW，成为国内第 7 大风电运营商。风电、光伏和水力发电年发电量 106 亿 kWh，减少标准煤耗 317 万 t，减排二氧化碳 790 万 t。

2. 深入开展节能增效改造

“十二五”期间，神华集团公司供电标准煤耗从 327.4g/kWh 下降至 318g/kWh，累计下降 9.4g/kWh。纳入国家发展改革委公布的万家企业共 64 家，节能量总任务为 453.5 万 t 标准煤；其中：电力企业 46 家，节能量总任务为 341 万 t 标准煤，累计完成 520 万 t 标准煤，完成率 152.5%。在中国电力企业联合会组织的火电机组能效对标竞赛中，神华集团公司累计约 50 台机组获奖。2016 年，神华集团公司供电标准煤耗完成 313.22g/kWh，同比下降 5.02g/kWh，降幅为历年来最大；2017 年 1—6 月，供电标准煤耗完成 308.24g/kWh，同比下降 4.28g/kWh。

“十二五”期间，神华集团公司共投资约 25 亿元实施 100 余项电力重大节能改造工程，平均年项目节能量超过 50 万 t。重点实施汽轮机通流改造（截至 2017 年 6 月底，累计完成 30 台、1502 万 kW）、抽汽供热、冷端优化、辅机提效等措施，改造后供电标准煤耗平均下降超过 10g/kWh，详见表 1-1。绥中电厂两台俄制 800MW 机组综合升级改造实现了多项重大技术的创新突破，自主研发了世界上最大的汽轮机调节级，一举攻克了目前世界最长轴系、国内单机容量最大的汽轮机通流改造技术难题，取得了增容 10% 达到 88 万 kW、供电标准煤耗降低近 40g/kWh、厂用电率下降 2 个百分点的革命性成果。

表 1-1 “十二五”节能增效综合升级改造（汽轮机通流）情况

子分公司	电厂名称	机组编号	装机容量（MW）	修前热耗（kJ/kWh）	修后热耗（kJ/kWh）	煤耗降低（g/kWh）
国华	绥中	1 号	880	8407	7810	20.37
	绥中	2 号	880	8414	7801	20.92
	三河	3 号	300	8311.77	7878.77	14.77
	三河	4 号	300	8633.81	7894.01	25.24
	太仓	7 号	630	7878	7549.38	11.21
	定洲	1 号	600	8117.98	7799.76	10.86
	宁海	4 号	600	8111.9	7775.7	11.47
国神	大港	1 号	328.5	8455.37	8035.39	14.33
	大港	2 号	328.5	8523.56	7999.73	17.87
	神二	1 号	500	8661.8	8150	17.46
	神二	2 号	500	8772.3	8216.24	18.97
神皖	池州	2 号	320	8188.5	7953	8.04
	马鞍山	3 号	330	8200.23	7929.43	9.24

3. 全面实施环保减排改造

王树民：神华集团在京津冀地区的燃煤电厂全部实现超低排放

“十二五”期间，神华集团公司投资约72亿元实施100余项电力大气污染治理项目。对35台燃煤机组进行了脱硫改造，累计改造容量659万kW；对86台燃煤机组进行了脱硝改造，累计改造容量3156万kW。2015年神华集团公司二氧化硫排放总量33.98万t，较2011年的46.95万t减少27.63%；2015年氮氧化物排放总量38.94万t，较2011年的73.26万t减少46.85%。圆满完成了与国家环保部签订的“十二五”总量减排责任书任务，按照GB 13223—2011《火电厂大气污染物排放标准》要求，实现了火电机组全面达标排放。

神华舟山电厂4号机组：国内首台新建近零排放燃煤机组投产

神华三河电厂1号机组：京津冀首台近零排放燃煤机组通过验收

积极推进煤电机组超低排放工作。自首台超低排放机组于2014年6月投产以来，至“十二五”末共完成超低排放机组改造40台，新建7台超低排放机组，合计47台机组实现超低排放，改造投资31.4亿元；截至2017年6月底，94台机组（51254MW）实现超低排放。经过技术改造，在达标基础上，烟尘排放浓度小于或等于5mg/m³（标准状态）、二氧化硫排放浓度小于或等于35mg/m³（标准状态）、氮氧化物排放浓度小于或等于50mg/m³（标准状态），达到了燃机排放水平［其中河曲两台CFB机组烟尘浓度小于或等于10mg/m³（标准状态）］。共计减排烟尘3063t、二氧化硫19 207t、氮氧化物17 741t，详见表1-2和表1-3。

表 1-2 “十二五”超低排放改造情况

序号	子分公司	电厂名称	机组编号	装机容量（MW）	完成时间	减排量（t）		
						烟尘	二氧化硫	氮氧化物
1	国华	三河	1 号	350	2014 年 6 月	137.81	137.81	459.38
2			2 号	350	2014 年 8 月	122.50	122.50	408.33
3			4 号	300	2015 年 6 月	39.38	39.38	131.25
4			3 号	300	2015 年 10 月	13.13	13.13	43.75
5		定州	3 号	660	2014 年 12 月	173.25	173.25	577.50
6			4 号	660	2014 年 12 月	173.25	173.25	577.50
7			1 号	600	2015 年 12 月	13.13	56.88	131.25
8		绥中	1 号	800	2015 年 3 月	157.50	1732.50	1575.00
9			2 号	800	2014 年 12 月	210.00	2310.00	2100.00
10			3 号	1000	2015 年 9 月	262.5	2887.5	2625
11		惠州	1 号	330	2014 年 12 月	86.63	952.88	288.75
12		孟津	2 号	600	2015 年 4 月	105.00	1155.00	1050.00
13			1 号	600	2015 年 5 月	91.88	1010.63	918.75
14		舟山	3 号	300	2015 年 12 月	6.56	72.19	21.88
15		沧东	4 号	660	2015 年 10 月	28.88	317.63	288.75
16			3 号	660	2015 年 11 月	14.44	158.81	144.38
17		盘山	1 号	500	2015 年 11 月	10.94	47.40	109.38
18			2 号	500	2015 年 12 月	10.94	47.40	109.38
19		太仓	7 号	630	2015 年 12 月	13.78	151.59	45.94
20		宁海	4 号	600	2015 年 12 月	13.13	144.38	43.75
21		准格尔	3 号	330	2015 年 9 月	28.88	317.63	288.75
22			4 号	330	2015 年 11 月	14.44	158.81	144.38
23		宁东	1 号	330	2015 年 11 月	14.44	158.81	144.38
24			2 号	330	2015 年 11 月	14.44	158.81	144.38
25	国神	大港	1 号	328.5	2014 年 4 月	143.72	143.72	479.06
26			2 号	328.5	2014 年 4 月	143.72	143.72	479.06
27			3 号	328.5	2014 年 7 月	122.16	122.16	407.20
28			4 号	328.5	2014 年 4 月	143.72	143.72	479.06
29		鸳鸯湖	1 号	660	2015 年 3 月	129.94	1270.50	385.00
30			2 号	660	2015 年 3 月	129.94	1270.50	385.00
31			1 号	215	2015 年 7 月	23.52	258.67	235.16
32		秦皇岛	2 号	215	2015 年 7 月	39.19	413.88	235.16
33			3 号	320	2015 年 7 月	35.00	385.00	350.00
34			4 号	320	2015 年 4 月	56.00	616.00	560.00

续表

序号	子分公司	电厂名称	机组编号	装机容量（MW）	完成时间	减排量（t）		
						烟尘	二氧化硫	氮氧化物
35	神皖	池州	2号	320号	2015年7月	58.33	385.00	350.00
36		马鞍山	3号	330号	2015年12月	108.28	555.84	168.44
37			1号	330号	2015年11月	72.19	476.44	433.13
38	福建	雁石	5号	300号	2015年11月	13.13	144.38	131.25
39		鸿山	3号	1000号	2015年11月	43.75	189.58	145.83
40			4号	1000号	2015年11月	43.75	189.58	145.83
神华合计				19 504		3063.17	19 206.86	17 740.99

表1-3　“十二五”新建机组超低排放情况

子分公司	电厂名称	机组编号	装机容量（MW）	投产时间
国华	舟山	4号	350	2014年6月
国神	万州	1号	1050	2015年1月
		2号	1050	2015年5月
	河曲CFB	1号	350	2015年9月
		2号	350	2015年11月
神皖	安庆	3号	1000	2015年5月
		4号	1000	2015年6月
神华合计			5150	

（五）神华电力节能环保存在的问题

1. 供电煤耗水平亟待提升

2015年，全国平均供电标准煤耗315g/kWh，五大发电集团平均供电标准煤耗308g/kWh，神华集团公司供电标准煤耗与两者相比分别高出3.0g/kWh和10.0g/kWh，详见表1-4。2016年全国平均供电煤耗312g/kWh，神华集团公司仍高于全国平均数。

表 1-4　　神华集团公司与五大发电集团供电标准煤耗对标表　　g/kWh

年　度	2010	2011	2012	2013	2014	2015
神华集团公司	327.4	325.8	324.0	323.3	321.4	318.0
全国平均	333.0	330.0	326.0	321.0	319.0	315.0
五大电力平均	326.8	320.9	317.6	314.5	311.0	308.0
其中：中国华能集团公司	322.7	318.7	316.5	312.9	310.0	305.7
中国大唐集团公司	324.8	321.4	318.8	316.5	312.8	309.6
中国华电集团公司	328.2	321.1	316.8	313.2	309.9	305.2
中国国电集团公司	326.3	321.3	318.7	316.4	312.8	309.5
中国电力投资集团公司	331.8	321.8	317.1	313.5	309.7	309.5

原因分析：

（1）超（超）临界机组与国内先进水平差距较大。其中1000MW超超临界机组供电煤耗不先进，600MW超（超）临界机组供电煤耗落后。近两年全国大机组能效对标结果显示如下：

神华集团公司10台超超临界机组供电标准煤耗比全国平均值和前20%平均值分别高4.5g/kWh和10.5g/kWh，全部没有进入前20%；9台超临界湿冷机组供电标准煤耗比全国平均值和前20%平均值分别高5.5g/kWh和11g/kWh，仅太仓电厂8号机组供电煤耗优于全国平均值；10台超临界空冷机组供电标准煤耗全部高于全国平均值，比全国平均值和前20%平均值分别高7g/kWh和15g/kWh。

全国火电机组生产厂用电率为5.84%，五大发电集团最优为5.16%，最高为6.06%，集团厂用电率达到6.43%，远高于五大发电集团和全国平均水平，除亚临界机组外，其他各类型机组的厂用电率均偏高，详见表1-5和表1-6。

表1-5　神华集团公司与五大发电集团整体厂用电率对标表　%

年　度	2012	2013	2014	2015
神华集团公司	6.7	6.52	6.43	6.33
全国平均	6.10	6.01	5.84	5.70
其中：中国华能集团公司	5.40	5.25	5.19	4.97
中国大唐集团公司	5.47	5.20	5.16	4.94
中国华电集团公司	5.98	5.94	6.06	5.98
中国国电集团公司	5.59	5.28	5.24	5.15
中国电力投资集团公司	6.32	6.03	5.98	5.87

表1-6　神华集团公司与五大发电集团不同机组厂用电率对标表　%

机组类型	神华	华能	大唐	华电	国电	中电投	全国
1000MW超超临界湿冷	4.87	3.54	3.73	4.44	3.00	4.23	4.08
600MW超超临界湿冷	4.26	3.94	3.60	4.90	3.69	3.88	4.24
600MW超临界湿冷	5.18	4.36	4.41	5.53	4.20	4.78	4.66
600MW超临界空冷	8.55	5.10	5.08	8.98	4.68	6.52	6.7
600MW亚临界湿冷	5.50	5.55	5.12	5.55	5.23	5.84	5.65
600MW亚临界空冷	7.45	7.25	5.74	8.39	8.25	8.16	7.37

（2）CFB机组占比偏高。神华集团公司CFB机组容量822万kW，占火电装机容量的11.5%，五大发电集团仅占2%～3%。神华集团公司CFB机组平均供电标准煤耗约355g/kWh，比常规煤粉锅炉机组高35g/kWh，影响神华集团公司整体供电煤耗4～5g/kWh。

（3）小火电机组占比偏高。神华集团公司20万级及以下机组约450万kW（煤化工自备电站66万kW、供热小机组172万kW、纯凝汽式小机组212万kW），约占煤电机组容量6.4%，比例偏高。

（4）供热机组占比偏低。从“热电比”来看，五大发电集团：华能为9.9%，大唐为13.1%，国电为15%，华电为

14.9%，国投为16.2%，神华集团公司仅约6%，不到平均水平的一半。

（5）空冷机组占比偏高。神华集团公司在中西部地区大力发电煤电一体化项目，空冷机组容量达到1825万kW，占煤电装机容量的26%。因空冷机组比同容量等级的湿冷机组供电标准煤耗高10～18g/kWh（直接空冷高16～18g/kWh，间接空冷高10～12g/kWh），也导致神华集团公司供电煤耗整体偏高。

2. 环保综合治理工作仍需加强

（1）个别超低排放机组没有实现稳定超低排放。

（2）部分废水处理设施运行不稳定，废水综合利用率不高。

（3）部分灰场灰坝存在环境安全隐患。

二、指导思想与工作目标

（一）指导思想

深入贯彻国家关于推动能源生产和消费革命的总体部署，积极践行“节约、清洁、安全”的能源战略方针，加快落实国家全面实施燃煤电厂超低排放和节能改造的工作要求，以“1245”清洁能源战略为引领，全面实施神华电力绿色发电节能环保升级改造，全面建成国内国际领先的高效清洁煤电“领跑者”，全面提升神华电力的价值创造力和可持续发展力。

（二）工作目标

1. 总体目标

（1）到2018年底，火电机组平均供电煤耗达到全国行业领先水平；到2020年底，火电机组平均供电标准煤耗力争达到297g/kWh，单位供电二氧化碳排放量控制在841g/kWh。

（2）到2020年底，燃煤机组大气污染物（包括循环流化床机组）全面实现超低排放。

2. 具体目标

（1）节能增效目标。按照《全面实施燃煤电厂超低排放和节能改造工作方案》（环发〔2015〕164 号）总体要求，结合神华集团公司现役燃煤机组检修计划，确定节能增效改造升级目标，详见表 2-1。

表 2-1　“十三五”节能增效目标表（供电煤耗）

类别		年份					
		2015	2016	2017	2018	2019	2020
神华奋斗目标	供电煤耗（全口径）	318	313.2	309	304	300	297
	供电煤耗（除 CFB）	316	309.5	304	300	297	292
	供电煤耗（CFB）	360	354	350	344	341	338
	改造节能量（万 t 标准煤）	—	48.2	44.6	76.2	72.3	45.9
		287（5 年累计）					
子分公司目标	国华	308.5	304.6	302.0	296.0	293.0	290.0
	国神	331.1	325.0	320.0	313.0	309.0	307.0
	神皖	306.8	300.0	298.0	296.0	292.0	289.0
	福建	317.5	305.0	299.0	290.0	289.0	287.0
	四川	330.4	327.0	326.0	294.0	292.0	290.0
	准能	370.7	379.9	375.0	370.0	365.0	361.0
	内蒙煤焦化	410.7	410.0	407.0	405.0	403.0	400.0
	胜利	—	—	—	298.0	298.0	298.0
机组类型	1000MW 超超临界（湿冷）	293.2	289.2	283.4	279.8	278.3	276.6
	1000MW 超超临界（空冷）	0.0	0.0	288.0	288.0	288.0	288.0
	600MW 超超临界（湿冷）	288.8	292.3	288.5	284.4	283.2	282.8
	600MW 超超临界（空冷）	0.0	0.0	292.0	298.4	299.5	299.5
	600MW 超临界（湿冷）	307.0	302.3	302.0	301.6	301.4	298.3
	600MW 超临界（空冷）	325.6	323.8	317.5	313.2	312.2	309.8
	600MW 亚临界纯凝汽式（湿冷）	317.7	308.7	305.2	304.1	303.5	299.3
	600MW 亚临界纯凝汽式（空冷）	325.7	322.3	314.9	311.9	311.4	311.1
	300MW 及以下（含 CFB）	337.0	334.4	328.8	322.8	320.0	318.8
区域	东部地区	306.9	300.1	295.2	293.3	293.1	289.9
	——北京	225.0	225.0	225.0	225.0	225.0	225.0
	——天津	324.6	321.6	317.3	316.5	315.2	313.0
	——河北	313.0	307.7	306.9	305.3	304.9	300.7
	——辽宁	311.2	310.5	306.5	302.5	301.6	299.7

续表

类别		年份					
		2015	2016	2017	2018	2019	2020
区域	——上海	0.0	0.0	0.0	0.0	0.0	0.0
	——江苏	290.7	287.3	286.6	286.6	286.6	283.3
	——浙江	301.8	295.9	291.5	291.2	291.0	289.2
	——福建	315.0	306.0	292.1	287.8	288.2	285.0
	——山东	0.0	272.0	272.0	272.0	272.0	272.0
	——广东	316.8	309.2	299.7	295.3	295.3	289.7
	——海南	0.0	0.0	0.0	0.0	0.0	0.0
	中部地区	313.7	307.3	303.3	297.9	291.7	288.9
	——山西	319.6	319.6	312.4	309.4	307.8	307.4
	——吉林	0.0	0.0	0.0	0.0	0.0	0.0
	——黑龙江	0.0	0.0	310.0	310.0	310.0	310.0
	——安徽	309.1	296.4	294.2	291.6	289.3	287.8
	——江西	0.0	0.0	0.0	272.0	272.0	272.0
	——河南	307.8	302.4	297.9	294.2	294.2	292.7
	——湖北	0.0	0.0	0.0	0.0	0.0	0.0
	——湖南	0.0	0.0	0.0	0.0	272.0	272.0
	西部地区	334.7	329.8	319.9	309.1	305.0	303.5
	——内蒙古	343.0	340.8	334.9	323.1	317.2	316.4
	——广西	0.0	300.0	300.0	282.3	277.7	277.7
	——重庆	300.8	291.5	287.5	279.5	279.7	279.8
	——四川	331.7	330.3	325.7	296.3	293.0	290.5
	——贵州	0.0	0.0	0.0	0.0	0.0	0.0
	——云南	0.0	0.0	0.0	0.0	0.0	0.0
	——西藏	0.0	0.0	0.0	0.0	0.0	0.0
	——陕西	331.1	327.8	319.9	315.4	313.9	312.0
	——甘肃	0.0	0.0	0.0	0.0	0.0	0.0
	——青海	0.0	0.0	0.0	315.0	315.0	315.0
	——宁夏	335.4	334.3	309.4	300.1	299.0	298.3
	——新疆	335.8	330.3	323.2	312.0	308.6	308.3

（2）环保减排目标。到2017年底，神华集团公司所处东部地区和中部地区的燃煤机组全部实现超低排放；到2020年底，神华集团公司包括西部地区在内的燃煤机组（包括循环流化床机组）全部实现超低排放，详见表2-2。

表2-2　“十三五”超低排放浓度指标要求

mg/m^3（标准状态）

锅炉型式	区域	烟尘	二氧化硫	氮氧化物
燃煤锅炉	东部地区	1	35	50
	中部地区	5	35	50
	西部地区	10	35	50
循环流化床	—	10	35	50

注　该指标要求不包括煤化工企业自备电站机组。

三、升级改造行动计划

“十三五”期间，神华绿色发电节能环保升级改造项目共计1052项，计划投资约191亿元。其中：节能增效700项，计划投资105亿元；环保减排352项，计划投资86亿元。

（一）节能增效行动计划

1. 总体改造计划

结合“十三五”燃煤发电机组生产检修计划安排，按照“整体策划、分步实施”的原则，完成对现役燃煤机组节能增效改造。改造项目合计700项，预计投资约105亿元，详见表3-1。

表3-1　　节能增效项目分类统计表

单位名称	通流改造		抽汽供热		其他节能		小计	
	数量（项）	金额（亿元）	数量（项）	金额（亿元）	数量（项）	金额（亿元）	数量（项）	金额（亿元）
国华	19	23.432	20	5.747	261	32.949	300	62.127
国神	22	13.402	12	0.830	289	18.868	323	33.099
福能	4	3.460	0	0.000	10	1.051	14	4.511
神皖	2	0.479	3	0.380	11	1.639	16	2.497
四川	0	0.000	2	0.135	9	0.304	11	0.439
准能	0	0.000	0	0.000	24	0.537	24	0.537
内蒙煤焦化	0	0.000	2	1.286	10	0.604	12	1.890
神华合计	47	40.773	39	8.378	614	55.950	700	105.101

2. 分区域改造计划

（1）东部地区（北京、天津、河北、辽宁、上海、江苏、浙江、福建、山东、广东、海南 11 省、市）。东部地区节能增效改造项目合计 283 项，预计投资约 60 亿元。其中，通流提效改造 27 项，预计投资约 29 亿元；抽汽供热改造 17 项，预计投资约 4.3 亿元；其他节能改造项目 239 项，预计投资约 26 亿元，详见表 3-2。

表 3-2　　东部地区节能增效项目统计表

省份	子分公司	电厂名称	通流提效		抽汽供热		其他节能		合　计	
			数量（项）	金额（亿元）	数量（项）	金额（亿元）	数量（项）	金额（亿元）	数量（项）	金额（亿元）
天津	国华	盘山	0	0.000	0	0.000	0	0.000	0	0.000
	国神	大港	2	1.000	2	0.780	17	1.196	21	2.976
河北	国华	沧东	4	4.700	0	0.000	4	0.270	8	4.970
		定洲	3	3.025	1	0.300	12	2.280	16	5.605
		三河	0	0.000	6	1.373	4	5.182	10	6.555
	国神	秦皇岛	2	1.320	0	0.000	14	0.145	16	1.465
辽宁	国华	绥中	2	3.600	0	0.000	16	0.700	18	4.300
江苏	国华	港电	0	0.000	2	0.150	15	2.183	17	2.333
		徐州	0	0.000	0	0.000	34	1.701	34	1.701
		太仓	1	1.010	2	0.150	7	1.069	10	2.229
浙江	国华	舟山	1	1.000	1	0.135	0	0.000	2	1.135
		宁海	3	3.030	1	0.200	55	5.609	59	8.839
福建	福能	鸿山	2	2.600	0	0.000	6	0.545	8	3.145
		雁石	2	0.860	0	0.000	0	0.000	2	0.860
		晋江	0	0.000	0	0.000	4	0.506	4	0.506
山东	国华	寿光	0	0.000	2	1.200	0	0.000	2	1.200
广东	国华	惠州	00	0.000	00	0.000	424	0.332	424	0.332
		台山	55	7.180	00	0.000	3927	4.685	4432	11.865
神华合计			27	29.212	17	4.288	239	26.190	283	59.690

（2）中部地区（山西、吉林、黑龙江、安徽、江西、河南、湖北、湖南8省）。中部地区节能增效改造项目合计103项，预计投资约12亿元。其中，通流提效改造4项，预计投资约2亿元；抽汽供热改造9项，预计投资2亿元；其他节能改造项目90项，预计投资约8亿元，详见表3-3。

表3-3　　中部地区节能增效项目统计表

省份	子分公司	电厂名称	通流提效		抽汽供热		其他节能		合计	
			数量（项）	金额（亿元）	数量（项）	金额（亿元）	数量（项）	金额（亿元）	数量（项）	金额（亿元）
山西	国神	河曲	2	1.500	0	0.000	18	2.649	20	4.149
		王曲	0	0.000	0	0.000	28	2.477	28	2.477
		神二	0	0.000	0	0.000	20	0.732	20	0.732
		保德	0	0.000	0	0.000	2	0.030	2	0.030
		河曲CFB	0	0.000	0	0.000	4	0.040	4	0.040
河南	国华	孟津	0	0.000	4	1.609	1	0.370	5	1.979
	国神	焦作	0	0.000	2	0.050	6	0.234	8	0.284
安徽	神皖	安庆	0	0.000	0	0.000	4	0.974	4	0.974
		九华	1	0.252	1	0.180	2	0.575	4	1.007
		马鞍山	1	0.227	2	0.200	5	0.090	8	0.516
神华合计			4	1.979	9	2.039	90	8.170	103	12.188

（3）西部地区（内蒙古、广西、重庆、四川、贵州、云南、西藏、陕西、甘肃、青海、宁夏、新疆及新疆生产建设兵团）。西部地区节能增效改造项目合计314项，预计投资约33亿元。其中，通流提效16项，预计投资9.6亿元；抽汽供热改造13项，预计投资2亿元；其他节能改造项目285项，预计投资约21.6亿元，详见表3-4。

表 3-4　　西部地区节能增效项目统计表

省份	子分公司	电厂名称	通流提效		抽汽供热		其他节能		合计	
			数量（项）	金额（亿元）	数量（项）	金额（亿元）	数量（项）	金额（亿元）	数量（项）	金额（亿元）
内蒙古	国华	准格尔	0	0.000	0	0.000	37	6.144	37	6.144
		呼伦贝尔	0	0.000	1	0.630	6	0.911	7	1.541
	国神	鄂温克	2	1.632	0	0.000	26	2.110	28	3.741
		萨拉齐	2	1.020	2	0.000	7	0.928	11	1.948
		上湾	0	0.000	0	0.000	6	0.260	6	0.260
		亿利	0	0.000	0	0.000	27	1.759	27	1.759
	内蒙煤焦化	西来峰	0	0.000	2	1.286	10	0.604	12	1.890
	准能	矸电	0	0.000	0	0.000	24	0.537	24	0.537
重庆	国神	万州	0	0.000	0	0.000	4	0.035	4	0.035
四川	国神	白马	0	0.000	0	0.000	17	0.212	17	0.212
	四川	江油	0	0.000	0	0.000	5	0.186	5	0.186
		太白	0	0.000	2	0.135	4	0.118	6	0.253
陕西	国华	锦界	0	0.000	0	0.000	2	0.020	2	0.020
	国神	府谷	2	0.850	0	0.000	2	1.090	4	1.940
		郭家湾	2	1.210	0	0.000	6	0.649	8	1.859
		店塔 A	0	0.000	0	0.000	8	0.114	8	0.114
		店塔 B	0	0.000	0	0.000	10	1.684	10	1.684
		神木	0	0.000	0	0.000	0	0.000	0	0.000
		大柳塔	0	0.000	0	0.000	0	0.000	0	0.000
宁夏	国华	宁东	0	0.000	0	0.000	17	1.705	17	1.705
	国神	鸳鸯湖	2	1.460	0	0.000	11	0.179	13	1.639
		灵州	0	0.000	0	0.000	7	0.101	7	0.101
新疆	国神	花园	0	0.000	0	0.000	9	0.378	9	0.378
		五彩湾	0	0.000	0	0.000	10	0.385	10	0.385
		大南湖	2	1.210	2	0.000	0	0.000	4	1.210
		和丰	2	1.100	0	0.000	21	1.181	23	2.281
		阜康	0	0.000	2	0.000	2	0.020	4	0.020
		米东	2	1.100	2	0.000	7	0.280	11	1.380
神华合计			16	9.582	13	2.051	285	21.590	314	33.222

（二）环保减排行动计划

1. 总体改造计划

环保减排改造项目合计 352 项，预计投资约 85.62 亿元。其中：大气污染物超低排放项目 268 个，资金预算 60.90 亿元；粉尘、噪声、石膏雨、灰渣等其他环保综合治理项目 84 个，资金预算 24.72 亿元，详见表 3-5。

表 3-5　　　　环保减排项目分类统计表

子分公司 \ 改造项目		除尘	脱硫	脱硝	其他	小计
国华	数量（项）	39	32	19	48	138
	金额（万元）	98 685.0	114 244.0	37 088.0	165 942.0	415 959
国神	数量（项）	43	45	41	23	152
	金额（万元）	112 463.7	115 412.3	58 382.3	69 831.0	356 089
神皖	数量（项）	4	2	0	0	6
	金额（万元）	11 160.0	4555.0	0	0	15 715
福能	数量（项）	2	5	5	3	15
	金额（万元）	3000.0	9678.0	2592.0	2657.0	17 927
四川	数量（项）	6	1	6	0	13
	金额（万元）	9163.0	1430.0	3816.0	0	14 409
准能	数量（项）	4	4	4	8	20
	金额（万元）	4700.0	4700.0	2900.0	4264.0	16 564
内蒙煤焦化	数量（项）	2	2	2	2	8
	金额（万元）	5000.0	5000.0	5000.0	4500.0	19 500
神华合计	数量（项）	100	91	77	84	352
	金额（万元）	244 171.7	255 019.3	109 778.3	247 194.0	856 163

2. 分区域改造计划

（1）东部地区（北京、天津、河北、辽宁、上海、江苏、浙江、福建、山东、广东、海南 11 省、市）环保减排项目统计见表 3-6。

表 3-6　　东部地区环保减排项目统计表

子分公司	改造项目	除尘	脱硫	脱硝	其他	小计
国华	数量（项）	33	24	17	37	111
	金额（万元）	94 005.0	94 194.0	32 488.0	117 380.0	338 067
国神	数量（项）	0	0	0	1	1
	金额（万元）	0	0	0	700.0	700
福能	数量（项）	2	5	5	3	15
	金额（万元）	3000.0	9678.0	2592.0	2657.0	17 927
神华合计	数量（项）	35	29	22	41	127
	金额（万元）	97 005.0	103 872.0	35 080.0	120 737.0	356 694

（2）中部地区（山西、吉林、黑龙江、安徽、江西、河南、湖北、湖南 8 省）环保减排项目统计见表 3-7。

表 3-7　　中部地区环保减排项目统计表

子分公司	改造项目	除尘	脱硫	脱硝	其他	小计
国华	数量（项）	0	0	0	1	1
	金额（万元）	0	0	0	4000.0	4000
国神	数量（项）	15	13	13	8	49
	金额（万元）	34 005.7	35 358.3	27 884.3	14 905.0	112 153
神皖	数量（项）	4	2	0	0	6
	金额（万元）	11 160.0	4555.0	0	0	15 715
神华合计	数量（项）	19	15	13	9	56
	金额（万元）	45 165.7	39 913.3	27 884.3	18 905.0	131 868

（3）西部地区（内蒙古、广西、重庆、四川、贵州、云南、西藏、陕西、甘肃、青海、宁夏、新疆及新疆生产建设兵团）环保减排项目统计见表 3-8。

表 3-8　　西部地区环保减排项目统计表

子分公司	改造项目	除尘	脱硫	脱硝	其他	小计
国华	数量（项）	3	8	2	13	26
	金额（万元）	1080.0	20 050.0	4600.0	48 162.0	73 892
国神	数量（项）	28	32	28	14	102
	金额（万元）	78 458.0	80 054.0	30 498.0	54 226.0	243 236
四川	数量（项）	6	1	6	0	13
	金额（万元）	9163.0	1430.0	3816.0	0	14 409
准能	数量（项）	4	4	4	8	20
	金额（万元）	4700.0	4700.0	2900.0	4264.0	16 564
内蒙煤焦化	数量（项）	2	2	2	2	8
	金额（万元）	5000.0	5000.0	5000.0	4500.0	19 500
神华合计	数量（项）	43	47	42	37	169
	金额（万元）	98 401.0	111 234.0	46 814.0	111 152.0	367 601

（三）碳减排行动计划

1. 碳排放现状

（1）排放总量。“十二五”期间，神华集团公司累计碳排放量 15.89 亿 t，其中：火电机组排放 12.86 亿 t，占 81%。国华电力和国神集团分别占总排放量的 55.5%和 30.7%。神华集团公司和各单位的碳排放量在 2013 年达到阶段性峰值，2014 年度和 2015 年度有所下降，详见表 3-9 和表 3-10。

表 3-9　　“十二五”神华集团碳排放统计表　　万 t

机组类型	年度	2011	2012	2013	2014	2015	合计
火电机组	燃煤纯凝汽式	11 090	12 322	14 461	13 559	13 323	64 755
	燃气纯凝汽式	109	100	86	88	65	448

续表

机组类型 \ 年度		2011	2012	2013	2014	2015	合计
火电机组	供热机组	12 672	12 982	13 106	12 594	12 011	63 365
	小计	23 871	25 404	27 653	26 241	25 399	128 568
神华合计		29 282	31 414	34 219	32 526	28 121	158 901

表 3-10　“十二五”子分公司火电机组碳排放统计表　万 t

子分公司 \ 年度	2011	2012	2013	2014	2015	合计
国华	14 661	15 349	16 032	15 009	14 090	75 141
国神	6818	7302	8689	8546	7795	39 150
福能	539	407	538	517	924	3662
神皖	1128	1273	1277	1177	1661	5779
四川	478	455	435	362	445	2175
准能	135	395	457	404	383	1774
内蒙煤焦化	113	223	226	227	100	889
神华合计	23 872	25 404	27 653	26 241	25 398	128 568

（2）排放强度。2015 年，神华集团公司火电机组单位供电二氧化碳排放量约 900g/kWh，详见表 3-11。

表 3-11　2015 年火电机组碳排放强度统计表

机组类型		碳排放强度	
		供电排放强度（g/kWh，CO_2）	供热排放强度（kg/GJ，CO_2）
燃煤纯凝汽式	1000MW 超超临界	807	—
	600MW 超超临界	791	
	600MW 超临界	900	
	600MW 亚临界	905	
	300MW 超临界	911	
	300MW 及以下亚临界	1075	
燃气纯凝		584	

续表

机 组 类 型	碳排放强度	
	供电排放强度（g/kWh，CO_2）	供热排放强度（kg/GJ，CO_2）
供热机组	912	111.7
神华平均	900	111.7

2. 碳减排目标

（1）碳排放总量。“十三五”期间，神华集团公司火电机组碳排放总量累计约13.91亿t，比“十二五”期间增加8.2%。其中：2020年，神华集团公司火电机组碳排放总量约3.02亿t，较2015年增加19%。国华电力和国神集团碳排放量将分别占神华集团公司碳排放总量的48.2%和31.4%，详见表3-12和表3-13。

碳减排，神华集团决定打一场持久清洁战

表3-12 “十三五”神华集团火电机组碳排放统计表 万t

机组类型＼年度	2015	2016	2017	2018	2019	2020	“十三五”合计
燃煤纯凝汽式	13 323	13 037	13 183	15 214	16 340	16 525	74 299
热电联产	12 011	12 022	12 684	13 149	13 038	13 601	64 494
燃气发电	65	64.75	64.75	64.75	64.75	64.75	323.75
神华合计	25 399	25 123	25 932	28 428	29 442	30 191	139 116

表3-13 “十三五”子分公司火电机组碳排放统计表 万t

子分公司＼年度	2015	2016	2017	2018	2019	2020	“十三五”合计
国华	14 090	13 225	13 686	14 441	14 351	14 550	70 253
国神	7795	7898	7919	8917	9440	9476	43 650
福建	924	1011	1290	1503	1521	1485	6810

续表

子分公司 \ 年度	2015	2016	2017	2018	2019	2020	“十三五”合计
神皖	1661	2050	2075	2599	2597	3130	12 451
四川	445	451	457	462	466	473	2309
准能	383	383	399	399	959	959	3099
内蒙煤焦化	100	105	106	107	108	119	545
神华合计	25 399	25 123	25 932	28 428	29 442	30 191	139 116

（2）碳排放强度。经过绿色发电节能增效升级改造，同时考虑新建机组影响，各类型机组的供电碳排放强度将下降。2020 年，神华集团公司火电机组单位供电二氧化碳排放量控制在 841g/kWh，全口径（含风电等清洁能源）发电机组单位供电二氧化碳排放量低于 800g/kWh，详见表 3-14。

表 3-14　“十三五”火电机组碳排放强度统计表

机组类型			年份					
			2015	2016	2017	2018	2019	2020
燃煤纯凝汽式	1000MW 超超临界	碳排放强度（g/kWh，CO_2）	807	820	812	806	809	800
	600MW 超超临界	碳排放强度（g/kWh，CO_2）	791	790	790	790	790	780
	600MW 超临界	碳排放强度（g/kWh，CO_2）	900	894	888	883	879	872
	600MW 亚临界	碳排放强度（g/kWh，CO_2）	905	902	896	894	894	890
	300MW 超临界	碳排放强度（g/kWh，CO_2）	911	910	909	906	906	904
	300MW 及以下亚临界	碳排放强度（g/kWh，CO_2）	1075	1078	1078	1075	1072	1060
燃气纯凝汽式		碳排放强度（g/kWh，CO_2）	584	579	579	579	579	579
供热机组	供电碳排放强度（g/kWh，CO_2）		912	913	913	910	909	907
	供热碳排放强度（kg/GJ，CO_2）		111.7	112.1	111.9	112.4	111.8	111.8
神华平均			900	886	875	860	849	841
全国平均			892	886	—	—	—	849

3. 碳减排主要措施

（1）加快节能增效改造。通过节能增效减少燃料消耗，从而达到降低碳排放的目的。节能增效措施及改造项目见“三、（一）节能增效行动计划”，改造项目合计700项，预计投资约105亿元。力争开发储备50个CCER项目（国内核证自愿减排项目），以新能源与可再生能源项目为主（约占CCER项目总数的75%），作为主要的低成本履约补充工具，累计实现项目减碳量500万t。

（2）优化发电机组结构。加强以清洁煤电为核心的区域综合能源供应项目建设，大力发展大容量、高参数燃煤发电机组和高效热电联产机组，100万kW等级机组占总装机容量的比重超过30%，推广富平供能模式，加快淘汰高耗能小火电机组。

（3）加快清洁能源利用。加快发展风电、水电、光伏、核电等，提高可再生能源电力装机比重。到2020年，风能、太阳能等可再生能源发电业务达到千万千瓦级规模，占神华集团公司总装机容量的10%以上。2020年清洁能源发电量达到268亿kWh，“十三五”期间累计发电量979亿kWh，折合节约标煤3426万t，减排二氧化碳9790万t。其中，风电装机容量为1344万kW，拉低神华集团公司二氧化碳排放强度38g/kWh；太阳能光伏发电装机规模为173万kW，拉低神华集团公司二氧化碳排放强度5g/kWh；水电装机为32.5万kW，拉低神华集团公司二氧化碳排放强度2.5g/kWh。

（4）推进碳减排技术研发。开展整体煤炭气化燃气-蒸汽联合循环发电和燃煤电厂碳捕集、利用和封存示范工程建设等。选取锦界电厂等单位作为试点开展碳捕集和封存（CCS）项目及十万吨级燃烧后 CCS 全流程示范项目。

（5）全面参与全国碳市场交易。充分利用全国碳市场建设和运行机制，通过市场化手段，有效降低企业履约成本。制定碳交易策略，统一碳排放核算、CCER 开发、配额申请、配额调配和资产交易；对碳排放履约过程进行全流程管控，按时履约。参与碳金融，盘活碳资产，充分发挥神华集团公司碳资产规模优势，探索开展碳债券、碳资产抵押融资、碳资产回购融资、碳资产远期交易等碳金融创新，拓宽融资渠道，盘活碳资产。

4. 碳减排效果

（1）减碳效果。绿色发电节能增效改造实施后，预计“十三五”神华集团公司通过节能量可累计减少碳排放量 813 万 t。国华电力和国神集团减碳量分别占 54.6%和 33.1%；东、中、西部地区减碳量分别占 54.8%、12.4%和 32.7%，详见表 3-15 和表 3-16。

表 3-15　“十三五”子分公司节能增效减碳量统计表

万 t

子分公司＼年度	2016	2017	2018	2019	2020	合计
国华	96.7	77.7	84.4	102.9	82.6	444.3
国神	23.8	33.0	90.5	75.1	46.9	269.4
福能	4.2	5.7	16.4	18.4	0.0	44.7

续表

子分公司＼年度	2016	2017	2018	2019	2020	合计
神皖	10.3	1.6	0.0	6.8	0.0	18.6
四川	1.5	0.8	7.9	0.1	0.1	10.3
准能	0.0	6.4	3.7	1.5	0.3	12.0
内蒙煤焦化	0.0	1.0	12.6	0.0	0.0	13.6
神华合计	136.5	126.3	215.6	204.7	130.0	813.0

表 3-16　“十三五”节能增效分区域减碳量统计表

地区	减碳量（万 t）	占集团比例（%）
东部	445.7	54.8
中部	101.1	12.4
西部	266.2	32.7
神华合计	813.0	100

（2）收益测算。当用能单位实际排放的二氧化碳量低于政府分配的碳配额时，可以通过碳交易获得收益。“十三五”期间，根据国内碳市场推进进度，从 2018 年开始测算，若减碳量全部进行交易（假设神华集团公司获得的碳配额盈余，碳交易价格按 40 元/t 计），则碳交易收益累计约 2.2 亿元，详见表 3-17。

表 3-17　碳交易收益测算

年份	减碳量（万 t）	碳交易收益（万元）
2016	136.5	—
2017	126.3	—
2018	215.6	8624
2019	204.7	8189
2020	130.0	5198
神华合计	813.0	22 011

四、节能环保效果及效益

（一）总体节能环保效果

1. 供电煤耗显著降低

绿色发电升级改造实施后，考虑新建机组投产，预计到2020年神华集团公司火电机组供电标准煤耗将下降约21g/kWh，累计实现节能量287万t（标准煤），详见表4-1和表4-2。

表4-1　　“十三五”火电机组供电煤耗变化量

指标名称＼年度	2015	2016	2017	2018	2019	2020
神华供电煤耗（g/kWh）	318	313.2	309	304	300	297
神华供电煤耗变化（g/kWh）	0.0	−4.8	−4.2	−5.0	−4.0	−5.0
——新增机组影响	0.0	−1.2	−2.0	−2.5	−1.8	−1.0
——现役机组影响	0.0	−3.6	−2.2	−2.5	−2.2	−4.0
全国供电煤耗（g/kWh）	315	313	—	—	—	300

表4-2　　“十三五”火电机组节约标煤量　　万t（标准煤）

子分公司＼年度	2016	2017	2018	2019	2020	合计
国华	34.2	27.5	29.8	36.3	29.2	157.0
国神	8.4	11.7	32.0	26.5	16.6	95.2
福能	1.5	2.0	5.8	6.5	0.0	15.8
神皖	3.6	0.6	0.0	2.4	0.0	6.6
四川	0.5	0.3	2.8	0.0	0.0	3.6

续表

年度 子分公司	2016	2017	2018	2019	2020	合计
准能	0.0	2.3	1.3	0.5	0.1	4.3
内蒙煤焦化	0.0	0.4	4.5	0.0	0.0	4.8
神华合计	48.2	44.6	76.2	72.3	45.9	287.3

2. 大幅度减少污染物排放

绿色发电升级改造实施后，神华集团公司现役燃煤机组污染物排放浓度达到或优于国家超低排放限值要求，污染物排放总量显著降低。与达标排放标准要求相比，到2020年，烟尘排放量约减少18 241t，二氧化硫排放量约减少94 667t，氮氧化物排放量约减少62 475t，详见表4-3和表4-4。

表 4-3 “十三五”大气污染物年度减排量预测

（与达标标准比较）

t

年度 子分公司	指标名称	2016	2017	2018	2019	2020
国华	烟尘	4515.5	2905	0	0	0
	二氧化硫	21 679.5	8715	0	0	0
	氮氧化物	12 285	8300	0	0	0
国神	烟尘	2146	3710	1515	650	300
	二氧化硫	8226	16 442	10 595	5490	1980
	氮氧化物	6420	11 480	5150	3900	1800
神皖	烟尘	810	0	0	0	0
	二氧化硫	5346	0	0	0	0
	氮氧化物	4200	0	0	0	0
福能	烟尘	150	0	50	0	0
	二氧化硫	990	0	330	0	0
	氮氧化物	900	0	300	0	0

续表

子分公司＼年度	指标名称	2016	2017	2018	2019	2020
四川	烟尘	0	0	300	0	330
	二氧化硫	0	0	4380	0	4818
	氮氧化物	0	0	600	0	1980
准能	烟尘	0	0	0	660	0
	二氧化硫	0	0	0	4356	0
	氮氧化物	0	0	0	3960	0
内蒙煤焦化	烟尘	0	0	200	0	0
	二氧化硫	0	0	1320	0	0
	氮氧化物	0	0	1200	0	0
神华合计	烟尘	7621.5	6615	2065	1310	630
	二氧化硫	36 241.5	25 157	16 625	9846	6798
	氮氧化物	23 805	19 780	7250	7860	3780

表 4-4　“十三五”大气污染物年度排放绩效预测

		2016	2017	2018	2019	2020
神华排放绩效（g/kWh）	烟尘	0.025	0.016	0.014	0.013	0.012
	二氧化硫	0.111	0.080	0.065	0.062	0.060
	氮氧化物	0.171	0.140	0.140	0.090	0.080
神华排放浓度［mg/m^3（标准状态）］	烟尘	6.3	4	3.5	3.2	3
	二氧化硫	28	20	16	15.5	15
	氮氧化物	43	35	27.5	22.5	20

（二）分区域节能环保效果

1. 东部地区（北京、天津、河北、辽宁、上海、江苏、浙江、福建、山东、广东、海南 11 省、市）

（1）节能增效。到 2020 年，东部地区火电机组平均供电标准煤耗达到290g/kWh，比2015年下降17g/kWh。累计节能量157.5万t，占总节能量的54.8%，详见表4-5和表4-6。

表4-5　东部地区各子分公司燃煤机组改造后节能效果表

子分公司	电厂名称	节能量（万t标准煤）	占集团比例（%）
国华	盘山	0.0	45.9
	沧东	12.4	
	定洲	13.5	
	三河	9.9	
	绥中	13.7	
	港电	6.9	
	徐州	6.3	
	太仓	8.0	
	舟山	2.1	
	惠州	6.2	
	台山	23.4	
	宁海	22.7	
	寿光	7.0	
国神	秦皇岛	3.4	3.4
	大港	6.4	
福能	鸿山	5.5	5.5
	雁石	3.0	
	晋江	5.3	
神华合计		157.5	54.8

表4-6　东部地区各省燃煤机组改造后节能效果表

省份	子分公司	电厂名称	节能量（万t标准煤）	占集团比例（%）
天津	国华	盘山	0.0	2.2
	国神	大港	6.4	
河北	国华	沧东	12.4	13.7
		定洲	13.5	
		三河	9.9	
	国神	秦皇岛	3.4	

续表

省份	子分公司	电厂名称	节能量（万 t 标准煤）	占集团比例（%）
辽宁	国华	绥中	13.7	4.8
江苏	国华	港电	6.9	7.4
		徐州	6.3	
		太仓	8.0	
浙江	国华	舟山	2.1	8.6
		宁海	22.7	
福建	福能	鸿山	7.5	5.5
		雁石	3.0	
		晋江	5.3	
山东	国华	寿光	7.0	2.4
广东	国华	惠州	6.2	10.3
		台山	23.4	
神华合计			157.5	54.8

（2）环保减排。到 2020 年，与达标排放相比，东部地区燃煤发电机组烟尘年减排量达到 5490t，占烟尘年度总减排量的 29.55%；二氧化硫年减排量达到 17 656.5t，占二氧化硫年度总减排量的 18.38%；氮氧化物年减排量达到 16 205t，占氮氧化物年度总减排量的 25.58%，详见表 4-7 和表 4-8。

表 4-7　　东部地区各子分公司超低排放后大气污染物年度减排量预测

子分公司	省份	电厂名称	烟尘（t）	占集团比例（%）	二氧化硫（t）	占集团比例（%）	氮氧化物（t）	占集团比例（%）
国华	广东	惠州	99	28.8	99	17.2	330	24
		台山	1425		1425		4750	
	河北	定州	180		180		600	
		沧东	360		360		1200	
	江苏	陈家港	189		189		630	
		太仓	660		4356		1320	

续表

子分公司	省份	电厂名称	烟尘（t）	占集团比例（%）	二氧化硫（t）	占集团比例（%）	氮氧化物（t）	占集团比例（%）
国华	江苏	徐州	875	28.8	5775	17.2	1750	24
	辽宁	绥中	437.5		2887.5		875	
	浙江	宁海	1065		1065		3550	
福能	福建	雁石	150	0.75	990	1.1	900	1.58
		晋江	50		330		300	
神华合计			4814.52	29.55	17 656.5	18.38	16 205	25.58

表4-8　东部地区各省超低排放后大气污染物年度减排量预测

省份	子分公司	电厂名称	烟尘（t）	占集团比例（%）	二氧化硫（t）	占集团比例（%）	氮氧化物（t）	占集团比例（%）
广东	国华	惠州	99	8.35	99	1.61	330	8.13
		台山	1425		1425		4750	
河北	国华	定州	180	2.96	180	0.57	600	2.88
		沧东	360		360		1200	
江苏	国华	陈家港	189	9.45	189	10.9	630	5.92
		太仓	660		4356		1320	
		徐州	875		5775		1750	
辽宁	国华	绥中	437.5	2.4	2887.5	3.05	875	1.4
浙江	国华	宁海	1065	5.84	1065	1.12	3550	5.68
福建	福能	雁石	150	1.1	990	1.39	900	1.92
		晋江	50		330		300	
神华合计			5490.5	29.55	17 656.5	18.38	16 205	25.58

2. 中部地区（山西、吉林、黑龙江、安徽、江西、河南、湖北、湖南8省）

（1）节能增效。到2020年，中部地区火电机组平均供电标准煤耗达到289g/kWh，比2015年下降25g/kWh。累计节能量

35.7 万 t，占总节能量的 12.4%，详见表 4-9 和表 4-10。

表 4-9　中部地区各子分公司燃煤机组改造后节能效果表

<table>
<tr><th>子分公司</th><th>电厂名称</th><th>节能量（万 t 标准煤）</th><th>占集团比例（%）</th></tr>
<tr><td rowspan="6">国神</td><td>河曲</td><td>10.4</td><td rowspan="6">8.9</td></tr>
<tr><td>王曲</td><td>9.6</td></tr>
<tr><td>神二</td><td>1.7</td></tr>
<tr><td>保德</td><td>0.1</td></tr>
<tr><td>河曲 CFB</td><td>0.6</td></tr>
<tr><td>焦作</td><td>3.1</td></tr>
<tr><td>国华</td><td>孟津</td><td>3.5</td><td>1.2</td></tr>
<tr><td rowspan="3">神皖</td><td>安庆</td><td>1.9</td><td rowspan="3">2.3</td></tr>
<tr><td>九华</td><td>3.2</td></tr>
<tr><td>马鞍山</td><td>1.5</td></tr>
<tr><td colspan="2">神华合计</td><td>35.7</td><td>12.4</td></tr>
</table>

表 4-10　中部地区各省燃煤机组改造后节能效果表

<table>
<tr><th>省份</th><th>子分公司</th><th>电厂名称</th><th>节能量（万 t 标准煤）</th><th>占集团比例（%）</th></tr>
<tr><td rowspan="5">山西</td><td rowspan="5">国神</td><td>河曲</td><td>10.4</td><td rowspan="5">7.8</td></tr>
<tr><td>王曲</td><td>9.6</td></tr>
<tr><td>神二</td><td>1.7</td></tr>
<tr><td>保德</td><td>0.1</td></tr>
<tr><td>河曲 CFB</td><td>0.6</td></tr>
<tr><td rowspan="2">河南</td><td>国华</td><td>孟津</td><td>3.5</td><td>1.2</td></tr>
<tr><td>国神</td><td>焦作</td><td>3.1</td><td>1.1</td></tr>
<tr><td rowspan="3">安徽</td><td rowspan="3">神皖</td><td>安庆</td><td>1.9</td><td rowspan="3">2.3</td></tr>
<tr><td>九华</td><td>3.2</td></tr>
<tr><td>马鞍山</td><td>1.5</td></tr>
<tr><td colspan="3">神华合计</td><td>35.7</td><td>12.4</td></tr>
</table>

（2）环保减排。到 2020 年，与达标排放相比，中部地区燃煤发电机组烟尘年减排量 3401t，占烟尘年度总减排量的

18.64%；二氧化硫年减排量达到18 213t，占二氧化硫年度总减排量的19.24%；氮氧化物年减排量达到15 330t，占氮氧化物年度总减排量的24.54%，详见表4-11和表4-12。

表4-11　　中部地区各子分公司超低排放后大气污染物年度减排量预测

子分公司	省份	电厂名称	烟尘（t）	占集团比例（%）	二氧化硫（t）	占集团比例（%）	氮氧化物（t）	占集团比例（%）
国神	河南	焦作	396	14.20	396	13.59	1320	17.82
	山西	河曲	1200		7920		4800	
		神二	500		3300		3000	
		王曲	360		360		1200	
		保德	135		891		810	
神皖	安徽	安庆	320	4.44	2112	5.65	1920	6.72
		九华	160		1056		960	
		马鞍山	330		2178		1320	
神华合计			3401	18.64	18 213	19.24	15 330	24.54

表4-12　　中部地区各省超低排放后大气污染物年度减排量预测

省份	子分公司	电厂名称	烟尘（t）	占集团比例（%）	二氧化硫（t）	占集团比例（%）	氮氧化物（t）	占集团比例（%）
山西	国神	河曲	1200	12.03	7920	13.17	4800	15.70
		神二	500		3300		3000	
		王曲	360		360		1200	
		保德	135		891		810	
河南	国神	焦作	396	2.2	396	0.42	1320	2.11
安徽	神皖	安庆	320	4.44	2112	5.65	1920	6.72
		九华	160		1056		960	
		马鞍山	330		2178		1320	
神华合计			3401	18.64	18 213	19.24	15 330	24.54

3. 西部地区（内蒙古、广西、重庆、四川、贵州、云南、西藏、陕西、甘肃、青海、宁夏、新疆及新疆生产建设兵团）

（1）节能增效。到 2020 年，西部地区火电机组平均供电标准煤耗达到 303.5g/kWh，比 2015 年下降 31g/kWh。累计节能量 88 万 t 标准煤，占总节能量 30.6%，详见表 4-13 和表 4-14。

表 4-13　西部地区各子分公司燃煤机组改造后节能效果表

子分公司	电厂名称	节能量（万 t 标准煤）	占集团比例（%）
国华	准格尔	11.5	7.4
	呼伦贝尔	7.2	
	锦界	0.0	
	宁东	2.9	
国神	鄂温克	7.1	18.7
	萨拉齐	5.2	
	上湾	0.7	
	亿利	2.3	
	万州	0.3	
	白马	1.8	
	府谷	7.0	
	郭家湾	3.1	
	店塔 A	0.0	
	店塔 B	0.0	
	神木	0.0	
	大柳塔	0.0	
	鸳鸯湖	6.2	
	灵州	0.5	
	花园	4.6	
	五彩湾	1.1	
	大南湖	5.2	
	和丰	4.2	
	阜康	1.1	
	米东	3.4	

续表

子分公司	电厂名称	节能量（万 t 标准煤）	占集团比例（%）
内蒙煤焦化	西来峰	4.8	1.7
准能	矸电	4.3	1.5
四川	江油	0.6	1.3
	太白	3.1	
神华合计		88.0	30.6

表 4-14　西部地区各省燃煤机组改造后节能效果表

省份	子分公司	电厂名称	节能量（万 t 标准煤）	占集团比例（%）
内蒙古	国华	准格尔	11.5	15.0
		呼伦贝尔	7.2	
	国神	鄂温克	7.1	
		萨拉齐	5.2	
		上湾	0.7	
		亿利	2.3	
	内蒙煤焦化	西来峰	4.8	
	准能	矸电	4.3	
重庆	国神	万州	0.3	0.1
四川	国神	白马	1.8	1.9
	四川	江油	0.6	
		太白	3.1	
陕西	国华	锦界	0.0	3.5
	国神	府谷	7.0	
		郭家湾	3.1	
		店塔 A	0.0	
		店塔 B	0.0	
		神木	0.0	
		大柳塔	0.0	
宁夏	国华	宁东	2.9	3.4
	国神	鸳鸯湖	6.2	
		灵州	0.5	

续表

省份	子分公司	电厂名称	节能量（万 t 标准煤）	占集团比例（%）
新疆	国神	花园	4.6	6.8
		五彩湾	1.1	
		大南湖	5.2	
		和丰	4.2	
		阜康	1.1	
		米东	3.4	
神华合计			88.0	30.6

（2）环保减排。到 2020 年，与达标排放相比，西部地区燃煤发电机组烟尘年减排量达到 9350t，占烟尘年度总减排量的 51.26%；二氧化硫年减排量达到 58 798t，占二氧化硫年度总减排量的 62.11%；氮氧化物年减排量达到 30 940t，占氮氧化物年度总减排量的 49.52%，详见表 4-15 和表 4-16。

表 4-15　　西部地区各子分公司超低排放后大气污染物年度减排量预测

子分公司	省份	电厂名称	烟尘（t）	占集团比例（%）	二氧化硫（t）	占集团比例（%）	氮氧化物（t）	占集团比例（%）
国华	内蒙古	呼伦贝尔	600	11.68	3960	14.85	1200	8.93
		准格尔	330		2178		1980	
	陕西	锦界	1200		7920		2400	
国神	内蒙古	鄂温克	600	31.41	3960	31.55	1200	28.20
		萨拉齐	300		1980		1800	
		亿利	400		2640		2400	
	陕西	店塔 B	660		1716		1320	
		府谷	600		3960		1200	
		郭家湾	300		1980		1800	
	四川	白马	450		6570		2700	
	新疆	大南湖	300		1980		600	

续表

子分公司	省份	电厂名称	烟尘（t）	占集团比例（%）	二氧化硫（t）	占集团比例（%）	氮氧化物（t）	占集团比例（%）
国神	新疆	阜康	90	31.41	90	31.55	300	28.20
		和丰	300		780		600	
		花园	1200		3120		2400	
		米东	180		180		600	
		五彩湾	350		910		700	
四川	四川	江油	330	3.45	4818	9.72	1980	4.13
		太白	300		4380		600	
准能	内蒙古	准格尔	660	3.62	4356	4.60	3960	6.34
内蒙煤焦化	内蒙古	西来峰	200	1.10	1320	1.39	1200	1.92
神华合计			9350	51.26	58 798	62.11	30 940	49.52

表 4-16 西部地区各省机组超低排放后大气污染物减排量预测

省份	子分公司	电厂名称	烟尘（t）	占集团比例（%）	二氧化硫（t）	占集团比例（%）	氮氧化物（t）	占集团比例（%）
内蒙古	国华	呼伦贝尔	600	15.84	3960	20.15	1200	20.07
		准格尔	330		2178		1980	
	国神	鄂温克	600		3960		1200	
		萨拉齐	300		1980		1800	
		亿利	400		2640		2400	
	准能	准格尔	660		4356		3960	
陕西	国神	店塔 B	660	15.13	1716	16.45	1320	10.76
		府谷	600		3960		1200	
		郭家湾	300		1980		1800	
	国华	锦界	1200		7920		2400	
四川	国神	白马	450	7.40	6570	16.66	2700	8.45
	四川	江油	450		4818		1980	
		太白	450		4380		600	

续表

省份	子分公司	电厂名称	烟尘（t）	占集团比例（%）	二氧化硫（t）	占集团比例（%）	氮氧化物（t）	占集团比例（%）
新疆	国神	大南湖	300	13.27	1980	7.46	600	8.32
		阜康	90		90		300	
		和丰	300		780		600	
		花园	1200		3120		2400	
		米东	180		180		600	
		五彩湾	350		910		700	
神华合计			9350	51.26	58 798	62.11	30 940	49.52

（三）经济效益分析

1. 燃料成本节约

所有节能项目在“十三五”期间累计可节约燃料成本 38 亿元；从 2021 年开始，所有节能项目每年可节约燃料成本约 13 亿元。按静态投资回收期计算，尚未收回的 67 亿元投资（“十三五”节能投资 105 亿元，“十三五”累计节能收益 38 亿元，剩余 67 亿元）需再用 5.15 年时间收回，即到 2026 年收回全部投资成本。（所有电厂加权平均标煤单价按 450 元/t 标准煤计），详见表 4-17。

表 4-17　　燃料成本节约测算表

年份	当年节能量（万 t）	当年节约燃料成本（亿元）	截至当年累计节约燃料成本（亿元）
2016	48.2	2.2	2.2
2017	44.6	2.0	2.2+2=4.2
2018	76.2	3.4	4.2+3.4=7.6
2019	72.3	3.3	7.6+3.3=10.9

续表

年份	当年节能量（万 t）	当年节约燃料成本（亿元）	截至当年累计节约燃料成本（亿元）
2020	45.9	2.1	10.9＋2.1＝13
神华合计	287.3	12.9	五年累计 38 亿元

2. 获取政府电价支持

按照《关于实行燃煤电厂超低排放电价支持政策有关问题的通知》（发改价格〔2015〕2835 号）要求，经过超低排放改造后，机组将获取政府超低排放电价支持。经测算，2016—2017 年合计将获取超低排放电价收入 34.31 亿元。如果该文件加价方式延续至 2018 年以后，预计“十三五”期间合计将获取超低排放电价收入 124.76 亿元，详见表 4-18。

表 4-18　　超低排放电价收入测算表

年份	累计改造容量（万 kW）	改造机组超低排放电价收入（亿元）	新建容量（万 kW）	新建机组超低排放电价收入（亿元）	合计收入（亿元）
2016	4339.4	12.7	270	0.39	13.09
2017	5973.4	20.26	402	0.96	21.22
小计	—	32.96	—	1.35	34.31
2018	6398.4	25.56	788	1.8	27.36
2019	6660.4	27.18	431	3.45	30.63
2020	6786.4	28.1	0	4.36	32.46
神华合计	—	113.8	—	10.96	124.76

3. 减免缴纳排污费

根据《关于执行调整排污费征收标准政策有关具体问题的通知》（环办〔2015〕10 号）和《全面实施燃煤电厂超低排放和节能改造工作方案》（环发〔2015〕164 号）文件要求，煤电机组实现超低排放后，排污费将减半征收。经测算，2016—2020 年，5 年合计将减免排污费 4.96 亿元，详见表 4-19。

表 4-19　　超低排放排污费减免费用测算表　　万元

子分公司	2015 年缴纳排污费用	预计减免费用					合计减免
		2016	2017	2018	2019	2020	
国华	7150	3021	3756	3560	3630	3660	17 627
国神	10 890	3426	5812	6275	6500	6212	28 225
神皖	675	130	260	260	260	260	1170
福能	880	353	353	470	470	470	2116
四川	107	0	300	60	60	120	240
准能	244	0	0	0	0	120	120
内蒙煤焦化	0	0	0	0	40	40	80
神华合计	19 946	6930	10 181	10 625	10 960	10 882	49 578

五、实施路线及时间安排

（一）实施路线

实现神华集团公司绿色发电总体目标，应充分发挥科技引领和技术保障作用，借鉴已实施节能增效及超低排放项目成功经验，加速煤炭清洁利用和节能环保先进技术向绿色电力的转化应用。

1．节能增效改造实施技术路线

（1）汽轮机通流提效改造。采用先进的高效后加载层流叶型和高负荷优化可控涡叶型、全三维多级段设计和完整级全三维设计技术，复合弯扭叶片、阀门与调节级联合优化设计技术，排汽缸优化设计技术，动叶片采用自带冠阻尼结构设计技术等进行优化改造，提高通流效率和叶片安全性；采用先进的密封技术减少漏汽，提高机组的经济性。通流改造后，同等条件下供电标准煤耗预计降低大于 10g/kWh。

（2）纯凝机组供热改造。对具备供热条件的纯凝机组积极策划和推进供热改造，通过对机组汽轮机和（或）锅炉进行适当的调整或改造，并相应改造制水、控制等系统，实现不同压力和温度等级参数的抽汽，实施对外供热。供热改造过程中，应做好近、中、远期供热负荷预测，避免改造成本和管线投入过大或不足，影响供热预期效益；根据区域内不同热用户，研究不同介质（热水、蒸汽）供热方式，力争规模化、市场化和效益最大化。

（3）汽轮机冷端优化。对有必要进行冷端优化改造的机组，通过增加凝汽器冷却面积、凝汽器双背压改造或循环水泵增容改造等措施，提高机组运行真空度，预计机组供电标准煤耗降低 1.5～2.0g/kWh。

（4）锅炉余热综合利用。对排烟温度明显偏高的机组，通过在空气预热器之后（或设置空气预热器旁路）、脱硫塔之前烟道的合适位置加装低温省煤器，用来加热凝结水、锅炉送风或城市热网低温回水，回收烟气余热，预计机组供电标准煤耗降低 1.5～3g/kWh。

（5）烟道风机引增合一。对采用引风机＋增压风机单体配置的机组进行引增合一改造，以降低烟道阻力，提高机组安全性的角度，预计标准煤耗降低 0.2～0.5g/kWh。

（6）其他节能技术改造。广泛开展变频改造、空气预热器密封改造、电除尘高效电源改造、暖风器节能改造、汽轮机真空系统优化改造、热力及疏水系统优化和公用系统节能改造等，降低设备和系统能耗。

节能增效改造实施技术路线如图 5-1 所示。

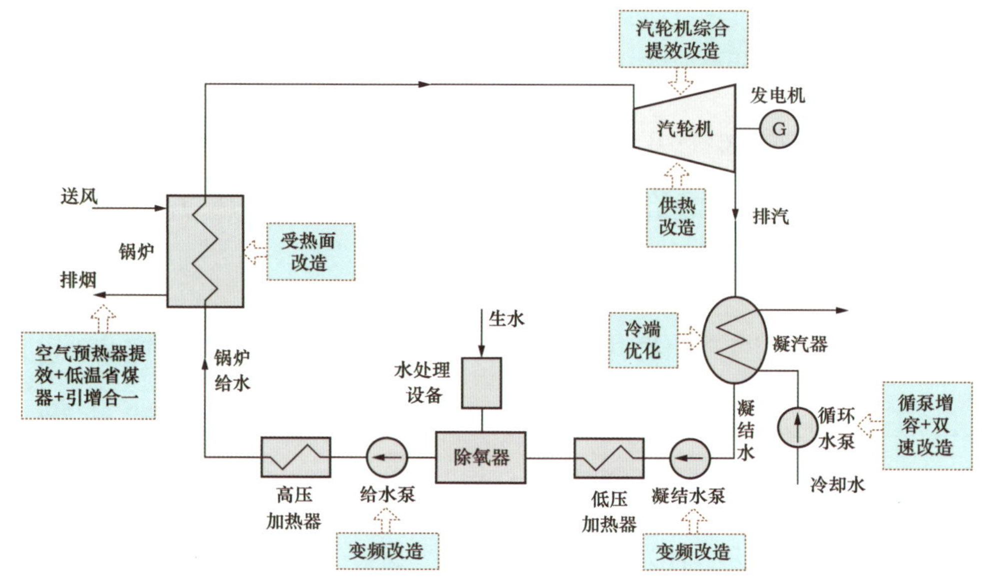

图 5-1　节能增效改造实施技术路线

2. 环保减排改造实施技术路线

（1）低氮燃烧器改造＋选择性催化还原脱硝装置（SCR）＋加装低温省煤器＋电除尘器高频电源改造＋脱硫增容提效改造（如增加喷淋层）＋脱硫塔内高效屋脊式除雾器（或管束式除雾器）改造＋加装湿式电除尘器＋加装烟囱冷凝水收集装置（消除石膏雨）为路线一，如图 5-2 所示。

神华三河电厂近零排放改造过程

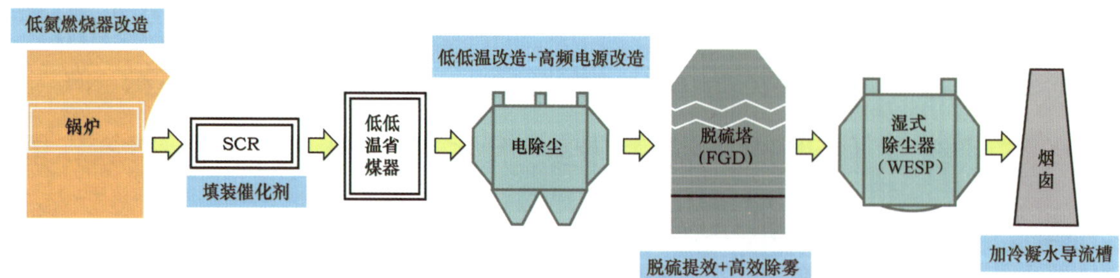

图 5-2　超低排放改造实施技术路线一

（2）低氮燃烧器改造＋选择性催化还原脱硝装置（SCR）＋加装低低温省煤器＋电除尘器三相电源改造＋脱硫增容提效改造（如采用旋汇耦合技术）＋脱硫塔内高效屋脊式除雾器（或管束式除雾器）改造为路线二，如图 5-3 所示。

神华定州电厂近零排放改造过程

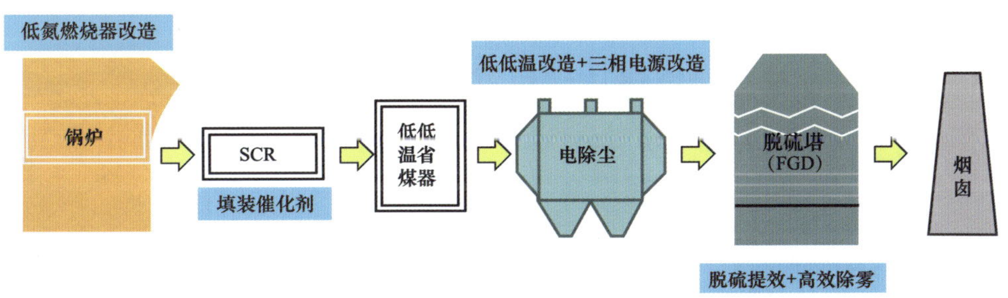

图 5-3　超低排放改造实施技术路线二

（3）炉内燃烧优化改造＋非选择性催化还原脱硝装置（SNCR）＋除尘器布袋升级＋除尘器电源改造＋炉外增加湿法（或半干法）脱硫除尘一体化改造＋干烟囱防腐改造（CFB 锅炉）为路线三，如图 5-4 所示。

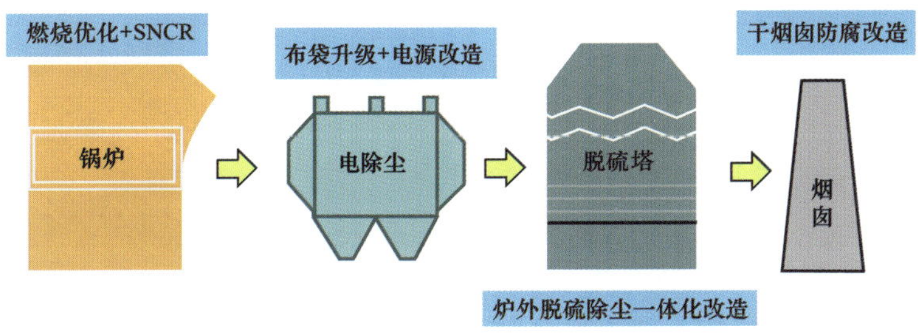

图 5-4　超低排放改造实施技术路线三

（二）时间安排

1. 节能增效

“十三五”期间，共安排实施节能增效改造项目 700 项。其中，通流提效 47 项，抽汽供热 39 项，详见表 5-1～表 5-3。

表 5-1　　节能增效改造项目分类型实施进度表

项目类型	2016		2017		2018		2019		2020		合计	
	项目（项）	金额（亿元）	项目（项）	金额（亿元）	项目（项）	金额（亿元）	项目（项）	金额（亿元）	项目（项）	金额（亿元）	项目（项）	金额（亿元）
通流提效	11	9.50	8	7.28	9	6.71	14	14.26	5	3.88	47	40.77
抽汽供热	1	0.14	7	0.82	18	5.63	3	0.18	10	1.61	39	8.38
其他节能	121	7.00	114	5.89	136	10.55	149	14.89	94	17.65	614	55.95
神华合计	133	16.63	129	13.99	163	22.89	66	29.33	109	23.13	700	105.10

表 5-2　　节能增效改造项目子分公司实施进度表　　项

子分公司 \ 年度	2016	2017	2018	2019	2020	合计
国华	53	48	48	91	60	300
国神	67	61	83	65	47	323
福能	1	2	7	4	0	14
神皖	9	4	0	3	0	16
四川	3	2	4	1	1	11
准能	0	11	10	2	1	24
内蒙煤焦化	0	1	11	0	0	12
神华合计	133	129	163	166	109	700

表 5-3　节能增效改造项目分主机厂家实施进度表（汽轮机通流提效）

项目＼年度	2016	2017	2018	2019	2020
上海汽轮机厂					
投资（万元）	78 138	61 026	33 300	43 126	5500
台数	7	6	6	4	1
容量（MW）	3960	3040	1800	1800	300
机组名称	定洲 2 号、沧东 1 号、沧东 2 号、宁海 2 号、台山 5 号、太仓 8 号、马鞍山 4 号	秦皇岛 3 号、秦皇岛 4 号、宁海 1 号、台山 1 号、台山 3 号、宁海 3 号	郭家湾 1 号、郭家湾 2 号、米东 1 号、米东 2 号、萨拉齐 1 号、萨拉齐 2 号	台山 2 号、台山 4 号、和丰 2 号、舟山 3 号	和丰 1 号
东方汽轮机厂					
项目＼年度	2016	2017	2018	2019	2020
投资（万元）	4300	11 800	33 800	58 800	0
台数	1	2	3	6	0
容量（MW）	300	900	2260	4860	0
机组名称	雁石 5 号	河曲 2 号、雁石 6 号	鸳鸯湖 1 号、府谷 1 号、绥中 3 号	鸳鸯湖 2 号、河曲 1 号、鸿山 3 号、鸿山 4 号、绥中 4 号、府谷 2 号	
哈尔滨汽轮机厂					
项目＼年度	2016	2017	2018	2019	2020
投资（万元）	2520	0	0	26 658	26 658
台数	1	0	0	3	3

续表

哈尔滨汽轮机厂					
项目 \ 年度	2016	2017	2018	2019	2020
容量（MW）	320	0	0	1860	1860
机组名称	九华1号			鄂温克1号、沧东3号、定洲3号	鄂温克2号、沧东4号、定洲4号
北京北重汽轮电机有限责任公司					
项目 \ 年度	2016	2017	2018	2019	2020
投资（万元）	0	0	0	5500	6600
台数	0	0	0	1	1
容量（MW）	0	0	0	300	300
机组名称				大南湖1号	大南湖2号
进口汽轮机					
项目 \ 年度	2016	2017	2018	2019	2020
投资（万元）	10 000	0	0	0	0
台数	2	0	0	0	0
容量（MW）	657	0	0	0	0
机组名称	大港3号、大港4号				

注　根据中国电力企业联合会机组分类标准：苏联及东欧产机组统称“俄制”，非苏联及东欧产的其他国家产机组统称“进口”。

2. 环保减排

137 台现役燃煤发电机组实现超低排放，除“十二五”期间已经实现的 47 台外，“十三五”期间将实施 90 台机组改造，详见表 5-4 和表 5-5。

表 5-4　　环保减排改造项目分类型实施进度表

项目名称	2016		2017		2018		2019		2020	
	项目（项）	金额（万元）	项目（项）	金额（万元）	项目（项）	金额（万元）	项目（项）	金额（万元）	项目（项）	金额（万元）
除尘	27	69 843	25	42 365	19	44 584	16	63 045	10	20 734
脱硫	29	74 659	26	84 346	15	43 380	16	40 355	5	12 280
脱硝	19	23 834	24	43 414	14	19 281	8	5430	12	17 820
环保其他	13	14 584	11	16 781	21	81 067	28	62 352	14	76 010
神华合计	88	182 920	86	186 906	69	188 312	68	171 182	41	126 844

表 5-5　　现役燃煤机组超低排放实施进度表

子分公司	机组台数	超低排放机组台数						
		“十二五”	2016	2017	2018	2019	2020	“十三五”合计
国华	55	25	18	12	0	0	0	30
国神	56	14	10	16	9	5	2	42
神皖	10	5	5	0	0	0	0	5
福能	6	3	1	0	2	0	0	3
四川	4	0	0	0	2	0	2	4
准能	4	0	0	0	0	4	0	4
内蒙煤焦化	2	0	0	0	2	0	0	2
神华合计	137	47	34	28	15	9	4	90

六、保 障 措 施

（一）加强组织管理

成立神华集团公司绿色发电升级改造行动计划实施领导小组，全面领导神华集团公司绿色发电升级改造实施工作。领导小组下设办公室，负责落实领导小组审定的决议，组织编制神华集团公司绿色发电相关规定、标准和制度，组织编制实施目标、方案、计划，定期向领导小组汇报改造计划实施进度情况。神华集团公司加强部门协调，各司其职、各负其责、密切配合。各相关子分公司作为电厂节能增效和环境保护改造责任主体，成立领导小组，直接负责本单位绿色发电升级改造行动计划实施。按照神华集团公司项目管理规定，加快项目可研编制、评审及立项流程。

责任部门包括电力管理部、环境保护部、战略规划部、各发电公司。

（二）加强科技支撑

落实创新驱动发展战略，充分发挥神华所属研究院、院士专家工作站等的技术引领作用，加强与国内外相关科研院所、重点院校开展节能环保技术应用及前沿技术开发合作；根据神华燃煤机组特性，做好适用性分析及可研论证；重点保障燃煤电厂绿色发电升级改造重大科技攻关和示范工程项目的研究实施，形成神华特色节能增效和环境保护改造技术路线。

责任部门包括科技发展部、电力管理部、环境保护部、各发电公司。

（三）加强技术监督

深入开展能耗诊断和能源审计，加强绿色发电升级改造效果验收和监测，规范改造前、后节能环保性能试验对比及评价考核方案；强化重大节能技术改造效果评价技术监督，按照有关规定通过具备资质机构进行现场节能效果评估并确认节能量；加强对超低排放机组烟气排放连续监测系统运行组织管理，确保监测结果科学客观、数据传送及时准确；做好重大改造项目技术数据台账及重要文件备案管理。提高改造机组投运后出力系数，最大程度地发挥绿色升级改造成果优势。

责任部门包括电力管理部、环境保护部、各发电公司。

（四）加强安全监察

按照“党政同责、一岗双责、失职追责”和“管业务必须管安全”的工作要求，扎实落实安全生产责任制，加强改造项目全过程安全质量监督检查，运用技术手段化解设备和系统安全生产风险。加强与地方政府和电网公司协调，科学合理地安排生产检修计划，尽可能安排在同一检修期内同步实施超低排放和节能改造，确保改造工程按期建成并稳定运行。强化安全教育、风险管控、应急保障、承包商及设备设施管理，确保施工作业安全和工程质量达标。

责任部门包括安全监察局、电力管理部、各发电公司。

（五）加强资金保障

加强绿色发电升级改造计划实施资金保障，改造项目应提前论证并纳入当年度节能环保专项投资计划，确保重点改造项目投资计划落实；利用好专项资金、优惠贷款等国家及地方资金支持政策，加快电价补贴、排污费削减等激励政策落地，增强项目投资收益能力。

责任部门包括战略规划部、环境保护部、电力管理部、各发电公司。

（六）加强文化引领

通过多种形式加大神华绿色发电成果宣传力度，坚持文化引领，营造生态文明建设氛围。在全集团树立“环境安全等同于生产安全、不达标不生产”理念，依法合规建设运营，在集团所属发电企业主控室、主办公楼、厂区门口等区域设立机组节能环保指标宣示系统，展示神华电力节能环保良好形象；按照国家相关要求，做好环境信息对外发布工作，主动接受社会公众监督。

责任部门包括环境保护部、电力管理部、新闻宣传部、各发电公司。

七、节能环保升级改造项目计划表（2016—2020年）

（一）升级改造全部工程

节能增效项目见表7-1，环保减排项目见表7-2。

表7-1　　节能增效项目

序号	子分公司	电厂	机组	项目类别	项目名称	技术路线及主要内容	预计年节约标准煤（万t）	预计供电标准煤耗下降（g/kWh）	预计开始（年）	预计完成（年）	预计投资（万元）
1	国华	定州	2号	通流提效	汽轮机通流改造	汽轮机通流部分改造，凝汽器、循环水泵、发电机-变压器组增容改造	3.7	11.42	2015	2016	13 254
2	国华	定州	2号	其他节能	再热蒸汽温度低治理	增加锅炉末级受热面管子的长度，达到增加受热面的面积，提高换热效果，提升主蒸汽、再热蒸汽温度，并消除偏差	0.18	0.6	2015	2016	450

续表

序号	子分公司	电厂	机组	项目类别	项目名称	技术路线及主要内容	预计年节约标准煤（万 t）	预计供电标准煤耗下降（g/kWh）	预计开始（年）	预计完成（年）	预计投资（万元）
3	国华	定州	2 号	其他节能	凝结水泵变频改造	凝结水泵加装高压变频器，采用一拖二手动切换运行方案，通过隔离开关进行手动切换，实现一台变频器驱动两台凝结水泵，每台机组仅需一台高压变频器	0.09	0.3	2015	2016	167
4	国华	定州	2 号	其他节能	机组循环水系统综合升级改造	对水塔配水进行优化，增设两台机组循环水泵联络管，实现循环水系统两机三泵运行方式	0.099	0.3	2015	2016	280
5	国华	定州	2 号	其他节能	锅炉空气预热器密封改造	将空气预热器密封改造为先进的、运行比较成熟的柔性密封装置，增加锅炉运行中空气预热器的密封效果，降低空气预热器运行中漏风率，减少锅炉风烟系统耗电量	0.03	0.1	2015	2016	71
6	国华	定州	2 号	其他节能	锅炉暖风器节能改造	不同季节实现暖风器受热面角度旋转，降低非采暖期风机系统暖风器阻力，降低风机出入口差压，减少风机耗电量	0.03	0.1	2015	2016	128

续表

序号	子分公司	电厂	机组	项目类别	项目名称	技术路线及主要内容	预计年节约标准煤（万 t）	预计供电标准煤耗下降（g/kWh）	预计开始（年）	预计完成（年）	预计投资（万元）
7	国华	定州	2号	其他节能	引风机、增压风机合一	由于绿色发电项目的实施，系统阻力增大，现有风机不能满足要求，所以取消增压风机，增大引风机出力，将引风机和增压风机合并为联合风机，满足环保和节能项目的要求	0.21	0.7	2015	2016	1202
8	国华	定州	1号	抽汽供热	一期机组供热改造	根据定州市政府文件要求，定州市同步建设热网系统，定州发电有限公司拟在不增加锅炉容量的情况下，采用汽轮机本体中低压连通管抽汽无热泵组的技术方案，对机组进行供热改造	0.625	3	2016	2018	3000
9	国华	定州	3号	通流提效	汽轮机通流改造	对汽轮机高中、低压转子，高中、低压内缸全部进行更换，减小各级焓降，适当增加通流级数，高压缸增加4级，中压缸增加2级，提高级效率，低压缸保留原来的2×6级；高、中压缸采用整体内缸结构，低压缸采用360°蜗壳进汽结构。回热系统考虑加装0号高压加热器及3号高压加热器加装前置蒸冷器	2.475	6	2019	2019	8500

续表

序号	子分公司	电厂	机组	项目类别	项目名称	技术路线及主要内容	预计年节约标准煤（万t）	预计供电标准煤耗下降（g/kWh）	预计开始（年）	预计完成（年）	预计投资（万元）
10	国华	定州	4号	通流提效	汽轮机通流改造	对汽轮机高中、低压转子，高中、低压内缸全部进行更换，减小各级焓降，适当增加通流级数，高压缸增加4级，中压缸增加2级，提高级效率，低压缸保留原来的2×6级；高、中压缸采用整体内缸结构，低压缸采用360°蜗壳进汽结构。回热系统考虑加装0号高压加热器及3号高压加热器加装前置蒸冷器	2.475	6	2019	2020	8500
11	国华	定州	3号	其他节能	空冷岛加装尖峰冷却装置	夏季机组运行背压高时，将机组排汽中一部分由原空冷岛主排汽管道引出，经过分支管道引至新增设的尖峰冷却凝汽器（干式/湿式），通过机力通风进行冷却，剩余乏汽通过原主空冷凝汽器进行冷却，缓解主空冷系统的换热压力，达到降背压的目的。 当采用湿式冷却方式时（湿冷），乏汽的热利用开式水通过蒸发冷却器将热量散出。当采用干式冷却方式时（空冷），乏汽的热通过空冷塔散热器将直接散失到大气中，无开式水系统。	0.66	2	2019	2019	5000

续表

序号	子分公司	电厂	机组	项目类别	项目名称	技术路线及主要内容	预计年节约标准煤（万 t）	预计供电标准煤耗下降（g/kWh）	预计开始（年）	预计完成（年）	预计投资（万元）
11	国华	定州	3 号	其他节能	空冷岛加装尖峰冷却装置	夏季机组运行背压高时，将机组排汽中一部分由原空冷岛主排汽管道引出，经过分支管道引至新增设的尖峰冷却凝汽器（干式/湿式），通过机力通风进行冷却，剩余乏汽通过原主空冷凝汽器进行冷却，缓解主空冷系统的换热压力，达到降背压的目的。 当采用湿式冷却方式时（湿冷），乏汽的热利用开式水通过蒸发冷却器将热量散出。当采用干式冷却方式时（空冷），乏汽的热通过空冷塔散热器将直接散失到大气中，无开式水系统	0.66	2	2019	2019	5000
12	国华	定州	4 号	其他节能	空冷岛加装尖峰冷却装置	夏季机组运行背压高时，将机组排汽中一部分由原空冷岛主排汽管道引出，经过分支管道引至新增设的尖峰冷却凝汽器（干式/湿式），通过机力通风进行冷却，剩余乏汽通过原主空冷凝汽器进行冷却，缓解主空冷系统的换热压力，达到降背压的目的。 当采用湿式冷却方式时（湿冷），乏汽的热利用开式水通过	0.66	2	2019	2019	5000

续表

序号	子分公司	电厂	机组	项目类别	项目名称	技术路线及主要内容	预计年节约标准煤（万t）	预计供电标准煤耗下降（g/kWh）	预计开始（年）	预计完成（年）	预计投资（万元）
12	国华	定州	4号	其他节能	空冷岛加装尖峰冷却装置	蒸发冷却器将热量散出。当采用干式冷却方式时（空冷），乏汽的热通过空冷塔散热器将直接散失到大气中，无开式水系统	0.66	2	2019	2019	5000
13	国华	定州	3号	其他节能	电动给水泵节能改造	（1）电动给水泵改汽动给水泵方案。 （2）传统液力耦合器改行星齿轮液力耦合器方案。 （3）电动机变频器调速改造方案	0.66	2	2019	2019	3000
14	国华	定州	4号	其他节能	电动给水泵节能改造	（1）电动给水泵改汽动给水泵方案。 （2）传统液力耦合器改行星齿轮液力耦合器方案。 （3）电动机变频器调速改造方案	0.66	2	2019	2019	3000
15	国华	定州	3号	其他节能	二期机组供热优化	（1）增加供热抽汽背压式发电机组方案。 （2）汽轮机高背压供热改造方案	0.495	3	2019	2019	2250
16	国华	定州	4号	其他节能	二期机组供热优化	（1）增加供热抽汽背压式发电机组方案。 （2）汽轮机高背压供热改造方案	0.495	3	2019	2019	2250

续表

序号	子分公司	电厂	机组	项目类别	项目名称	技术路线及主要内容	预计年节约标准煤（万 t）	预计供电标准煤耗下降（g/kWh）	预计开始（年）	预计完成（年）	预计投资（万元）
17	国华	港电	1号	其他节能	机组加装低温省煤器	在锅炉末端布置低温省煤器，充分利用锅炉排烟余热，增加锅炉效率，同时降低锅炉排烟温度	0.712	1.89	2016	2016	2500
18	国华	港电	1号	其他节能	引风机、增压风机合一	拆除增压风机，两台引风机升级改造	0.132	0.5	2016	2016	1200
19	国华	港电	2号	其他节能	机组加装低温省煤器	在锅炉末端布置低温省煤器，充分利用锅炉排烟余热，增加锅炉效率，同时降低锅炉排烟温度	0.712	1.89	2016	2016	2500
20	国华	港电	2号	其他节能	引风机、增压风机合一	拆除增压风机，两台引风机升级改造	0.132	0.5	2016	2016	1200
21	国华	港电	1号	其他节能	主蒸汽、再热蒸汽温度提升暨再热蒸汽温度低治理	对抗氧化许用温度595℃低于设计温度的T91管材进行升级改造并提升主蒸汽、再热蒸汽温度，增加锅炉末级受热面管子的长度，达到增加受热面的面积，提高换热效果，提升主蒸汽、再热蒸汽温度，并消除偏差的目的	1.125	3.5	2017	2019	2800

续表

序号	子分公司	电厂	机组	项目类别	项目名称	技术路线及主要内容	预计年节约标准煤（万t）	预计供电标准煤耗下降（g/kWh）	预计开始（年）	预计完成（年）	预计投资（万元）
22	国华	港电	2号	其他节能	主蒸汽再热蒸汽温度提升暨再热蒸汽温度低治理	对抗氧化许用温度595℃低于设计温度的T91管材进行升级改造并提升主蒸汽、再热蒸汽温度，增加锅炉末级受热面管子的长度，达到增加受热面的面积，提高换热效果，提升主蒸汽、再热蒸汽温度，并消除偏差的目的	1.125	3.5	2018	2020	2800
23	国华	港电	1号	其他节能	锅炉空气预热器密封改造	将空气预热器密封改造为先进的、运行比较成熟的柔性密封装置，增加锅炉运行中空气预热器的密封效果，降低空气预热器运行中漏风率，减少锅炉风烟系统耗电量	0.066	0.2	2017	2017	90
24	国华	港电	1号	其他节能	宽负荷脱硝	增加0号高压加热器和3号高压加热器蒸汽冷却器，提高给水温度节能的同时，提高脱硝入口烟气温度从而实现宽负荷脱硝（或省煤器分级、给水或烟气旁路）	0.132	0.5	2017	2019	3500

续表

序号	子分公司	电厂	机组	项目类别	项目名称	技术路线及主要内容	预计年节约标准煤（万 t）	预计供电标准煤耗下降（g/kWh）	预计开始（年）	预计完成（年）	预计投资（万元）
25	国华	港电	2 号	其他节能	宽负荷脱硝	增加 0 号高压加热器和 3 号高压加热器蒸汽冷却器，提高给水温度节能的同时，提高脱硝入口烟气温度从而实现宽负荷脱硝（或省煤器分级、给水或烟气旁路）	0.132	0.5	2018	2020	3500
26	国华	港电	1 号	其他节能	循环水泵变频改造	对循环水泵进行一拖二变频改造，实现全负荷工况下调节门全开，消除节流损失。以解决灌河（潮汐）水位高低变化对循环水泵电流的影响	0.132	0.5	2017	2018	660
27	国华	港电	2 号	其他节能	循环水泵变频改造	对循环水泵进行一拖二变频改造，实现全负荷工况下调节门全开，消除节流损失。以解决灌河（潮汐）水位高低变化对循环水泵电流的影响	0.132	0.5	2018	2019	660
28	国华	港电	1 号	其他节能	罗茨真空泵改造	凝汽器加装 4 台罗茨真空泵组节能改造	0.075	0.65	2017	2017	125

续表

序号	子分公司	电厂	机组	项目类别	项目名称	技术路线及主要内容	预计年节约标准煤（万 t）	预计供电标准煤耗下降（g/kWh）	预计开始（年）	预计完成（年）	预计投资（万元）
29	国华	港电	2 号	其他节能	罗茨真空泵改造	凝汽器加装 4 台罗茨真空泵组节能改造	0.075	0.65	2017	2017	125
30	国华	港电	1 号	其他节能	汽轮机轴封溢流改造	汽轮机轴封溢流改造，回收溢流蒸汽	0.038	0.1	2017	2018	85
31	国华	港电	2 号	其他节能	汽轮机轴封溢流改造	汽轮机轴封溢流改造，回收溢流蒸汽	0.038	0.1	2018	2019	85
32	国华	港电	1 号	抽汽供热	机组对外供汽改造	初步方案从 660MW 汽轮机机组的高压缸排汽出口即再热器进口（冷段）系统抽取蒸汽，满足响水县沿海经济开发区内各种工业热用户以及采暖制冷所需热负荷的要求	1.05	4	2017	2018	750
33	国华	港电	2 号	抽汽供热	机组对外供汽改造	初步方案从 660MW 汽轮机机组的高压缸排汽出口即再热器进口（冷段）系统抽取蒸汽，满足响水县沿海经济开发区内各种工业热用户以及采暖制冷所需热负荷的要求	1.05	4	2017	2018	750

续表

序号	子分公司	电厂	机组	项目类别	项目名称	技术路线及主要内容	预计年节约标准煤（万 t）	预计供电标准煤耗下降（g/kWh）	预计开始（年）	预计完成（年）	预计投资（万元）
34	国华	呼伦贝尔	1号	其他节能	极寒地区600MW锅炉房内室温平衡节能系统改造	锅炉墙板漏风，炉房采暖热量向上扩散，冬季机组启动设备结冻影响机组正常启动。实施墙板封闭升级改造，炉顶通风器进行柔性密封改造。减少厂房采暖量，提高系统综合能耗	0.066	0.2	2015	2016	490
35	国华	呼伦贝尔	2号	其他节能	机组加装低温省煤器	锅炉空气预热器出口布置低温省煤器，充分利用锅炉排烟余热，提高锅炉效率，同时降低锅炉排烟温度，减少脱硫喷水量	0.825	2.5	2015	2016	1940
36	国华	呼伦贝尔	2号	其他节能	极寒地区600MW锅炉房内室温平衡节能系统改造	锅炉空气预热器出口布置低温省煤器，充分利用锅炉排烟余热，提高锅炉效率，同时降低锅炉排烟温度，减少脱硫喷水量	0.066	0.2	2015	2016	490
37	国华	呼伦贝尔	2号	其他节能	增加吸收式热泵回收机组乏汽余热，进行城市供热技改	大量的乏汽余热通过空冷岛散发至空气中，这些余热对于工业生产是品味低的废热，而利用采暖抽汽驱动热泵回收这些废热用于城市供热，可谓变废为宝，既可实现节能降耗，又可提高自身供热能力	1.993	6.04	2018	2020	5811

续表

序号	子分公司	电厂	机组	项目类别	项目名称	技术路线及主要内容	预计年节约标准煤（万t）	预计供电标准煤耗下降（g/kWh）	预计开始（年）	预计完成（年）	预计投资（万元）
38	国华	呼伦贝尔	2号	其他节能	凝结水过冷度治理	通过在排气装置内部加装雾化除氧装置对补水及凝结水进行深度除氧，用汽轮机排汽对补水及凝结水加热。加热到饱和状态，排出氧气，提高水温，降低过冷度，使溶氧≤30μg/L，符合标准	0.12	0.36	2018	2018	89
39	国华	呼伦贝尔	2号	其他节能	极寒地区空冷岛增加挡风装置	为确保空冷岛的安全，每年冬天机组都需将2～3列换热单元退出运行。随着机组运行时间的增加，空冷蝶阀严密性也越来越差，存在泄漏的可能，管束及联箱冻裂的风险逐步加大。因此，增加挡风装置安装在风筒出口，实现冬季不退列运行，从而增大散热面积，通过减小空冷风机的投运数量及频率，充分利用自然通风进行冷却，降低厂用电率及背压	0.01	0.3	2018	2018	286
40	国华	呼伦贝尔	2号	抽汽供热	增加高背压热网凝汽器	机组乏汽加热城区热网回水，新增2台高背压（35kPa）热网凝汽器（换热面积为2×8000m²），每台高背压热网凝汽	4.12	12.476	2018	2020	6300

续表

序号	子分公司	电厂	机组	项目类别	项目名称	技术路线及主要内容	预计年节约标准煤（万 t）	预计供电标准煤耗下降（g/kWh）	预计开始（年）	预计完成（年）	预计投资（万元）
40	国华	呼伦贝尔	2号	抽汽供热	增加高背压热网凝汽器	器耗用机组乏汽 200t/h，将5000t/h城区热网回水从50℃加热到70℃，剩余未利用部分的机组乏汽仍由空冷岛进行冷却。年采暖乏汽供热量460万GJ，冬季采暖期为225天	4.12	12.476	2018	2020	6300
41	国华	惠州	2号	其他节能	凝汽器真空系统优化	（1）完善真空泵冷却水系统，增设海水升压泵，增加真空泵冷却水量。 （2）真空泵加装冷却器，采用中央空调冷冻水冷却工作水，提高真空泵的做功能力，提高极限真空。 （3）将两台100%真空泵，更换为进口品牌真空泵，提高真空泵可靠性和性能（2013年已更换1台）。 （4）凝汽器水室加装水室真空泵，循环水系统采用虹吸运行，降低循环水泵电耗	0.272	1.5	2015	2016	106

续表

序号	子分公司	电厂	机组	项目类别	项目名称	技术路线及主要内容	预计年节约标准煤（万t）	预计供电标准煤耗下降（g/kWh）	预计开始（年）	预计完成（年）	预计投资（万元）
42	国华	惠州	2号	其他节能	疏水系统优化	（1）提高主蒸汽及其他高参数系统疏水阀门可靠性，更换进口阀门，减少泄漏点。 （2）高压导汽管疏水装设气动截止阀，防止顺序阀时不同压力导汽管内蒸汽串流导致节流损失增大。 （3）轴封系统疏水改造，减少轴封系统的蒸汽损失，防止轴封回汽不凝结气体进入凝汽器。 （4）8号低压加热器疏水改接至凝汽器底部，减少凝汽器热负荷，减小过冷度。 （5）简化疏、放水系统结构，取消和合并部分疏水管路，减少系统漏点。 （6）给水再循环、锅炉过热器减温水等其他系统优化改造	0.182	1	2015	2016	369
43	国华	惠州	2号	其他节能	凝结水泵变频改造	凝结水泵增加高压变频调速系统，通过高压变频改变电动机转速，通过改变凝结水泵转速调整凝结水泵流量，降低凝结水泵电动机功率，达到节能效果	0.073	0.4	2015	2016	95

续表

序号	子分公司	电厂	机组	项目类别	项目名称	技术路线及主要内容	预计年节约标准煤（万 t）	预计供电标准煤耗下降（g/kWh）	预计开始（年）	预计完成（年）	预计投资（万元）
44	国华	惠州	2号	其他节能	机组加装低温省煤器	在电除尘器入口增设低低温省煤器，实现降低锅炉排烟温度、回收余热的目的	0.272	1.5	2015	2016	1820
45	国华	惠州	1号	其他节能	循环水加装二次滤网	循环水系统加装二次滤网，提高凝汽器清洁度	0.03	0.1	2017	2018	220
46	国华	惠州	1号	其他节能	锅炉吹灰疏水回收改造	目前吹灰蒸汽疏水排至疏水扩容器，未进行疏水热量回收，造成热量损失。在吹灰疏水管路接至连排扩容器，扩容器内闪蒸后蒸汽排至除氧器，提高机组效率	0.006	0.02	2017	2018	58
47	国华	惠州	1号	其他节能	锅炉磨煤机动态分离器改造	锅炉磨煤机进行动态分离器改造	0.06	0.2	2018	2019	400
48	国华	惠州	1号	其他节能	吹灰器汽源改造	目前惠电1、2号锅炉吹灰汽源主要取自后屏过热器出口，后屏出口蒸汽参数相对较高，减压站将汽源压力减压调整到2.5～3MPa，吹灰器阀门压力控制在1.2～1.5MPa，吹灰蒸汽降压较多，对机组经济性影响较大，考虑将吹灰汽源增设再热器冷段出口位置，满足吹灰器运行要求的同时，提高经济性	0.03	0.1	2018	2019	100

续表

序号	子分公司	电厂	机组	项目类别	项目名称	技术路线及主要内容	预计年节约标准煤（万t）	预计供电标准煤耗下降（g/kWh）	预计开始（年）	预计完成（年）	预计投资（万元）
49	国华	惠州	1号	其他节能	送风机提效改造	两台炉送风机运行效率较低，对送风机电动机进行双速改造或叶型改造，提高送风机不同负荷工况下的运行效率	0.015	0.05	2018	2019	75
50	国华	惠州	1号	其他节能	真空系统增加罗茨真空泵组	增加罗茨风机，正常运行时采用罗茨风机代替主机真空泵运行，提高机组真空和降低真空泵耗电量	0.011	0.003	2018	2019	60
51	国华	惠州	1号	其他节能	供热工业抽汽调阀控制方式优化	将目前供热四个工业抽汽调节阀同时开关的单阀控制方式进行优化，中压调节阀方式改为顺序阀调节，先开启中间2、3号座缸调节阀，然后开启外侧1、4号座缸调节阀，减少座缸阀节流损失，提高机组经济性	0.22	0.75	2018	2019	10
52	国华	惠州	1号	其他节能	电动给水泵变频改造	电动给水泵进行变频改造	0.35	1.15	2018	2020	1500
53	国华	惠州	1号	其他节能	一次风机变频改造	两台机组一次风机选型与一次风系统匹配程度较差，各工况点运行效率比较低，导致一次风机耗电率偏高，对一次风机电动机进行变频改造，提高一次风机不同负荷工况下的运行效率	0.07	0.25	2018	2020	160

续表

序号	子分公司	电厂	机组	项目类别	项目名称	技术路线及主要内容	预计年节约标准煤（万t）	预计供电标准煤耗下降（g/kWh）	预计开始（年）	预计完成（年）	预计投资（万元）
54	国华	惠州	1号	其他节能	汽轮机通流及供热改造	（1）汽轮机本体通流改造，对高压缸、中压缸通流部分进行全面改造，低压缸通流部分只进行局部改造。 （2）供热抽汽方式优化改造，中压工业、低压工业抽汽均改为非调整抽汽经济性	2.04	6.8	2019	2020	8500
55	国华	惠州	2号	其他节能	循环水加装二次滤网	循环水系统加装二次滤网，提高凝汽器清洁度	0.03	0.1	2019	2020	220
56	国华	惠州	2号	其他节能	锅炉吹灰疏水回收改造	目前吹灰蒸汽疏水排至疏水扩容器，未进行疏水热量回收，造成热量损失。将吹灰疏水管路接至连排扩容器，扩容器内闪蒸后蒸汽排至除氧器，提高机组效率	0.006	0.02	2017	2018	58
57	国华	惠州	2号	其他节能	锅炉磨煤机动态分离器改造	锅炉磨煤机进行动态分离器改造	0.06	0.2	2018	2019	400
58	国华	惠州	2号	其他节能	吹灰器汽源改造	目前惠州电厂1、2号锅炉吹灰汽源主要取自后屏过热器出口，后屏出口蒸汽参数相对较高，减压站将汽源压力减压调整到2.5～3MPa，吹灰器阀门压力	0.03	0.1	2018	2019	100

续表

序号	子分公司	电厂	机组	项目类别	项目名称	技术路线及主要内容	预计年节约标准煤（万 t）	预计供电标准煤耗下降（g/kWh）	预计开始（年）	预计完成（年）	预计投资（万元）
58	国华	惠州	2 号	其他节能	吹灰器汽源改造	控制在 1.2～1.5MPa，吹灰蒸汽降压较多，对机组经济性影响较大，考虑将吹灰汽源增设再热器冷段出口位置，满足吹灰器运行要求的同时，提高经济性	0.03	0.1	2018	2019	100
59	国华	惠州	2 号	其他节能	送风机提效改造	两台炉送风机运行效率较低，对送风机电动机进行双速改造或叶型改造，提高送风机不同负荷工况下的运行效率	0.015	0.05	2018	2019	75
60	国华	惠州	2 号	其他节能	真空系统增加罗茨真空泵组	增加罗茨风机，正常运行时采用罗茨风机代替主机真空泵运行，提高机组真空和降低真空泵耗电量	0.011	0.003	2018	2019	60
61	国华	惠州	2 号	其他节能	供热工业抽汽调阀控制方式优化	对目前供热 4 个工业抽汽调节阀同时开关的单阀控制方式进行优化，中压调节阀方式改为顺序阀调节，先开启中间 2、3 号座缸调节阀，然后开启外侧 1、4 号座缸调节阀，减少座缸阀节流损失，提高机组经济性	0.22	1.5	2018	2019	10

续表

序号	子分公司	电厂	机组	项目类别	项目名称	技术路线及主要内容	预计年节约标准煤（万 t）	预计供电标准煤耗下降（g/kWh）	预计开始（年）	预计完成（年）	预计投资（万元）
62	国华	惠州	2 号	其他节能	电动给水泵变频改造	电动给水泵进行变频改造	0.05	1.15	2018	2020	1500
63	国华	惠州	2 号	其他节能	一次风机变频改造	两台机组一次风机选型与一次风系统匹配程度较差，各工况点运行效率比较低，导致一次风机耗电率偏高，对一次风机电动机进行变频改造，提高一次风机不同负荷工况下的运行效率	0.075	0.25	2018	2020	160
64	国华	惠州	2 号	其他节能	汽轮机通流及供热改造	（1）汽轮机本体通流改造，对高压缸、中压缸通流部分进行全面改造，低压缸通流部分只进行局部改造。 （2）供热抽汽方式优化改造，中压工业、低压工业抽汽均改为非调整抽汽经济性	2.04	6.8	2019	2020	8500
65	国华	孟津	2 号	其他节能	省煤器改造	在锅炉 SCR 后新增一组高温省煤器加热锅炉给水，在一次风机和送风机出口加装旋转暖风器，充分利用锅炉排烟余热，增加锅炉效率，同时降低锅炉排烟温度	1.485	4.5	2016	2016	3700

续表

序号	子分公司	电厂	机组	项目类别	项目名称	技术路线及主要内容	预计年节约标准煤（万 t）	预计供电标准煤耗下降（g/kWh）	预计开始（年）	预计完成（年）	预计投资（万元）
66	国华	孟津	1 号	抽汽供热	供热改造	从两台机组中排取汽，通过铺设热力管道向洛阳市西区供热，提高机组热效率	0.6	5	2015	2018	4995
67	国华	孟津	2 号	抽汽供热	供热改造	从两台机组中排取汽，通过铺设热力管道向洛阳市西区供热，提高机组热效率	0.6	5	2015	2018	4995
68	国华	孟津	1 号	抽汽供热	多联供改造	从主蒸汽、再热蒸汽抽取，通过铺设蒸汽管道向华阳集聚区供汽，降低煤耗	0.402	1.8	2017	2018	3051
69	国华	孟津	2 号	抽汽供热	多联供改造	从主蒸汽、再热蒸汽抽取，通过铺设蒸汽管道向华阳集聚区供汽，降低煤耗	0.402	1.8	2017	2018	3051
70	国华	宁东	1 号	其他节能	电除尘电源提效节能改造	对电除尘器的电源进行更换，在原硅整流变压器位置上安装软稳电源，把原电除尘的低压部分兼容到新系统中，节能 50%，减排 50%，减轻布袋压力，降低风机电动机能耗	0.018	0.1	2018	2019	400

续表

序号	子分公司	电厂	机组	项目类别	项目名称	技术路线及主要内容	预计年节约标准煤（万t）	预计供电标准煤耗下降（g/kWh）	预计开始（年）	预计完成（年）	预计投资（万元）
71	国华	宁东	1号	其他节能	一、二次风机变频改造	机组一次风机、二次风机增加高压变频调节系统，每台机组可降低厂用电0.53%	0.182	1	2018	2019	1200
72	国华	宁东	1号	其他节能	旋转暖风器改造	锅炉暖风器改造为旋转式，降低风道阻力，降低风机单耗，节约厂用电量	0.002	0.01	2015	2016	28
73	国华	宁东	1号	其他节能	锅炉油枪气泡雾化改造	锅炉启动点火油枪改造为超声速油枪，提高油枪雾化程度，提高燃烧强度，保证燃烧充分	0.002	0.01	2018	2019	42
74	国华	宁东	2号	其他节能	电除尘电源提效节能改造	炉电除尘器的电源进行更换，在原硅整流变压器位置上安装软稳电源，把原电除尘的低压部分兼容到新系统中，节能50%，减排50%，减轻布袋压力，降低风机电动机能耗	0.018	0.1	2018	2019	400
75	国华	宁东	2号	其他节能	一、二次风机变频改造	机组一次风机、二次风机增加高压变频调节系统，每台机组可降低厂用电0.53%	0.182	1	2019	2020	1200

续表

序号	子分公司	电厂	机组	项目类别	项目名称	技术路线及主要内容	预计年节约标准煤（万t）	预计供电标准煤耗下降（g/kWh）	预计开始（年）	预计完成（年）	预计投资（万元）
76	国华	宁东	2号	其他节能	循环流化床锅炉燃烧优化	通过优化锅炉控制调节，综合兼顾节能环保可靠性参数，达到各项指标最优	0.073	0.4	2016	2016	200
77	国华	宁东	2号	其他节能	旋转暖风器改造	锅炉暖风器改造为旋转式，降低风道阻力，降低风机单耗，节约厂用电量	0.002	0.01	2018	2019	76
78	国华	宁东	2号	其他节能	锅炉油枪气泡雾化改造	锅炉启动点火油枪改造为超声速油枪，提高油枪雾化程度，提高燃烧强度，保证燃烧充分	0.002	0.01	2015	2016	42
79	国华	宁东	2号	其他节能	电动给水泵变频改造	机组锅炉电动给水泵增加高压变频调节系统，每台机组可节电1247万kWh	0.182	1	2019	2020	1800
80	国华	宁东	2号	其他节能	机组加装低温省煤器	在机组空气预热器与电袋复合除尘器之间加装低温省煤器，以降低除尘器入口烟气温度，保护除尘器并提高除尘效率，实现节能减排目标	0.182	1	2018	2019	1180
81	国华	宁东	1号	其他节能	电动给水泵变频改造	机组锅炉电动给水泵增加高压变频调节系统，每台机组可节电1247万kWh	0.182	1	2019	2020	1800

续表

序号	子分公司	电厂	机组	项目类别	项目名称	技术路线及主要内容	预计年节约标准煤（万 t）	预计供电标准煤耗下降（g/kWh）	预计开始（年）	预计完成（年）	预计投资（万元）
82	国华	宁东	1号	其他节能	机组加装低温省煤器	在机组空气预热器与电袋复合除尘器之间加装低温省煤器，以降低除尘器入口烟气温度，保护除尘器并提高除尘效率，实现节能减排目标	0.182	1	2019	2020	1180
83	国华	宁东	1号	其他节能	供热改造项目	冷端和四段抽汽供热增容，实现对红柳煤矿和麦垛山煤矿的供热需求	0.825	5	2017	2018	750
84	国华	宁东	1号	其他节能	灵活性改造	开展储能和提升调节性能的技术改造，转向运营服务系统辅助服务。根据东北能监局下发的《东北电力辅助服务市场专项改革试点方案》及《东北电力辅助服务市场运营规则（试行）》，2017年起，参与辅助服务电厂将获得相应补偿。密切跟踪《东北电力辅助服务市场专项改革方案》推进和实施进展，在公司内部确立试点电厂，深入研究包括储能设备在内的调峰交易规则和实施方案，推进机组灵活性调节性能提升的技术改造，组织参与辅助服务市场交易，争取获得发电补偿，并为其他区域开展辅助服务市场交易积累经验			2018	2019	3000

续表

序号	子分公司	电厂	机组	项目类别	项目名称	技术路线及主要内容	预计年节约标准煤（万 t）	预计供电标准煤耗下降（g/kWh）	预计开始（年）	预计完成（年）	预计投资（万元）
85	国华	宁东	2 号	其他节能	供热改造项目	冷端和四段抽汽供热增容，实现对红柳煤矿和麦垛山煤矿的供热需求	0.852	5	2017	2018	750
86	国华	宁东	2 号	其他节能	灵活性改造	开展储能和提升调节性能的技术改造，转向运营服务系统辅助服务。根据东北能监局下发的《东北电力辅助服务市场专项改革试点方案》及《东北电力辅助服务市场运营规则（试行）》，2017 年起，参与辅助服务电厂将获得相应补偿。密切跟踪《东北电力辅助服务市场专项改革方案》推进和实施进展，在公司内部确立试点电厂，深入研究包括储能设备在内的调峰交易规则和实施方案，推进机组灵活性调节性能提升的技术改造，组织参与辅助服务市场交易，争取获得发电补偿，并为其他区域开展辅助服务市场交易积累经验			2018	2019	3000
87	国华	宁海	2 号	通流提效	汽轮机通流改造	将高、中、低压缸的转子和隔板等通流部分更换为效率更高、技术更先进的产品	3.3	10	2015	2016	10 100

续表

序号	子分公司	电厂	机组	项目类别	项目名称	技术路线及主要内容	预计年节约标准煤（万 t）	预计供电标准煤耗下降（g/kWh）	预计开始（年）	预计完成（年）	预计投资（万元）
88	国华	宁海	2号	其他节能	汽轮机凝汽器改造	将凝汽器钛管由原来的 $\phi25\times0.5$（0.7）mm 钛管改成现在的 $\phi22\times0.5$（0.7）mm 钛管、面积由原来的 34 000m² 改为 40 500m² 凝汽器，同时将循环入口管道在 A 列外进行对接。凝汽器后水室进行改造，采用双背压连接方式，设计背压为 4.5kPa	0.495	1.5	2015	2016	3500
89	国华	宁海	2号	其他节能	机组循环水泵改造	将原循环水泵进行增容改造，同时考虑二期与三期的循环水量。将目前 36 000m³/h 的循环水泵改造成 38 000m³/h 的循环水泵	0.099	0.3	2015	2016	1800
90	国华	宁海	2号	其他节能	罗茨-液环机组接力原液环泵运行改造	新增两台罗茨-液环真空泵，通过接力原液环真空泵来提供凝汽器真空，降低真空泵运行电流	0.05		2017	2019	170
91	国华	宁海	2号	其他节能	轴封系统溢流改造	将原来的轴封溢流接至凝汽器的管道，改造 6 抽或 7、8 号低压加热器	0.01		2017	2019	35
92	国华	宁海	2号	其他节能	发电机-变压器组增容改造	发电机额定容量增至 660MW，配套进行线棒、氢冷器、水冷器和引线等附属设备改造，一并对励磁变压器和主变压器进行改造			2015	2016	1670

续表

序号	子分公司	电厂	机组	项目类别	项目名称	技术路线及主要内容	预计年节约标准煤（万t）	预计供电标准煤耗下降（g/kWh）	预计开始（年）	预计完成（年）	预计投资（万元）
93	国华	宁海	2号	其他节能	锅炉节能改造	再热器增加受热面提高再热器汽温，吹灰汽源从分隔屏过热器出口改到屏式再热器入口	0.33	1	2015	2016	540
94	国华	宁海	2号	其他节能	机组加装低温省煤器	在电除尘入口布置低温省煤器，充分利用锅炉排烟余热加热凝结水，降低锅炉排烟温度	0.495	1.5	2015	2016	2400
95	国华	宁海	2号	其他节能	锅炉吹灰优化技术	优化吹灰器布置，炉膛和高温受热面可采用蒸汽吹灰形式，尾部受热面可采用蒸汽和声波联合吹灰形式	0.1	0.3	2018	2019	100
96	国华	宁海	2号	其他节能	空气预热器加装声波吹灰	加装可调频高声强声波吹灰器	0.2	0.6	2018	2019	280
97	国华	宁海	2号	其他节能	一期机组供热改造	在汽轮机冷段抽取蒸汽。经减压后向开发区进行供热，供热参数为1.7～2.1MPa	0.23	0.7	2018	2019	300
98	国华	宁海	3号	通流提效	汽轮机通流改造	将高、中、低压缸的转子和隔板等通流部分更换为效率更高、技术更先进的产品	3.3	10	2016	2017	10 100

续表

序号	子分公司	电厂	机组	项目类别	项目名称	技术路线及主要内容	预计年节约标准煤（万 t）	预计供电标准煤耗下降（g/kWh）	预计开始（年）	预计完成（年）	预计投资（万元）
99	国华	宁海	3号	其他节能	汽轮机凝汽器改造	将凝汽器钛管由原来的 $\phi25\times0.5$（0.7）mm 钛管改成现在的 $\phi22\times0.5$（0.7）mm 钛管、面积由原来的面积为 34 000m^{2}改为 40 500m^{2}凝汽器，同时将循环入口管道在 A 列外进行对接。凝汽器后水室进行改造，采用双背压连接方式，设计背压为 4.5kPa	0.495	1.5	2016	2017	3500
100	国华	宁海	3号	其他节能	机组循环水泵改造	将原循环水泵进行增容改造，同时考虑二期与三期的循环水量。将目前 36 000m^3/h 的循环水泵改造成 38 000m^3/h 的循环水泵	0.099	0.3	2016	2017	1800
101	国华	宁海	3号	其他节能	罗茨-液环机组接力原液环泵运行改造	新增两台罗茨-液环真空泵，通过接力原液环真空泵来提供凝汽器真空，降低真空泵运行电流	0.05		2017	2019	170
102	国华	宁海	3号	其他节能	轴封系统溢流改造	将原来的轴封溢流接至凝汽器的管道，改造 6 抽或 7、8 号低压加热器	0.01		2017	2019	35
103	国华	宁海	3号	其他节能	发电机-变压器组增容改造	发电机额定容量增至 660MW，配套进行线棒、氢冷器、水冷器和引线等附属设备改造，一并对励磁变压器和主变压器进行改造			2016	2017	1670

续表

序号	子分公司	电厂	机组	项目类别	项目名称	技术路线及主要内容	预计年节约标准煤（万 t）	预计供电标准煤耗下降（g/kWh）	预计开始（年）	预计完成（年）	预计投资（万元）
104	国华	宁海	3 号	其他节能	锅炉节能改造	再热器增加受热面提高再热器蒸汽温度，吹灰汽源从分隔屏过热器出口改到屏式再热器入口	0.33	1	2016	2017	540
105	国华	宁海	3 号	其他节能	机组加装低温省煤器	在电除尘入口布置低温省煤器，充分利用锅炉排烟余热加热凝结水，降低锅炉排烟温度	0.495	1.5	2016	2017	2400
106	国华	宁海	3 号	其他节能	锅炉吹灰优化技术	优化吹灰器布置，炉膛和高温受热面可采用蒸汽吹灰形式，尾部受热面可采用蒸汽和声波联合吹灰形式	0.1	0.3	2019	2020	100
107	国华	宁海	3 号	其他节能	空气预热器加装声波吹灰	加装可调频高声强声波吹灰器	0.2	0.6	2019	2020	280
108	国华	宁海	6 号	其他节能	罗茨-液环机组接力原液环泵运行改造	新增两台罗茨-液环真空泵，通接力原液环真空泵来提供凝汽器真空，降低真空泵运行电流	0.05		2017	2019	180
109	国华	宁海	6 号	其他节能	轴封溢流蒸汽回收	6 号机轴封溢流蒸汽原设计仅接至凝汽器，拟增设一路接至 7 号低压加热器壳侧。在机组正常运行工况下，把轴封溢流蒸汽切至 7 号低压加热器以回收热量			2018	2019	96

续表

序号	子分公司	电厂	机组	项目类别	项目名称	技术路线及主要内容	预计年节约标准煤（万 t）	预计供电标准煤耗下降（g/kWh）	预计开始（年）	预计完成（年）	预计投资（万元）
110	国华	宁海	6号	其他节能	冷却塔填料改造	更换效率更高的进口填料	0.275	0.5	2018	2019	1000
111	国华	宁海	6号	其他节能	冷却塔加装导流板	加装进风导流及防冻一体化装置	0.165	0.3	2018	2019	800
112	国华	宁海	6号	其他节能	给水温度调节器改造	利用补气阀导气管抽气设置机组零号高压加热器	0.55	1	2018	2019	1500
113	国华	宁海	6号	其他节能	低压加热器疏水泵调速改造	采用永磁调速调节低压加热器疏水泵电动机，以减少截止损失，达到节能目的	0.055	0.1	2018	2019	90
114	国华	宁海	6号	其他节能	凝结水泵变频改造	凝结水泵增加高压变频调速系统，通过高压变频改变电动机转速，通过改变凝结水泵转速调整凝结水泵流量，降低凝结水泵电动机功率，达到节能效果	0.275	0.5	2015	2016	344
115	国华	宁海	6号	其他节能	再热蒸汽温度提升	增加一级再热器及适当减少一、二、三过热器面积	0.169	0.31	2016	2016	490
116	国华	宁海	6号	其他节能	机组加装低温省煤器	在锅炉末端布置低温省煤器，充分利用锅炉排烟余热，增加锅炉效率，同时降低锅炉排烟温度	1.37	2.5	2018	2019	4500

续表

序号	子分公司	电厂	机组	项目类别	项目名称	技术路线及主要内容	预计年节约标准煤（万 t）	预计供电标准煤耗下降（g/kWh）	预计开始（年）	预计完成（年）	预计投资（万元）
117	国华	宁海	6 号	其他节能	空气预热器加装声波吹灰器	加装可调频高声强声波吹灰器	0.2	0.6	2018	2019	300
118	国华	宁海	1 号	通流提效	汽轮机通流改造	将高、中、低压缸的转子和隔板等通流部分更换为效率更高、技术更先进的产品	3.3	10	2016	2017	10 100
119	国华	宁海	1 号	其他节能	汽轮机凝汽器改造	将凝汽器钛管由原来的 $\phi25\times0.5$（0.7）mm 钛管改成现在的 $\phi22\times0.5$（0.7）mm 钛管、面积由原来的面积为 34 000m^2改为 40 500m^2凝汽器，同时将循环入口管道在 A 列外进行对接。凝汽器后水室进行改造，采用双背压连接方式，设计背压为 4.5kPa	0.495	1.5	2016	2017	3500
120	国华	宁海	1 号	其他节能	机组循环水泵改造	将原循环水泵进行增容改造，同时考虑二期与三期的循环水量。将目前 36 000m^3/h 的循环水泵改造成 38 000m^3/h 的循环水泵	0.099	0.3	2016	2017	1800
121	国华	宁海	1 号	其他节能	罗茨-液环机组接力原液环泵运行改造	新增两台罗茨-液环真空泵，通过接力原液环真空泵来提供凝汽器真空，降低真空泵运行电流	0.05		2017	2019	170

续表

序号	子分公司	电厂	机组	项目类别	项目名称	技术路线及主要内容	预计年节约标准煤（万 t）	预计供电标准煤耗下降（g/kWh）	预计开始（年）	预计完成（年）	预计投资（万元）
122	国华	宁海	1号	其他节能	轴封系统溢流改造	将原来的轴封溢流接至凝汽器的管道，改造6抽或7、8号低压加热器	0.01		2017	2019	35
123	国华	宁海	1号	其他节能	发电机-变压器组增容改造	发电机额定容量增至660MW，配套进行线棒、氢冷器、水冷器和引线等附属设备改造，一并对励磁变压器和主变压器进行改造			2016	2017	1670
124	国华	宁海	1号	其他节能	锅炉节能改造	再热器增加受热面提高再热器蒸汽温度，吹灰汽源从分隔屏过热器出口改到屏式再热器入口	0.33	1	2016	2017	540
125	国华	宁海	1号	其他节能	机组加装低温省煤器	在电除尘入口布置低温省煤器，充分利用锅炉排烟余热加热凝结水，降低锅炉排烟温度	0.495	1.5	2016	2017	2400
126	国华	宁海	1号	其他节能	锅炉吹灰优化技术	优化吹灰器布置，炉膛和高温受热面可采用蒸汽吹灰形式，尾部受热面可采用蒸汽和声波联合吹灰形式	0.1	0.3	2017	2018	100
127	国华	宁海	1号	其他节能	一期机组供热改造	在汽轮机冷段抽取蒸汽。经减压后向开发区进行供热，供热参数为1.7～2.1MPa	0.23	0.7	2017	2018	300

续表

序号	子分公司	电厂	机组	项目类别	项目名称	技术路线及主要内容	预计年节约标准煤（万 t）	预计供电标准煤耗下降（g/kWh）	预计开始（年）	预计完成（年）	预计投资（万元）
128	国华	宁海	1 号	其他节能	空气预热器加装声波吹灰器	加装可调频高声强声波吹灰器	0.2	0.6	2017	2018	280
129	国华	宁海	5 号	其他节能	引风机改造	配合脱硫改造，引风机静调改为动调风机	0.2	0.6	2017	2017	1260
130	国华	宁海	5 号	其他节能	电除尘本体及脉冲电源改造	将 5 号炉电除尘第四电场由高频电源更换为脉冲电源			2017	2019	480
131	国华	宁海	5 号	其他节能	轴封溢流蒸汽回收	5 号机轴封溢流蒸汽原设计仅接至凝汽器，拟增设一路接至 7 号低压加热器壳侧。在机组正常运行工况下，把轴封溢流蒸汽切至 7 号低压加热器以回收热量			2019	2020	180
132	国华	宁海	5 号	其他节能	罗茨-液环机组接力原液环泵运行改造	新增两台罗茨-液环真空泵，通过接力原液环真空泵来提供凝汽器真空，降低真空泵运行电流	0.05		2018	2020	170
133	国华	宁海	5 号	其他节能	冷却塔填料改造	更换效率更高的进口填料	0.275	0.5	2019	2020	1000

续表

序号	子分公司	电厂	机组	项目类别	项目名称	技术路线及主要内容	预计年节约标准煤（万 t）	预计供电标准煤耗下降（g/kWh）	预计开始（年）	预计完成（年）	预计投资（万元）
134	国华	宁海	5 号	其他节能	冷却塔加装导流板	加装进风导流及防冻一体化装置	0.165	0.3	2019	2020	800
135	国华	宁海	5 号	其他节能	给水温度调节器改造	利用补气阀导气管抽气设置机组零号高压加热器	0.55	1	2019	2020	1500
136	国华	宁海	5 号	其他节能	低压加热器疏水泵调速改造	采用永磁调速调节低压加热器疏水泵电动机，以减少截止损失，达到节能目的	0.055	0.1	2019	2020	90
137	国华	宁海	5 号	其他节能	凝结水泵变频改造	凝结水泵增加高压变频调速系统，通过高压变频改变电动机转速，通过改变凝结水泵转速调整凝结水泵流量，降低凝结水泵电动机功率，达到节能效果	0.275	0.5	2016	2017	344
138	国华	宁海	5 号	其他节能	再热蒸汽温度提升	增加一级再热器及适当减少一、二、三过热器面积	0.169	0.31	2017	2017	400
139	国华	宁海	5 号	其他节能	机组加装低温省煤器	在锅炉末端布置低温省煤器，充分利用锅炉排烟余热，增加锅炉效率，同时降低锅炉排烟温度	1.37	2.5	2019	2020	4500

续表

序号	子分公司	电厂	机组	项目类别	项目名称	技术路线及主要内容	预计年节约标准煤（万t）	预计供电标准煤耗下降（g/kWh）	预计开始（年）	预计完成（年）	预计投资（万元）
140	国华	宁海	5号	其他节能	空气预热器加装声波吹灰器	加装可调频高声强声波吹灰器	0.2	0.6	2019	2020	300
141	国华	宁海	6号	抽汽供热	二期机组供热改造	在汽轮机冷段进行抽取蒸汽对宁海县开发区进行供热	1.100	2	2019	2020	2000
142	国华	宁海	5号	其他节能	三抽加装前置蒸汽冷却器	在3号高压加热器蒸汽冷却段加装一个蒸汽冷却器，降低3段抽汽过热度来提高给水温度进行节能	0.17	0.3	2019	2020	1000
143	国华	宁海	6号	其他节能	引风机改造	配合脱硫改造，引风机静调改为动调风机	0.2	0.6	2016	2016	1400
144	国华	宁海	6号	其他节能	三抽加装前置蒸汽冷却器	在3号高压加热器蒸汽冷却段加装一个蒸汽冷却器，降低3段抽汽过热度来提高给水温度进行节能	0.17	0.3	2018	2019	1000
145	国华	宁海	全厂	其他节能	高耗能电机改为高效电动机	利用两年时间将全厂有明确期限要求的高耗年电动机更换为高效电动机			2017	2018	282

续表

序号	子分公司	电厂	机组	项目类别	项目名称	技术路线及主要内容	预计年节约标准煤（万 t）	预计供电标准煤耗下降（g/kWh）	预计开始（年）	预计完成（年）	预计投资（万元）
146	国华	三河	1 号	抽汽供热	350MW 机组余热余压综合利用技改工程	1 号机安装 1 台 20MW 背压式发电机组，利用采暖抽汽余压发电	3.795	6.35	2017	2018	7505
147	国华	三河	2 号	抽汽供热	350MW 机组余热余压综合利用技改工程	2 号机组安装 6 套 47.1MW 溴化锂吸收式热泵，利用原采暖抽汽回收循环水余热	3.795	6.35	2016	2017	6076
148	国华	三河	1 号	抽汽供热	对外供应工业抽汽供热改造	外供厂区周边（雪花啤酒厂等）工业供汽，项目设计流量为 50t/h，实际使用量全年平均为 25t/h，全年合计用蒸汽 21.9 万 t	0.565	3.75	2015	2017	36
149	国华	三河	2 号	抽汽供热	对外供应工业抽汽供热改造	外供厂区周边（雪花啤酒厂等）工业供汽，项目设计流量为 50t/h，实际使用量全年平均为 25t/h，全年合计用蒸汽 21.9 万 t	0.565	3.75	2015	2017	36
150	国华	三河	3 号	抽汽供热	对外供应工业抽汽供热改造	外供厂区周边（雪花啤酒厂等）工业供汽，项目设计流量为 50t/h，实际使用量全年平均为 25t/h，全年合计用蒸汽 21.9 万 t	0.565	3.75	2015	2017	36

续表

序号	子分公司	电厂	机组	项目类别	项目名称	技术路线及主要内容	预计年节约标准煤（万 t）	预计供电标准煤耗下降（g/kWh）	预计开始（年）	预计完成（年）	预计投资（万元）
151	国华	三河	4 号	抽汽供热	对外供应工业抽汽供热改造	外供厂区周边（雪花啤酒厂等）工业供汽，项目设计流量为 50t/h，实际使用量全年平均为 25t/h，全年合计用蒸汽 21.9 万 t	0.565	3.75	2015	2017	36
152	国华	三河	2 号	其他节能	2 号水塔节能改造	2 号循环水塔陶瓷填料改为高效填料		0.8	2017	2018	310
153	国华	三河	1 号	其他节能	1 号水塔节能改造	1 号循环水塔陶瓷填料改为高效填料，加装挡风板，更换塔内损坏附件		0.8	2018	2019	390
154	国华	三河	1 号	其他节能	1、4 号机组余热回收	利用电热泵和溴化锂热泵联合运行方式回收两台机组余热用于北京市通州区供热		6.8	2019	2020	25 560
155	国华	三河	4 号	其他节能	1、4 号机组余热回收	利用电热泵和溴化锂热泵联合运行方式回收两台机组余热用于北京市通州区供热		6.8	2019	2020	25 560
156	国华	绥中	3 号	通流提效	汽轮机通流改造	高、中、低压缸进行通流改造；优化通流级焓降分配，采用最佳速比设计通流级的速比，使得通流级效率最优；采用最新开发的静、动叶型线，降低叶型损失；优化机组的汽封系统，降低漏汽损失	5.5	10	2018	2018	18 000

续表

序号	子分公司	电厂	机组	项目类别	项目名称	技术路线及主要内容	预计年节约标准煤（万 t）	预计供电标准煤耗下降（g/kWh）	预计开始（年）	预计完成（年）	预计投资（万元）
157	国华	绥中	3 号	其他节能	增设一次风机暖风器	在冷一次风系统增加暖风器提高冷端温度，可有效避免硫酸氢铵和硫酸铵对空气预热器的沾污和腐蚀，降低空气预热器压降并改善其传热性能	0.055	0.1	2019	2019	153
158	国华	绥中	3 号	其他节能	真空泵冷却器改造	在高、低压侧各装 1 台蒸汽喷射器，并加小功率真空泵。正常运行时，运行高低压侧蒸汽喷射器和一台小功率真空泵，3 台水环真空泵备用	0.44	0.8	2019	2019	400
159	国华	绥中	3 号	其他节能	空气预热器声波吹灰器改造	加装可调频高声强声波吹灰器	0.33	0.6	2019	2019	280
160	国华	绥中	3 号	其他节能	机组凝结水系统增设疏水泵	在 6 号低压加热器疏水加装低压加热器疏水泵，使 5 号和 6 号低压加热器疏水回到对应加热器凝结水出口	0.03	0.05	2019	2019	140
161	国华	绥中	3 号	其他节能	循环水泵高低速改造	对循环水泵电动机进行双速改造，实现不同季度下一高一低或两高一低运行方式	0.3	0.5	2018	2018	350

续表

序号	子分公司	电厂	机组	项目类别	项目名称	技术路线及主要内容	预计年节约标准煤（万 t）	预计供电标准煤耗下降（g/kWh）	预计开始（年）	预计完成（年）	预计投资（万元）
162	国华	绥中	4 号	通流提效	汽轮机通流改造	高、中、低压缸进行通流改造；优化通流级焓降分配，采用最佳速比设计通流级的速比，使得通流级效率最优；采用最新开发的静、动叶型线，降低叶型损失；优化机组的汽封系统，降低漏汽损失	5.5	10	2019	2019	18 000
163	国华	绥中	4 号	其他节能	增设一次风机暖风器	在冷一次风系统增加暖风器提高冷端温度，可有效避免硫酸氢铵和硫酸铵对空气预热器的沾污和腐蚀，降低空气预热器压降并改善其传热性能	0.055	0.1	2020	2020	153
164	国华	绥中	4 号	其他节能	真空泵冷却器改造	在高、低压侧各装 1 台蒸汽喷射器，并加小功率真空泵。正常运行时，运行高低压侧蒸汽喷射器和 1 台小功率真空泵，3 台水环真空泵备用	0.44	0.8	2020	2020	400
165	国华	绥中	4 号	其他节能	空气预热器声波吹灰器改造	加装可调频高声强声波吹灰器	0.33	0.6	2020	2020	280

续表

序号	子分公司	电厂	机组	项目类别	项目名称	技术路线及主要内容	预计年节约标准煤（万 t）	预计供电标准煤耗下降（g/kWh）	预计开始（年）	预计完成（年）	预计投资（万元）
166	国华	绥中	4 号	其他节能	机组凝结水系统增设疏水泵	在 6 号低压加热器疏水加装低压加热器疏水泵，使 5 号和 6 号低压加热器疏水回到对应加热器凝结水出口	0.03	0.05	2020	2020	140
167	国华	绥中	4 号	其他节能	循环水泵高低速改造	对循环水泵电动机进行双速改造，实现不同季度下一高一低或两高一低运行方式	0.3	0.5	2018	2018	350
168	国华	绥中	3 号	其他节能	循环水系统安装 2 台水轮发电机组	为利用循环水排水余能，减少厂用电率，提高电厂经济效益，在原有排水电站预留位置处新增 2 台 800kW 水轮发电机组	0.13	0.13	2019	2020	900
169	国华	绥中	4 号	其他节能	循环水系统安装 2 台水轮发电机组	为利用循环水排水余能，减少厂用电率，提高电厂经济效益，在原有排水电站预留位置处新增 2 台 800kW 水轮发电机组	0.13	0.13	2019	2020	900
170	国华	绥中	3 号	其他节能	水系统管网动态监测改造	实现全厂水系统管网动态监测分析（无线），降低水系统不平衡率，节约水资源，为废水零排放提供基础条件			2018	2018	75

续表

序号	子分公司	电厂	机组	项目类别	项目名称	技术路线及主要内容	预计年节约标准煤（万t）	预计供电标准煤耗下降（g/kWh）	预计开始（年）	预计完成（年）	预计投资（万元）
171	国华	绥中	4号	其他节能	水系统管网动态监测改造	实现全厂水系统管网动态监测分析（无线），降低水系统不平衡率，节约水资源，为废水零排放提供基础条件			2018	2018	75
172	国华	绥中	2号	其他节能	送风机提效改造	更换为动调轴流风机或进行变频改造	0.08	0.2	2020	2020	1200
173	国华	绥中	2号	其他节能	机组一次风机提效改造	更换为动调轴流风机或进行变频改造	0.04	0.1	2020	2020	1200
174	国华	台山	5号	通流提效	汽轮机通流改造	汽轮机高、中、低压缸全改+锅炉小改+发电机小改，具体为采用最新的汽轮机通流设计技术，采用成熟、安全、稳定、高效的自带冠弯扭叶片，降低冲角损失和二次流损失，采用考虑汽轴封漏汽的全三维流场设计技术和整体通流设计技术，通过高压静叶持环一体化设计、低压正反向单静叶持环设计加强密封，低压缸进汽流道优化，排汽导流环优化并结合布莱登汽封改造和汽轴封的优化以及通流部分多齿数镶齿汽封的应用，大大消除汽轴封漏汽问题	4.29	13	2015	2016	15 415

续表

序号	子分公司	电厂	机组	项目类别	项目名称	技术路线及主要内容	预计年节约标准煤（万 t）	预计供电标准煤耗下降（g/kWh）	预计开始（年）	预计完成（年）	预计投资（万元）
175	国华	台山	5号	其他节能	机组加装低温省煤器	将低温省煤器布置在电除尘入口。低温省煤器将烟气温度从132℃降低到95℃后进入电除尘，吸收的热量来加热凝结水	0.495	1.5	2017	2017	3960
176	国华	台山	5号	其他节能	引风机、增压风机合一	拆除增压风机，两台引风机升级改造	0.165	0.5	2017	2017	1950
177	国华	台山	5号	其他节能	再热器蒸汽温度提升改造	增加再热器的面积提高再热器温度	0.264	0.8	2015	2016	889
178	国华	台山	5号	其他节能	DCS系统升级改造	5号机组分散控制系统（DCS）是德国西门子公司生产的TELEPERM®XP分散控制系统，该系统在硬件及软件分配上除FSSS外，按被控对象以及功能区域来设立子系统，如给水系统、燃烧系统、风烟系统等。结合绿色计划工作的推进，5号机组实施绿色改造计划，需增加至少600个IO，同时脱硫DCS系统与汽轮机DCS系统未合并存在隐患，需结合此次绿色计划工作，对5号机组DCS系统进行改造			2015	2016	1192

续表

序号	子分公司	电厂	机组	项目类别	项目名称	技术路线及主要内容	预计年节约标准煤（万 t）	预计供电标准煤耗下降（g/kWh）	预计开始（年）	预计完成（年）	预计投资（万元）
179	国华	台山	1 号	通流提效	汽轮机通流改造	汽轮机高、中、低压缸全改＋锅炉小改＋发电机小改，具体为采用最新的汽轮机通流设计技术，采用成熟、安全、稳定、高效的自带冠弯扭叶片，降低冲角损失和二次流损失，采用考虑汽轴封漏汽的全三维流场设计技术和整体通流设计技术，通过高压静叶持环一体化设计、低压正反向单静叶持环设计加强密封，低压缸进汽流道优化，排汽导流环优化并结合布莱登汽封改造和汽轴封的优化以及通流部分多齿数镶齿汽封的应用，大大消除汽轴封漏汽问题	3.63	11	2017	2017	13 813
180	国华	台山	3 号	通流提效	汽轮机通流改造	汽轮机高、中、低压缸全改＋锅炉小改＋发电机小改，具体为采用最新的汽轮机通流设计技术，采用成熟、安全、稳定、高效的自带冠弯扭叶片，降低冲角损失和二次流损失，采用考虑汽轴封漏汽的全三维流场设计技术和整体通流设计技术，通过高	3.63	11	2016	2017	13 813

续表

序号	子分公司	电厂	机组	项目类别	项目名称	技术路线及主要内容	预计年节约标准煤（万 t）	预计供电标准煤耗下降（g/kWh）	预计开始（年）	预计完成（年）	预计投资（万元）
180	国华	台山	3 号	通流提效	汽轮机通流改造	压静叶持环一体化设计、低压正反向单静叶持环设计加强密封，低压缸进汽流道优化，排汽导流环优化并结合布莱登汽封改造和汽轴封的优化以及通流部分多齿数镶齿汽封的应用，大大消除汽轴封漏汽问题	3.63	11	2016	2017	13 813
181	国华	台山	1 号	其他节能	空气预热器减速机及密封装置改造	目前漏风率为6%～8%，密封间隙调整机构减速机故障率高，密封机构漏风较大，致使漏风率升高。需对密封装置进行整体改造，降低漏风，提高设备可靠性			2017	2017	160
182	国华	台山	1 号	其他节能	DCS 系统配套改造	1 号机组分散控制系统（DCS）是德国西门子公司生产的TELEPERM® XP 分散控制系统，该系统在硬件及软件分配上除FSSS 外，按被控对象以及功能区域来设立子系统，如给水系统、燃烧系统、风烟系统等。			2019	2019	1000

续表

序号	子分公司	电厂	机组	项目类别	项目名称	技术路线及主要内容	预计年节约标准煤（万 t）	预计供电标准煤耗下降（g/kWh）	预计开始（年）	预计完成（年）	预计投资（万元）
182	国华	台山	1号	其他节能	DCS系统配套改造	自投产以来，已经上电运行了12年。部分设备老化、备品备件的供应困难，存在部分技术瓶颈，面临安全性、可靠性及经济性的问题。2015年1号机组实施绿色改造计划，需增加至少600个IO，同时脱硫DCS系统与汽轮机DCS系统未合并存在隐患，需对DCS系统进行改造			2019	2019	1000
183	国华	台山	1号	其他节能	再热蒸汽温度低治理	增加再热器的面积提高再热器温度	0.264	0.8	2017	2017	280
184	国华	台山	1号	其他节能	无电动泵启动改造	单台汽动给水泵出口电动门加装旁路调节阀，丰富机组的启动上水方式，减少对电动给水泵的依赖，增强给水系统安全性	0.015	0.05	2017	2017	110
185	国华	台山	1号	其他节能	热力系统优化改造	为提高机组整体的经济性，对机组给水、回热、轴封、疏水等系统进行优化改造，主要包括过热器减温水接出位置改造、轴封溢流管路改造、低加疏水改造、凝结水调阀改造等	0.066	0.2	2017	2017	120

续表

序号	子分公司	电厂	机组	项目类别	项目名称	技术路线及主要内容	预计年节约标准煤（万 t）	预计供电标准煤耗下降（g/kWh）	预计开始（年）	预计完成（年）	预计投资（万元）
186	国华	台山	1号	其他节能	引风机、增压风机合一	拆除增压风机，两台引风机升级改造	0.396	1.2	2017	2017	1200
187	国华	台山	3号	其他节能	引风机、增压风机合一	拆除增压风机，两台引风机升级改造	0.297	0.9	2016	2017	1200
188	国华	台山	3号	其他节能	凝结水泵变频改造	凝结水泵增加高压变频调速系统，通过高压变频改变电动机转速，通过改变凝结水泵转速调整凝结水泵流量，降低凝结水泵电动机功率，达到节能效果	0.066	0.2	2016	2017	170
189	国华	台山	3号	其他节能	DCS系统配套改造	3号机组分散控制系统（DCS）是德国西门子公司生产的TELEPERM®XP分散控制系统，该系统在硬件及软件分配上除FSSS外，按被控对象以及功能区域来设立子系统，如给水系统、燃烧系统、风烟系统等。结合绿色计划工作的推进，3号机组实施绿色改造计划，需增加至少600个IO，同时脱硫DCS系统与汽轮机DCS系统未合并存在隐患，需结合此次绿色计划工作，对3号机组DCS系统进行改造			2016	2017	1050

续表

序号	子分公司	电厂	机组	项目类别	项目名称	技术路线及主要内容	预计年节约标准煤（万t）	预计供电标准煤耗下降（g/kWh）	预计开始（年）	预计完成（年）	预计投资（万元）
190	国华	台山	3号	其他节能	再热蒸汽温度低治理	增加再热器的面积，提高再热器温度	0.264	0.8	2016	2017	350
191	国华	台山	3号	其他节能	无电动给水泵启动改造	单台汽动给水泵出口电动门加装旁路调节阀，将可以丰富机组的启动上水方式，减少对电动给水泵的依赖，增强给水系统安全性	0.015	0.05	2016	2017	110
192	国华	台山	3号	其他节能	热力系统优化改造	为提高机组整体的经济性，对机组给水、回热、轴封、疏水等系统进行优化改造，主要包括过热器减温水接出位置改造、轴封溢流管路改造、低加疏水改造、凝结水调阀改造等	0.066	0.2	2016	2017	120
193	国华	台山	7号	其他节能	引风机增容改造	加装湿式除尘器及低温省煤器后烟道阻力增加，需要对引风机容量进行校核，利用7号机停机检修机会进行增容改造			2018	2019	1500
194	国华	台山	7号	其他节能	再热蒸汽温度低治理	减少三级过热器的受热面，增加二级再热器换热的温压，在不增加再热器受热面的情况下提高二级再热器的换热效果，从而提高再热器的出口蒸汽温度	0.44	0.8	2018	2019	750

续表

序号	子分公司	电厂	机组	项目类别	项目名称	技术路线及主要内容	预计年节约标准煤（万 t）	预计供电标准煤耗下降（g/kWh）	预计开始（年）	预计完成（年）	预计投资（万元）
195	国华	台山	2号	通流提效	汽轮机通流改造	汽轮机高、中、低压缸全改＋锅炉小改＋发电机小改，具体为采用最新的汽轮机通流设计技术，采用成熟、安全、稳定、高效的自带冠弯扭叶片，降低冲角损失和二次流损失，采用考虑汽轴封漏汽的全三维流场设计技术和整体通流设计技术，通过高压静叶持环一体化设计、低压正反向单静叶持环设计加强密封，低压缸进汽流道优化、排汽导流环优化并结合布莱登汽封改造和汽轴封的优化以及通流部分多齿数镶齿汽封的应用，大大消除汽轴封漏汽问题	3.63	11	2018	2019	13 813
196	国华	台山	4号	通流提效	汽轮机通流改造	汽轮机高、中、低压缸全改＋锅炉小改＋发电机小改，具体为采用最新的汽轮机通流设计技术，采用成熟、安全、稳定、高效的自带冠弯扭叶片，降低冲角损失和二次流损失，采用考虑汽轴封漏汽的全三维流场设计技术和整体通流设计技术，通过高压静叶持环一体化设计、低压正反向单静叶持环设计加强密封，低	3.63	11	2018	2019	13813

续表

序号	子分公司	电厂	机组	项目类别	项目名称	技术路线及主要内容	预计年节约标准煤（万t）	预计供电标准煤耗下降（g/kWh）	预计开始（年）	预计完成（年）	预计投资（万元）
196	国华	台山	4号	通流提效	汽轮机通流改造	压缸进汽流道优化、排汽导流环优化并结合布莱登汽封改造和汽轴封的优化以及通流部分多齿数镶齿汽封的应用，大大消除汽轴封漏汽问题	3.63	11	2018	2019	13 813
197	国华	台山	2号	其他节能	引风机、增压风机合一	拆除增压风机，两台引风机升级改造	0.396	1.2	2017	2017	1197
198	国华	台山	2号	其他节能	DCS系统配套改造	2号机组分散控制系统（DCS）是德国西门子公司生产的TELEPERM® XP分散控制系统，该系统在硬件及软件分配上除FSSS外，按被控对象以及功能区域来设立子系统，如给水系统、燃烧系统、风烟系统等。台山电厂2号机组自投产以来，已经上电运行了12年。经过多年的运行，部分设备老化、备品备件供应困难，存在部分技术瓶颈，面临安全性、可靠性及经济性的问题。结合绿色计划工作的推进，2号机组实施绿色改造计划，需增加至少600个IO，同时脱硫DCS系统与汽轮机DCS系统未合并存在隐患，需结合此次绿色计划工作，对2号机组DCS系统进行改造			2017	2017	980

续表

序号	子分公司	电厂	机组	项目类别	项目名称	技术路线及主要内容	预计年节约标准煤（万 t）	预计供电标准煤耗下降（g/kWh）	预计开始（年）	预计完成（年）	预计投资（万元）
199	国华	台山	2号	其他节能	再热汽温低治理	增加再热器的面积，提高再热器温度	0.264	0.8	2017	2017	350
200	国华	台山	4号	其他节能	凝结水泵变频改造	凝结水泵增加高压变频调速系统，通过高压变频改变电动机转速，通过改变凝结水泵转速调整凝结水泵流量，降低凝结水泵电动机功率，达到节能效果	0.066	0.2	2017	2017	170
201	国华	台山	4号	其他节能	DCS系统配套改造	3号机组分散控制系统（DCS）是德国西门子公司生产的TELEPERM® XP分散控制系统，该系统在硬件及软件分配上除FSSS外，按被控对象以及功能区域来设立子系统，如给水系统、燃烧系统、风烟系统等。结合绿色计划工作的推进，3号机组实施绿色改造计划，需增加至少600个IO，同时脱硫DCS系统与汽轮机DCS系统未合并存在隐患，需结合此次绿色计划工作，对3号机组DCS系统进行改造			2017	2017	900

续表

序号	子分公司	电厂	机组	项目类别	项目名称	技术路线及主要内容	预计年节约标准煤（万 t）	预计供电标准煤耗下降（g/kWh）	预计开始（年）	预计完成（年）	预计投资（万元）
202	国华	台山	4 号	其他节能	再热蒸汽温度低治理	增加再热器的面积，提高再热器温度	0.264	0.8	2017	2017	350
203	国华	台山	4 号	其他节能	引风机、增压风机合一	拆除增压风机，两台引风机升级改造	0.297	0.9	2017	2017	1200
204	国华	台山	6 号	其他节能	引风机增容改造	加装湿式除尘器及低温省煤器后烟道阻力增加，需要对引风机容量进行校核，利用 6 号机停机检修机会进行增容改造			2018	2019	1500
205	国华	台山	6 号	其他节能	再热蒸汽温度低治理	减少三级过热器的受热面，增加二级再热器换热的温压，在不增加再热器受热面的情况下提高二级再热器的换热效果，从而提高再热器的出口蒸汽温度	0.44	0.8	2018	2019	750
206	国华	太仓	8 号	通流提效	汽轮机通流改造	采用先进的整体通流叶片（AIBT）技术，优化叶片形式，合理优化汽封形式。 （1）采用 AIBT 技术对通流部分进行全新设计，叶片配 T 形叶根。	4.505	13	2016	2016	10 100

续表

序号	子分公司	电厂	机组	项目类别	项目名称	技术路线及主要内容	预计年节约标准煤（万 t）	预计供电标准煤耗下降（g/kWh）	预计开始（年）	预计完成（年）	预计投资（万元）
206	国华	太仓	8号	通流提效	汽轮机通流改造	（2）通流级数由48级增加至55级，高压从改造前的Ⅰ+11级增加到Ⅰ+13级，中压从改造前的8级增加到9级，低压从改造前的2×2×7级增加到2×2×8级，低压采用1050mm末叶片	4.505	13	2016	2016	10 100
207	国华	太仓	8号	其他节能	空气预热器优化升级	空气预热器蓄热元件换型改造，更换三向密封片，更换扇形板及弧形板，取消空气预热器扇形板提升装置	0.31	0.9	2016	2016	1000
208	国华	太仓	8号	其他节能	锅炉烟风系统	增压风机与引风机合并，改造后风机形式为双机动叶可调轴流风机。取消增压风机，原引风机和电动机包括6kV接线进行整体更换改造。风机基础需要局部改造。设置“二合一”联合风机。对一次风机机型轮毂、叶片等进行改造	0.17	0.5	2016	2016	1959
209	国华	太仓	8号	其他节能	锅炉本体受热面改造	配合机组增容，进行炉内受热面改造。 （1）分隔屏过热器部分管材升级。后屏过热器整屏更换，管材升级。末级过热器冷段炉内管屏			2016	2016	2108

续表

序号	子分公司	电厂	机组	项目类别	项目名称	技术路线及主要内容	预计年节约标准煤（万t）	预计供电标准煤耗下降（g/kWh）	预计开始（年）	预计完成（年）	预计投资（万元）
209	国华	太仓	8号	其他节能	锅炉本体受热面改造	及炉外进口集箱整体更换，管材升级。 （2）定位管改造，低温再热器垂直段管卡优化			2016	2016	2108
210	国华	太仓	8号	其他节能	机组加装低温省煤器	在空气预热器和电除尘间布置4台低温省煤器，介质水取自8号低压加热器进口（THA工况31.47℃）、7号低压加热器出口（THA工况76.31℃）和6号低压加热器出口（THA工况97.75℃），混水至70℃送至低温省煤器加热至110℃，回水至6号低压加热器进口	0.416	1.2	2016	2016	2728
211	国华	太仓	8号	其他节能	机组循环水泵电动机双速改造	电动机双速改造，电动机功率3000kW改换为3400kW	0.173	0.5	2016	2016	445
212	国华	太仓	8号	其他节能	汽轮机冷端系统改进及运行优化	优化凝汽器形式，提高机组运行真空。 （1）更换循环水泵导叶体，在导叶体上部增加1个导轴承。 （2）将赛龙轴承改为橡胶轴承并在中间支架上部加装两根内接管，将中间轴承支架筋板进行加			2016	2016	482

续表

序号	子分公司	电厂	机组	项目类别	项目名称	技术路线及主要内容	预计年节约标准煤（万 t）	预计供电标准煤耗下降（g/kWh）	预计开始（年）	预计完成（年）	预计投资（万元）
212	国华	太仓	8号	其他节能	汽轮机冷端系统改进及运行优化	强，增强抗振性能。 （3）将内接管材质改进为不锈钢材质。 （4）通过对叶轮的结构进行优化，提高泵组效率			2016	2016	482
213	国华	太仓	8号	其他节能	发电机增容电气设备改造	氢气冷却器增容更换；定子水冷却器增容更换；氢压调整；新增氢气循环设备；新增绝缘过热监测装置；励磁系统（包括励磁小室）更换			2016	2016	1964
214	国华	太仓	7号	抽汽供热	机组对外供汽改造	拟定从汽轮机高、中压缸排汽出口抽取蒸汽，满足周边工业区热用户要求	1.23	3.5	2017	2018	750
215	国华	太仓	8号	抽汽供热	机组对外供汽改造	拟定从汽轮机高、中压缸排汽出口抽取蒸汽，满足周边工业区热用户要求	1.23	3.5	2017	2018	750
216	国华	徐州	2号	其他节能	凝结水泵变频改造	凝结水泵由定速改为变频调速	0.24	0.43	2016	2016	380
217	国华	徐州	2号	其他节能	机组加装低温省煤器	锅炉末端布置低温省煤器，充分利用锅炉排烟余热，增加锅炉效率，同时降低锅炉排烟温度	0.825	1.5	2019	2020	3300

续表

序号	子分公司	电厂	机组	项目类别	项目名称	技术路线及主要内容	预计年节约标准煤（万 t）	预计供电标准煤耗下降（g/kWh）	预计开始（年）	预计完成（年）	预计投资（万元）
218	国华	徐州	2 号	其他节能	给水温度调节器改造	从汽轮机高压缸补汽阀进口倒抽汽作为给水温度调节器加热汽源，提高给水温度，同时提高锅炉排烟温度，实现宽负荷脱硝	0.275	0.5	2019	2020	2100
219	国华	徐州	2 号	其他节能	轴封溢流蒸汽回收	将原排至凝汽器的轴封溢流蒸汽接至 7 号低压加热器，回收热量	0.022	0.04	2016	2016	85
220	国华	徐州	2 号	其他节能	闭冷水泵调速改造	闭式水泵电动机改双速，根据闭式水系统用水情况调节闭式水泵出力	0.017	0.03	2017	2018	50
221	国华	徐州	2 号	其他节能	开式循环冷却水系统节能改造	在开式循环冷却水系统加装一台小功率的卧式开式水泵，机组停机冷却及修后试转期间，停运大功率的循环水泵，运行小功率的开式水泵，降低厂用电率	0.035	0.06	2017	2018	75
222	国华	徐州	2 号	其他节能	真空泵节能改造研究	采用高效真空泵替代原真空泵，降低真空泵耗电率	0.035	0.06	2018	2019	280
223	国华	徐州	2 号	其他节能	循环水泵节能改造	将循环水泵梯状式导流体更换为新型的龟背式导流体，提高循环水泵效率	0.025	0.04	2018	2019	40

续表

序号	子分公司	电厂	机组	项目类别	项目名称	技术路线及主要内容	预计年节约标准煤（万 t）	预计供电标准煤耗下降（g/kWh）	预计开始（年）	预计完成（年）	预计投资（万元）
224	国华	徐州	2号	其他节能	锅炉吹灰优化改造	优化吹灰器布置，炉膛和高温受热面可采用蒸汽吹灰形式，一级再热器及省煤器区域可采用蒸汽和声波联合吹灰形式	0.1	0.18	2019	2020	200
225	国华	徐州	2号	其他节能	空气预热器声波吹灰器改造	蒸汽吹灰器改造为可调频高声强声波吹灰器	0.3	0.5	2018	2019	280
226	国华	徐州	2号	其他节能	排烟冷却塔水力部件节能改造	根据塔内空气流场及横断面各处空气的分布特性，对冷却塔水力部件进行整体优化配置，提高冷却塔换热效率	0.3	0.6	2019	2020	460
227	国华	徐州	2号	其他节能	锅炉燃烧调整优化研究	在线监测每根煤粉管道的实时煤粉质量流量及流速，通过调节可调缩孔和修正一次风来调平管道煤粉流量分布；针对多煤种及变负荷工况及时作出响应，实时调整二次风门开度，以达到最佳的空燃比，进而达到提高机组效率，降低 NO_x 排放指标	0.75	1.4	2018	2020	980

续表

序号	子分公司	电厂	机组	项目类别	项目名称	技术路线及主要内容	预计年节约标准煤（万 t）	预计供电标准煤耗下降（g/kWh）	预计开始（年）	预计完成（年）	预计投资（万元）
228	国华	徐州	2 号	其他节能	空气预热器柔性密封改造	空气预热器冷端径向、旁路增装不锈钢柔性密封刷，利用钢丝的柔韧性补充密封点低负荷区域的密封强度，减少空气预热器漏风率，降低锅炉热损失	0.1	0.2	2019	2020	60
229	国华	徐州	2 号	其他节能	制粉系统一次风系统风温、风压优化研究	通过确定最佳一次风压力、温度随负荷而变化的控制曲线和一次风量随煤量变化（风煤比）的控制曲线，提高锅炉效率，降低排烟温度	0.1	0.2	2018	2020	150
230	国华	徐州	2 号	其他节能	机组协调系统控制优化	对机组风、煤、水控制系统进行优化，做到主蒸汽温度压红线运行，同时对机组滑压曲线进行优化，增加凝汽器真空对滑压曲线的修正，达到降低机组煤耗的目的	0.05	0.1	2017	2018	110
231	国华	徐州	2 号	其他节能	循环水泵双速改造	循环水泵电动机改造为高低速电动机，优化循环水泵运行方式，保持最佳真空，降低厂用电率	0.077	0.3	2019	2019	90
232	国华	徐州	1 号	其他节能	机组加装低温省煤器	在锅炉末端布置低温省煤器，充分利用锅炉排烟余热，同时降低锅炉排烟温度，提高锅炉效率	0.825	1.5	2019	2020	3300

续表

序号	子分公司	电厂	机组	项目类别	项目名称	技术路线及主要内容	预计年节约标准煤（万 t）	预计供电标准煤耗下降（g/kWh）	预计开始（年）	预计完成（年）	预计投资（万元）
233	国华	徐州	1号	其他节能	给水温度调节器改造	从汽轮机高压缸补汽阀进口倒抽汽作为给水温度调节器加热汽源，提高给水温度，同时提高锅炉排烟温度，实现宽负荷脱硝	0.275	0.5	2019	2020	2100
234	国华	徐州	1号	其他节能	闭式冷却水泵调速改造	闭式水泵电动机改双速，根据闭式水系统用水情况调节闭式水泵出力	0.006	0.01	2017	2018	50
235	国华	徐州	1号	其他节能	开式循环冷却水系统节能改造	在开式循环冷却水系统加装一台小功率的卧式开式水泵，机组停机冷却及修后试转期间，停运大功率的循环水泵，运行小功率的开式水泵，降低厂用电率	0.035	0.06	2017	2018	75
236	国华	徐州	1号	其他节能	真空泵节能改造研究	采用高效真空泵替代原真空泵，降低真空泵耗电率	0.035	0.06	2018	2019	280
237	国华	徐州	1号	其他节能	循环水泵节能改造	将循环水泵梯状式导流体更换为新型的龟背式导流体，提高循环水泵效率	0.025	0.04	2018	2019	40
238	国华	徐州	1号	其他节能	锅炉吹灰优化改造	优化吹灰器布置，炉膛和高温受热面可采用蒸汽吹灰形式，一级再热器及省煤器区域可采用蒸汽和声波联合吹灰形式	0.1	0.18	2019	2020	200

续表

序号	子分公司	电厂	机组	项目类别	项目名称	技术路线及主要内容	预计年节约标准煤（万 t）	预计供电标准煤耗下降（g/kWh）	预计开始（年）	预计完成（年）	预计投资（万元）
239	国华	徐州	1 号	其他节能	空气预热器声波吹灰器改造	蒸汽吹灰器改造为可调频高声强声波吹灰器	0.3	0.5	2018	2019	280
240	国华	徐州	1 号	其他节能	排烟冷却塔水力部件节能改造	根据塔内空气流场及横断面各处空气的分布特性，对冷却塔水力部件进行整体优化配置，提高冷却塔换热效率	0.3	0.6	2019	2020	460
241	国华	徐州	1 号	其他节能	锅炉燃烧调整优化研究	在线监测每根煤粉管道的实时煤粉质量流量及流速，通过调节可调缩孔和修正一次风来调平管道煤粉流量分布；针对多煤种及变负荷工况及时作出响应，实时调整二次风门开度，以达到最佳的空燃比，进而达到提高机组效率，降低 NO_x 排放指标	0.75	1.4	2018	2020	980
242	国华	徐州	1 号	其他节能	空气预热器柔性密封改造	空气预热器冷端径向、旁路增装不锈钢柔性密封刷，利用钢丝的柔韧性补充密封点低负荷区域的密封强度，减少空气预热器漏风率，降低锅炉热损失	0.1	0.2	2019	2020	60

续表

序号	子分公司	电厂	机组	项目类别	项目名称	技术路线及主要内容	预计年节约标准煤（万 t）	预计供电标准煤耗下降（g/kWh）	预计开始（年）	预计完成（年）	预计投资（万元）
243	国华	徐州	1号	其他节能	制粉系统一次风系统风温、风压优化研究	通过确定最佳一次风压力、温度随负荷而变化的控制曲线和一次风量随煤量变化（风煤比）的控制曲线，提高锅炉效率，降低排烟温度	0.1	0.2	2018	2020	150
244	国华	徐州	1号	其他节能	机组协调系统控制优化	对机组风、煤、水控制系统进行优化，做到主蒸汽温度压红线运行，同时对机组滑压曲线进行优化，增加凝汽器真空对滑压曲线的修正，达到降低机组煤耗的目的	0.05	0.1	2017	2018	110
245	国华	徐州	1号	其他节能	循环水泵双速改造	循环水泵电动机改造为高低速电动机，优化循环水泵运行方式，保持最佳真空，降低厂用电率	0.077	0.3	2018	2018	90
246	国华	徐州	1号	其他节能	废水回收改造	机组排水槽废水分质回收改造			2017	2018	20
247	国华	徐州	2号	其他节能	废水回收改造	机组排水槽废水分质回收改造			2017	2018	20
248	国华	徐州	1号	其他节能	机、炉房照明节能改造	（1）使用LED、无极灯等节能灯具对原照明灯具进行替换，在保证原照度要求的前提下，大幅	0.015	0.05	2018	2019	75

续表

序号	子分公司	电厂	机组	项目类别	项目名称	技术路线及主要内容	预计年节约标准煤（万t）	预计供电标准煤耗下降（g/kWh）	预计开始（年）	预计完成（年）	预计投资（万元）
248	国华	徐州	1号	其他节能	机、炉房照明节能改造	降低照明灯具的功率，达到节电的目的。 （2）对照明变压器进行调整，降低、调整照明电压，降低能耗，提高照明灯具寿命	0.015	0.05	2018	2019	75
249	国华	徐州	2号	其他节能	机、炉房照明节能改造	（1）使用LED、无极灯等节能灯具对原照明灯具进行替换，在保证原照度要求的前提下，大幅降低照明灯具的功率，达到节电目的。 （2）对照明变压器进行调整，降低、调整照明电压，降低能耗，提高照明灯具寿命	0.015	0.05	2018	2019	75
250	国华	舟山	3号	抽汽供热	供热改造	1、2号机组设计每台供热抽汽量为25t/h；3、4号机组设计每台供热抽汽量为50t/h，考虑热用户发展，联箱按150t/h设计选型，预留供汽接口。1、2号机从低温再热蒸汽管道分别引出1根 ϕ168×5mm的管道经手动闸阀、气动止回阀、调压阀、减温器、流量孔板、气动闸阀、手动闸阀后分别进入供热联箱；	0.611	3.7	2015	2016	1350

续表

序号	子分公司	电厂	机组	项目类别	项目名称	技术路线及主要内容	预计年节约标准煤（万 t）	预计供电标准煤耗下降（g/kWh）	预计开始（年）	预计完成（年）	预计投资（万元）
250	国华	舟山	3 号	抽汽供热	供热改造	3、4 号机从低温再热蒸汽管道分别引出 1 根 ϕ273×16m 的管道经手动闸阀、气动止回阀、调压阀、减温器、流量孔板、气动闸阀、手动闸阀后分别进入供热联箱，由供热联箱引出 1 根 ϕ426×10mm 的管道向外供热	0.611	3.7	2015	2016	1350
251	国华	舟山	3 号	通流提效	3 号机组通流提效	通过以汽轮机通流改造为基础的综合升级改造达到政策要求的节能降耗及减排指标。采用当代先进、成熟的技术对 3 号汽轮机通流部分进行改造，提高汽轮机通流效率，减少或消除汽轮机内漏以降低机组实际运行时的高能耗等问题；主蒸汽温度（541℃）提升 5℃，再热蒸汽（541℃）温度提升 27℃，压力不变（17.5MPa）；发电机增容至 315MW 或 320MW，提高机组的整体经济性能	1.5	12	2018	2019	10 000
252	国华	准格尔	2 号	其他节能	机组 A、B、C 磨煤机动态分离器改造	将静态分离器改为动态分离器	0.015	0.08	2015	2016	420

续表

序号	子分公司	电厂	机组	项目类别	项目名称	技术路线及主要内容	预计年节约标准煤（万t）	预计供电标准煤耗下降（g/kWh）	预计开始（年）	预计完成（年）	预计投资（万元）
253	国华	准格尔	2号	其他节能	汽轮机汽封改造	由梳齿汽封改为布莱登等新式节能型汽封	0.363	2	2016	2017	490
254	国华	准格尔	2号	其他节能	电动给水泵节能改造	通过高压变频器来实现调速功能，取消液力耦合器，增加传统齿轮箱或高速电动机直驱方案	0.181	1	2018	2019	1700
255	国华	准格尔	2号	其他节能	机组加装低温省煤器	电除尘器前加装低温省煤器，进行烟气余热回收利用，并对锅炉受热面进行改造，提升锅炉蒸发量	0.544	3.01	2018	2019	2460
256	国华	准格尔	2号	其他节能	液相暖风器改造	利用烟气余热加热空气预热器入口冷风，降低机组煤耗	0.181	1	2018	2019	410
257	国华	准格尔	2号	其他节能	一次风机变频改造	风机变频＋高效叶轮改造	0.146	0.8	2018	2019	500
258	国华	准格尔	2号	其他节能	锅炉空气预热器密封改造	对空气预热器进行柔性密封改造，降低空气预热器的漏风，空气预热器漏风率降至6%以下	0.091	0.5	2016	2017	300
259	国华	准格尔	2号	其他节能	锅炉省煤器改造	减少锅炉过热器、再热器管组，增加省煤器管组。并将省煤器管组改造为H形翅片管	0.189	1.03	2018	2019	2720

续表

序号	子分公司	电厂	机组	项目类别	项目名称	技术路线及主要内容	预计年节约标准煤（万 t）	预计供电标准煤耗下降（g/kWh）	预计开始（年）	预计完成（年）	预计投资（万元）
260	国华	准格尔	2 号	其他节能	汽轮机通流改造	对汽轮机进行通流改造	1.394	7.7	2018	2019	3900
261	国华	准格尔	1 号	其他节能	机组 A、B、C 磨煤机动态分离器改造	将静态分离器改为动态分离器	0.015	0.08	2017	2018	420
262	国华	准格尔	1 号	其他节能	汽轮机汽封改造	由梳齿汽封改为布莱登等新式节能型汽封	0.363	2	2017	2018	490
263	国华	准格尔	1 号	其他节能	电动给水泵节能改造	通过高压变频器来实现调速功能，取消液力耦合器，增加传统齿轮箱或高速电动机直驱方案	0.181	1	2017	2018	1700
264	国华	准格尔	1 号	其他节能	机组加装低温省煤器	于电除尘器前加装低温省煤器以进行烟气余热回收利用并对锅炉受热面进行改造，提升锅炉蒸发量	0.544	3.01	2017	2018	2460
265	国华	准格尔	1 号	其他节能	一次风机变频改造	风机变频＋高效叶轮改造	0.146	0.8	2017	2018	500
266	国华	准格尔	1 号	其他节能	锅炉空气预热器密封改造	对空气预热器进行柔性密封改造，降低空气预热器的漏风，降低风机单耗，空气预热器漏风率降至 6%以下	0.091	0.5	2017	2018	300

续表

序号	子分公司	电厂	机组	项目类别	项目名称	技术路线及主要内容	预计年节约标准煤（万 t）	预计供电标准煤耗下降（g/kWh）	预计开始（年）	预计完成（年）	预计投资（万元）
267	国华	准格尔	1号	其他节能	锅炉省煤器改造	减少锅炉过热器、再热器管组，增加省煤器管组。并将省煤器管组改造为H形翅片管	0.189	1.03	2017	2018	2720
268	国华	准格尔	1号	其他节能	汽轮机通流改造	对汽轮机进行通流改造	1.394	7.7	2017	2018	3900
269	国华	准格尔	4号	其他节能	机组A、B、C磨煤机动态分离器改造	将静态分离器改为动态分离器	0.015	0.08	2018	2019	420
270	国华	准格尔	4号	其他节能	电动给水泵节能改造	通过高压变频器来实现调速功能，取消液力耦合器，增加传统齿轮箱或高速电动机直驱方案。对循环水泵进行变频改造	0.181	1	2018	2019	1700
271	国华	准格尔	4号	其他节能	机组加装低温省煤器	于电除尘器前加装低温省煤器以进行烟气余热回收利用并对锅炉受热面改造提升锅炉蒸发量	0.544	3.01	2018	2019	2460
272	国华	准格尔	4号	其他节能	液相暖风器	利用烟气余热加热空气预热器入口冷风，降低机组煤耗	0.181	1	2018	2019	410
273	国华	准格尔	4号	其他节能	一次风机变频改造	风机变频＋高效叶轮改造	0.146	0.8	2018	2019	500

续表

序号	子分公司	电厂	机组	项目类别	项目名称	技术路线及主要内容	预计年节约标准煤（万 t）	预计供电标准煤耗下降（g/kWh）	预计开始（年）	预计完成（年）	预计投资（万元）
274	国华	准格尔	4号	其他节能	锅炉空气预热器密封改造	对空气预热器进行柔性密封改造，降低空气预热器的漏风，空气预热器漏风率降至6%以下	0.091	0.5	2018	2019	300
275	国华	准格尔	4号	其他节能	锅炉省煤器改造	减少锅炉过热器、再热器管组，增加省煤器管组。并将省煤器管组改造为H形翅片管	0.189	1.03	2018	2019	2720
276	国华	准格尔	4号	其他节能	汽轮机通流改造	对汽轮机进行通流改造	1.394	7.7	2018	2019	3900
277	国华	准格尔	3号	其他节能	机组A、B、C磨煤机动态分离器改造	将静态分离器改为动态分离器	0.015	0.08	2018	2019	420
278	国华	准格尔	3号	其他节能	电动给水泵节能改造	通过高压变频器来实现调速功能，取消液力耦合器，增加传统齿轮箱或高速电动机直驱方案	0.181	1	2019	2020	1700
279	国华	准格尔	3号	其他节能	机组加装低温省煤器	在电除尘器前加装低温省煤器以进行烟气余热回收利用并对锅炉受热面进行改造，提升锅炉蒸发量	0.544	3.01	2019	2020	2460
280	国华	准格尔	3号	其他节能	液相暖风器改造	利用烟气余热加热空气预热器入口冷风，降低机组煤耗	0.181	1	2019	2020	410

续表

序号	子分公司	电厂	机组	项目类别	项目名称	技术路线及主要内容	预计年节约标准煤（万 t）	预计供电标准煤耗下降（g/kWh）	预计开始（年）	预计完成（年）	预计投资（万元）
281	国华	准格尔	3 号	其他节能	一次风机变频改造	风机变频＋高效叶轮改造	0.146	0.8	2019	2020	500
282	国华	准格尔	3 号	其他节能	锅炉空气预热器密封改造	对空气预热器进行柔性密封改造，降低空气预热器的漏风，空气预热器漏风率降至 6%以下	0.091	0.5	2019	2020	300
283	国华	准格尔	3 号	其他节能	锅炉省煤器改造	减少锅炉过热器、再热器管组，增加省煤器管组。并将省煤器管组改造为 H 形翅片管	0.189	1.03	2019	2020	2720
284	国华	准格尔	3 号	其他节能	汽轮机通流改造		1.394	7.7	2019	2020	3900
285	国华	准格尔	1 号	其他节能	机组灵活性改造				2018	2019	2808
286	国华	准格尔	2 号	其他节能	机组灵活性改造				2018	2019	2808
287	国华	准格尔	3 号	其他节能	机组灵活性改造				2018	2019	2808
288	国华	准格尔	4 号	其他节能	机组灵活性改造				2018	2019	2808

续表

序号	子分公司	电厂	机组	项目类别	项目名称	技术路线及主要内容	预计年节约标准煤（万 t）	预计供电标准煤耗下降（g/kWh）	预计开始（年）	预计完成（年）	预计投资（万元）
289	国华	寿光	1号	抽汽供热	供热改造	从两台机组3段抽汽和再热器冷段取汽，向羊口工业园区各企业提供压力为1.25MPa（g），温度为300℃的工业蒸汽（最大流量为150t/h）；从中排取汽并建设供热首站，通过政府铺设的热力管道向羊口镇区供热，设计总供暖面积为225万m^2；为充分利用供热抽汽潜能，在抽汽管道增加背压汽轮发电机组，提高机组热效率	3.5	6	2017	2018	6000
290	国华	寿光	2号	抽汽供热	供热改造	从两台机组3段抽汽和冷再取汽，向羊口工业园区各企业提供压力为1.25MPa（g）、温度为300℃的工业蒸汽（最大流量为150t/h）；从中排取汽并建设供热首站，通过政府铺设的热力管道向羊口镇区供热，设计总供暖面积为225万m^2；为充分利用供热抽汽潜能，在抽汽管道增加背压汽轮发电机组，提高机组热效率	3.5	6	2017	2018	6000

续表

序号	子分公司	电厂	机组	项目类别	项目名称	技术路线及主要内容	预计年节约标准煤（万 t）	预计供电标准煤耗下降（g/kWh）	预计开始（年）	预计完成（年）	预计投资（万元）
291	国华	沧东	1 号	通流提效	汽轮机通流改造	汽轮机通流改造＋机组增容	3.96	12	2015	2016	13 500
292	国华	沧东	2 号	通流提效	汽轮机通流改造	汽轮机通流改造＋机组增容	3.96	12	2015	2016	13 500
293	国华	沧东	3 号	通流提效	汽轮机通流改造	汽轮机通流改造	1.98	6	2018	2019	10 000
294	国华	沧东	4 号	通流提效	汽轮机通流改造	汽轮机通流改造	1.98	6	2019	2020	10 000
295	国华	沧东	1 号	其他节能	引风机、增压风机合一	增大引风机出力，取消增压风机，年节约维护费 70 万元	0.231	0.7	2015	2016	1200
296	国华	沧东	1 号	其他节能	旋转暖风器改造	旋转暖风器改造	0.033	0.1	2015	2016	150
297	国华	沧东	2 号	其他节能	引风机、增压风机合一	增大引风机出力，取消增压风机，年节约维护费 70 万元	0.231	0.7	2015	2016	1200
298	国华	沧东	2 号	其他节能	旋转暖风器改造	旋转暖风器改造	0.033	0.1	2015	2016	150

续表

序号	子分公司	电厂	机组	项目类别	项目名称	技术路线及主要内容	预计年节约标准煤（万 t）	预计供电标准煤耗下降（g/kWh）	预计开始（年）	预计完成（年）	预计投资（万元）
299	国华	锦界	1号	其他节能	给水泵变频改造研究	对机组的3台电动给水泵中2台给水泵（A和C）进行加装高压全水冷矢量控制变频器，并且更换A、C给水泵同轴的前置泵（更换可调速的新型前置泵），拆除原有液力耦合器，更换为定制的增速齿轮箱（自带润滑油站）。机组中的B给水泵系统保持不变，日常生产中只运行A、C泵，B给水泵作为备用泵使用			2015	2016	100
300	国华	锦界	2号	其他节能	给水泵变频改造研究	对机组的3台电动给水泵中2台给水泵（A和C）进行加装高压全水冷矢量控制变频器，并且更换A、C给水泵同轴的前置泵（更换可调速的新型前置泵），拆除原有液力耦合器，更换为定制的增速齿轮箱（自带润滑油站）。机组中的B给水泵系统保持不变，日常生产中只运行A、C泵，B给水泵作为备用泵使用			2016	2017	100
301	国神	万州	1号	其他节能	运行优化项目	滑压及阀门管理优化（凝结水一次调频）	0.12	0.8	2016	2017	146.5

续表

序号	子分公司	电厂	机组	项目类别	项目名称	技术路线及主要内容	预计年节约标准煤（万t）	预计供电标准煤耗下降(g/kWh)	预计开始（年）	预计完成（年）	预计投资（万元）
302	国神	万州	1号	其他节能	运行优化项目	机组冷端优化	0.013	0.05	2016	2016	28
303	国神	万州	2号	其他节能	运行优化项目	滑压及阀门管理优化（凝结水一次调频）	0.12	0.8	2016	2017	146.5
304	国神	万州	2号	其他节能	运行优化项目	机组冷端优化	0.013	0.05	2016	2016	28
305	国神	焦作	1号	其他节能	汽轮机汽封改造	检查性大修加新型汽封改造	0.608	2	2019	2020	450
306	国神	焦作	1号	其他节能	运行优化项目	锅炉燃烧调整、滑压及阀门管理优化、机组冷端运行优化、环保设施运行优化	0.573	2	2016	2017	260
307	国神	焦作	1号	抽汽供热	供热改造	供热面积为100万m^2	0.304	2	2017	2018	250
308	国神	焦作	2号	抽汽供热	供热改造	供热面积为100万m^2	0.304	2	2017	2018	250
309	国神	焦作	1号	其他节能	一次风机叶轮改造	高负荷时段一次风机挡板开度较小（20%左右），节能空间较大	0.085	0.3	2018	2018	500
310	国神	焦作	2号	其他节能	运行优化项目	锅炉燃烧调整、滑压及阀门管理优化、机组冷端运行优化、环保设施运行优化	0.573	2	2016	2016	180

续表

序号	子分公司	电厂	机组	项目类别	项目名称	技术路线及主要内容	预计年节约标准煤（万 t）	预计供电标准煤耗下降（g/kWh）	预计开始（年）	预计完成（年）	预计投资（万元）
311	国神	焦作	2号	其他节能	汽轮机汽封改造	检查性大修加新型汽封改造	0.608	2	2019	2019	450
312	国神	焦作	2号	其他节能	一次风机叶轮改造	高负荷时段一次风机挡板开度较小（20%左右），节能空间较大	0.085	0.3	2018	2018	500
313	国神	王曲	1号	其他节能	汽轮机通流改造	对汽轮机高、中、低压通流部分进行优化改造，利用目前汽轮机先进技术提高汽轮机效率，降低机组热耗	2.768	9.68	2019	2019	7500
314	国神	王曲	1号	其他节能	冷却塔节能改造	1号机组冷却水塔节能改造：更换高效淋水填料并采用非等高布置；更换旋喷型离心式喷溅装置。降低冷却塔出塔水温，提高凝汽器真空，预计降低煤耗0.9g/kWh	0.25	0.9	2017	2017	495
315	国神	王曲	1号	其他节能	锅炉空气预热器密封改造	采用柔性接触性密封等先进技术对空气预热器密封系统进行改造优化，降低空气预热器漏风，提高锅炉经济性	0.11	0.4	2016	2016	210
316	国神	王曲	1号	其他节能	循环水泵双速改造	循环水泵电动机改造为高低速电动机，优化循环水泵运行方式，保持最佳真空，降低厂用电率	0.077	0.3	2016	2016	80

续表

序号	子分公司	电厂	机组	项目类别	项目名称	技术路线及主要内容	预计年节约标准煤（万t）	预计供电标准煤耗下降（g/kWh）	预计开始（年）	预计完成（年）	预计投资（万元）
317	国神	王曲	1号	其他节能	汽轮机本体滑压及阀门管理运行优化		0.128	0.5	2019	2019	150
318	国神	王曲	1号	其他节能	机组冷端运行优化	通过对冷端（凝汽器）进行优化试验，优化冷端运行状况，找出机组运行最经济的背压	0.128	0.5	2020	2020	100
319	国神	王曲	1号	其他节能	机组增加三抽外置蒸汽冷却器	在3段抽汽进入3号高压加热器前设置蒸汽冷却器最经济合理，3段抽汽先进入该外置式蒸汽冷却器，然后再进入3号高压加热器，以充分利用该段抽汽的过热度，加热最后一级高压加热器出口的给水，提高换热效率，进一步提高给水温度，预计汽轮机热耗降低13kJ/kWh	0.143	0.5	2019	2019	600
320	国神	王曲	1号	其他节能	增加凝汽器在线清洗装置	在凝汽器水室内部加装四套在线清洗装置，采用顺流布置方式，采用就地与远方控制相结合方式，实现凝汽器运行中在线水冲洗和停机后及时冲洗。改造后能够明显改善凝汽器清洁度，凝汽器端差下降1.0～2.0℃，预计真空提升0.50kPa以上，降低煤耗1.2g/kWh	0.34	1	2019	2019	420

续表

序号	子分公司	电厂	机组	项目类别	项目名称	技术路线及主要内容	预计年节约标准煤（万 t）	预计供电标准煤耗下降（g/kWh）	预计开始（年）	预计完成（年）	预计投资（万元）
321	国神	王曲	1号	其他节能	汽动给水泵节能提效改造	根据最新流体技术进行设计优化，更换新型高效水力部件，更换常规检修易损件，包含泵壳/导叶磨损环、碟形弹簧、螺栓、密封件等。芯包改造后外形结构不变。改造前给水泵效率为78%，改造后预计给水泵效率为83%，提升约5%，即给水泵耗汽量节约6t/h	0.33	1	2018	2019	350
322	国神	王曲	1号	其他节能	凝汽器真空系统节能改造	在凝汽器高、低压侧各增加一台高效罗茨真空泵组，当机组并网后在负荷、真空稳定情况下把真空泵切换到高效罗茨真空泵组运行，用于真空维持。根据运行中实际参数设计的凝汽器维持真空装置的抽气能力不受工作水温度的制约，同时解决了真空泵汽蚀的问题和高能耗问题。罗茨真空泵运行电流仅为32A，节电率达到75%	0.03	0.1	2016	2016	89
323	国神	王曲	1号	其他节能	引增风机合一改造	拆除原有的增压风机，对引风机进行改造，并对引风机后烟道进行优化布置，减少烟气阻力，降低厂用电	0.32	1.12	2019	2019	850

续表

序号	子分公司	电厂	机组	项目类别	项目名称	技术路线及主要内容	预计年节约标准煤（万 t）	预计供电标准煤耗下降（g/kWh）	预计开始（年）	预计完成（年）	预计投资（万元）
324	国神	王曲	1号	其他节能	增加低温省煤器	引风机出口烟道布置一级低温省煤器，降低烟气温度，回收烟气余热，降低热耗，提高机组效率	0.263	0.92	2019	2019	1600
325	国神	王曲	1号	其他节能	能平衡试验	电平衡、水平衡、热平衡、燃料平衡	0	0	2019	2019	80
326	国神	王曲	1号	其他节能	性能试验	改造前、后汽轮机热耗率及锅炉效率试验	0	0	2017	2019	90
327	国神	王曲	1号	其他节能	全面节能诊断	查清影响能耗的各类因素，提出节能降耗具体措施	0	0	2019	2019	45
328	国神	王曲	2号	其他节能	循环水泵双速改造	循环水泵高低速改造，降低凝结水过冷度，降低循环水泵耗电率	0.077	0.3	2016	2016	80
329	国神	王曲	2号	其他节能	加装低温省煤器	引风机出口烟道布置一级低温省煤器，降低烟气温度，回收烟气余热，降低热耗，提高机组效率	0.263	0.92	2018	2018	1600
330	国神	王曲	2号	其他节能	汽轮机通流改造	对汽轮机高、中、低压通流部分进行优化改造，利用目前汽轮机先进技术提高汽轮机效率降低机组热耗	2.768	9.68	2018	2018	7500

续表

序号	子分公司	电厂	机组	项目类别	项目名称	技术路线及主要内容	预计年节约标准煤（万 t）	预计供电标准煤耗下降（g/kWh）	预计开始（年）	预计完成（年）	预计投资（万元）
331	国神	王曲	2号	其他节能	机组增加三抽外置蒸汽冷却器	在3段抽汽进入3号高压加热器前设置蒸汽冷却器最经济合理，3段抽汽先进入该外置式蒸汽冷却器，然后再进入3号高压加热器，以充分利用该段抽汽的过热度，加热最后一级高压加热器出口的给水，提高换热效率，进一步提高给水温度，预计汽轮机热耗降低13kJ/kWh	0.143	0.5	2018	2018	600
332	国神	王曲	2号	其他节能	增加凝汽器在线清洗装置	在凝汽器水室内部加装四套在线清洗装置，采用顺流布置方式，采用就地与远方控制相结合方式，实现凝汽器运行中在线水冲洗和停机后及时冲洗。改造后能够明显改善凝汽器清洁度，凝汽器端差下降1.0～2.0℃，预计真空提升0.50kPa以上，降低煤耗1.2g/kWh	0.34	1	2018	2018	420
333	国神	王曲	2号	其他节能	汽动给水泵节能提效改造	根据最新流体技术进行设计优化，更换新型高效水力部件，更换常规检修易损件，包含泵壳/导叶磨损环、碟形弹簧、螺栓、密封件等。芯包改造后外形结构不变。改造后预计给水泵效率提升5%，即给水泵耗汽量节约6t/h	0.33	1	2019	2020	350

续表

序号	子分公司	电厂	机组	项目类别	项目名称	技术路线及主要内容	预计年节约标准煤（万 t）	预计供电标准煤耗下降（g/kWh）	预计开始（年）	预计完成（年）	预计投资（万元）
334	国神	王曲	2 号	其他节能	引增风机合一改造	拆除原有的增压风机，对引风机进行改造，并对引风机后烟道进行优化布置，减少烟气阻力，降低厂用电	0.32	1.12	2018	2018	850
335	国神	王曲	2 号	其他节能	机组冷却塔节能改造	更换高效淋水填料并采用非等高布置；更换旋喷型离心式喷溅装置。降低冷却塔出塔水温，提高凝汽器真空，降低煤耗 0.6g/kWh	0.17	0.6	2016	2016	253
336	国神	王曲	2 号	其他节能	汽机本体滑压及阀门管理运行优化		0.128	0.5	2018	2018	150
337	国神	王曲	2 号	其他节能	机组冷端运行优化	通过对冷端（凝汽器或空冷系统）进行优化试验，优化冷端运行状况，找出机组运行最经济的背压	0.128	0.5	2019	2019	100
338	国神	王曲	2 号	其他节能	能平衡试验	电平衡、水平衡、热平衡、燃料平衡	0	0	2020	2020	70
339	国神	王曲	2 号	其他节能	性能试验	改造前、后汽轮机热耗率及锅炉效率试验	0	0	2017	2018	90

续表

序号	子分公司	电厂	机组	项目类别	项目名称	技术路线及主要内容	预计年节约标准煤（万 t）	预计供电标准煤耗下降（g/kWh）	预计开始（年）	预计完成（年）	预计投资（万元）
340	国神	王曲	2 号	其他节能	全面节能诊断	查清影响能耗的各类因素，提出节能降耗具体措施	0	0	2018	2018	45
341	国神	白马	61 号	其他节能	锅炉燃烧及燃煤结构综合调整	通过燃烧优化调整降低飞灰和炉渣含碳量、降低再热器减温水用量，优化燃煤结构，使锅炉效率达到设计值	0.144	0.7	2016	2017	80
342	国神	白马	61 号	其他节能	汽轮机本体滑压及阀门管理运行优化		0.206	1	2016	2016	50
343	国神	白马	61 号	其他节能	机组冷端运行优化	通过对冷端进行优化试验，优化冷端运行状况，找出机组运行最经济的背压	0.206	1	2017	2018	50
344	国神	白马	61 号	其他节能	环保设施运行优化	脱硫脱硝等环保设施运行优化	0.062	0.3	2016	2016	0
345	国神	白马	61 号	其他节能	凝汽器真空保持节能改造	采用凝汽器强化换热及在线清洗系统（RCCS），替代传统胶球清洗装置，强化换热使机组长期保持在端差低于3℃的工作状态，同时实时在线清洗管道，提高真空。淘汰胶球清洗系统，节约大	0.823	4	2018	2018	756

续表

序号	子分公司	电厂	机组	项目类别	项目名称	技术路线及主要内容	预计年节约标准煤（万 t）	预计供电标准煤耗下降（g/kWh）	预计开始（年）	预计完成（年）	预计投资（万元）
345	国神	白马	61 号	其他节能	凝汽器真空保持节能改造	量的人力和财力。取消收球网，减少循环水阻力，增大通流量。凝汽器端差低于 3℃，真空提高 0.86～1kPa	0.823	4	2018	2018	756
346	国神	白马	61 号	其他节能	真空泵改造	在现有真空泵基础上进行利废改造，采用椎体双级泵，增加板式换热器冷却片数，更换电动机，增加减速器，更改底板，增加换热器的流速，提高换热器换热效果，降低工作液水温，提高真空泵出力和真空，同时降低电动机功率（电流从 210A 降低到 125A）	0.103	0.5	2018	2018	60
347	国神	白马	61 号	其他节能	全面节能诊断	查清影响能耗的各类因素，提出节能降耗具体措施	0	0	2017	2017	48
348	国神	鸳鸯湖	1 号	其他节能	空冷岛加装导流板	在空冷岛加装导流板，消除空气湍流、乱流，提高空冷岛效率，降低背压	0.159	0.5	2019	2019	220
349	国神	鸳鸯湖	1 号	其他节能	能平衡试验	电平衡、水平衡、热平衡、燃料平衡	0	0	2018	2018	70
350	国神	鸳鸯湖	1 号	其他节能	性能试验	A 修前、后汽轮机热耗率及锅炉效率试验	0	0	2017	2018	60

续表

序号	子分公司	电厂	机组	项目类别	项目名称	技术路线及主要内容	预计年节约标准煤（万 t）	预计供电标准煤耗下降（g/kWh）	预计开始（年）	预计完成（年）	预计投资（万元）
351	国神	鸳鸯湖	1号	其他节能	全面节能诊断	查清影响能耗的各类因素，提出节能降耗具体措施	0	0	2018	2018	15
352	国神	鸳鸯湖	1号	通流提效	汽轮机通流改造	对高、中、低压通流部分进行优化改造，利用目前汽轮机先进技术提高汽轮机效率	2.2346	7.37	2018	2018	7300
353	国神	鸳鸯湖	1号	其他节能	回热系统优化改造	3号高压加热器采用外置式蒸汽冷却器，按给水流程，布置于1号高压加热器之后，提高给水温度约3℃	0.32	0.47	2018	2018	446
354	国神	鸳鸯湖	1号	其他节能	空冷岛加装气水混合清洗装置	空冷岛加装气水混合清洗装置（主要包括自动行走冲洗梯子、卷扬机、水泵、控制柜、电缆、压缩机、水侧汽侧喷嘴、管道等），清洗干净、随时可清洗，保证换热效率，降低背压	0.3	0.44	2018	2018	195
355	国神	鸳鸯湖	2号	通流提效	汽轮机通流改造	对高、中、低压通流部分进行优化改造，利用目前汽轮机先进技术提高汽轮机效率	2.2346	7.37	2019	2019	7300
356	国神	鸳鸯湖	2号	其他节能	回热系统优化改造	3号高压加热器采用外置式蒸汽冷却器，按给水流程，布置于1号高压加热器之后，提高给水温度约3℃	0.32	0.467	2019	2019	446

续表

序号	子分公司	电厂	机组	项目类别	项目名称	技术路线及主要内容	预计年节约标准煤（万t）	预计供电标准煤耗下降（g/kWh）	预计开始（年）	预计完成（年）	预计投资（万元）
357	国神	鸳鸯湖	2号	其他节能	能平衡试验	电平衡、水平衡、热平衡、燃料平衡	0	0	2018	2019	70
358	国神	鸳鸯湖	2号	其他节能	性能试验	A修前、后汽机热耗率及锅炉效率试验	0	0	2019	2019	60
359	国神	鸳鸯湖	2号	其他节能	全面节能诊断	查清影响能耗的各类因素，提出节能降耗具体措施	0	0	2019	2019	15
360	国神	鸳鸯湖	2号	其他节能	空冷岛加装气水混合清洗装置	空冷岛加装气水混合清洗装置（主要包括自动行走冲洗梯子、卷扬机、水泵、控制柜、电缆、压缩机、水侧汽侧喷嘴、管道等），清洗干净、随时可清洗，保证换热效率，有效及时降低背压0.5kPa	0.68	1	2019	2019	195
361	国神	河曲	3号	其他节能	河曲一二期循环水分离、空冷岛加装尖峰冷却装置	在空冷机组主排汽管道末端增加一台尖峰凝汽器，凝汽器热源为汽轮机排汽，冷源可串联辅机循环水出水，即增加的尖峰凝汽器与原辅机冷却水系统串联运行，并增加机力通风塔5组	0.54	2.5	2017	2018	3300
362	国神	河曲	3号	其他节能	锅炉受热面改造	针对锅炉多次发生因氧化皮堆积造成高温受热面超温问题，本次改造范围包括末级过热器、末级再热器的部分管材升级	0	0	2018	2019	1150.5

续表

序号	子分公司	电厂	机组	项目类别	项目名称	技术路线及主要内容	预计年节约标准煤（万 t）	预计供电标准煤耗下降（g/kWh）	预计开始（年）	预计完成（年）	预计投资（万元）
363	国神	河曲	3 号	其他节能	暖风器节能改造	将固定式暖风器改为旋转暖风器，并将现有的暖风器疏水通过疏水泵回收至除氧器	0.065	0.09	2018	2019	390
364	国神	河曲	3 号	其他节能	汽轮机通流改造	对高、中、低压通流部分进行优化改造，利用目前汽轮机先进技术提高汽轮机效率	2.16	10	2018	2018	7500
365	国神	河曲	3 号	其他节能	3 号高压加热器外置式蒸汽冷却器	在去 3 号高压加热器抽汽上游增设外置式蒸汽冷却器，串接在 1 号高压加热器出口给水管路上，提高最终给水温度，提高机组热效率	0.149	0.7	2018	2018	402
366	国神	河曲	3 号	其他节能	高耗能电动机节能改造	按照《关于落实神华集团淘汰落后机电设备专项行动的通知》[神华国能（神东电力）电〔2017〕67 号]文件要求及工信部发布的四批《高耗能落后机电设备（产品）淘汰目录》，将列入淘汰目录的 173 台高耗能电动机（共计 5184kW）更换为高效节能电动机，可降低电动机能耗水平 2%～4%	0.011	0.05	2017	2018	250

续表

序号	子分公司	电厂	机组	项目类别	项目名称	技术路线及主要内容	预计年节约标准煤（万t）	预计供电标准煤耗下降（g/kWh）	预计开始（年）	预计完成（年）	预计投资（万元）
367	国神	河曲	4号	其他节能	锅炉受热面改造	针对锅炉多次发生因氧化皮堆积造成高温受热面超温问题，本次改造范围包括末级过热器、末级再热器的部分管材升级	0	0	2017	2017	1150.5
368	国神	河曲	4号	其他节能	暖风器节能改造	将固定式暖风器改为旋转暖风器，并将现有的暖风器疏水通过疏水泵回收至除氧器	0.065	0.09	2018	2019	390
369	国神	河曲	4号	其他节能	汽轮机通流改造	对高、中、低压通流部分进行优化改造，利用目前汽轮机先进技术提高汽轮机效率	2.16	10	2018	2018	7500
370	国神	河曲	4号	其他节能	3号高压加热器外置式蒸汽冷却器	在去4号高压加热器抽汽上游增设外置式蒸汽冷却器，串接在1号高压加热器出口给水管路上，提高最终给水温度，提高机组热效率	0.149	0.7	2018	2018	402
371	国神	河曲	4号	其他节能	高耗能电动机节能改造	按照《关于落实神华集团淘汰落后机电设备专项行动的通知》[神华国能（神东电力）电〔2017〕67号]文件要求及工信部发布的四批《高耗能落后机电设备（产品）淘汰目录》，将列入淘汰目录的185台高耗能电动机（共计5415kW）更换为高效节能电动机，可降低电动机能耗水平2%～4%	0.011	0.05	2017	2018	260

续表

序号	子分公司	电厂	机组	项目类别	项目名称	技术路线及主要内容	预计年节约标准煤（万 t）	预计供电标准煤耗下降（g/kWh）	预计开始（年）	预计完成（年）	预计投资（万元）
372	国神	鄂温克	1 号	其他节能	引增合一改造	取消增压风机，更换大功率引风机，并将相应烟道进行改造。减少烟道阻力，降低厂用电率，增加系统运行稳定性	0.088	0.4	2016	2016	1800
373	国神	鄂温克	1 号	其他节能	空冷岛加装导流板	在空冷岛加装导流板，消除空气湍流、乱流，提高空冷岛效率，降低背压	0.11	0.5	2016	2018	220
374	国神	鄂温克	1 号	其他节能	除氧器乏汽回收	将高压除氧器排氧阀排出的乏汽通过表面式热交换器提高化学除盐水温度，温度升高后的化学除盐水补入凝汽器，可以降低过冷度，一定程度提高热效率	0.044	0.2	2016	2017	100
375	国神	鄂温克	1 号	其他节能	排汽装置加装雾化式喷头	凝结水过冷度在 4℃左右，超过 1.5℃的标准；将凝结水回水接至排汽装置汽侧并加装雾化式喷头，通过接触式传热，吸收部分蒸汽凝结热，使凝结水在排汽装置内形成一个混和式加热器，从而减轻了排汽装置的热负荷，提高真空，降低了凝结水过冷度	0.011	0.05	2016	2017	65

续表

序号	子分公司	电厂	机组	项目类别	项目名称	技术路线及主要内容	预计年节约标准煤（万 t）	预计供电标准煤耗下降（g/kWh）	预计开始（年）	预计完成（年）	预计投资（万元）
376	国神	鄂温克	1 号	通流提效	汽轮机通流改造	对高、中、低压通流部分进行优化改造，利用目前汽轮机先进技术降低汽轮机热耗，提高汽轮机效率	1.66	7.55	2017	2019	8158
377	国神	鄂温克	1 号	其他节能	低温省煤器改造	在电除尘入口增加一级低温省煤器，通过凝结水吸收锅炉排烟的部分热量，增加一级低温省煤器后，排烟温度由 144℃ 降至 114℃	0.220	1	2017	2017	2300
378	国神	鄂温克	1 号	其他节能	锅炉空气预热器密封改造	采用柔性接触性密封等先进技术对空气预热器密封系统进行改造优化，降低空气预热器漏风，提高锅炉经济性	0.352	1.6	2017	2019	413.5
379	国神	鄂温克	1 号	其他节能	电动给水泵改造	给水泵耗电率为 3.67%，占厂用电比重最大，耗电率高，采用电动机增加变频装置的方式进行节能改造	0.460	2.09	2017	2019	2665
380	国神	鄂温克	1 号	其他节能	高耗能电动机改造	将能效要求不满足的 GB 18613—2012《中小型三相异步电动机能效限定值及能效等级》的 177 台低压电动机更换为高效电动机	0.014	0.062	2017	2019	200.41

续表

序号	子分公司	电厂	机组	项目类别	项目名称	技术路线及主要内容	预计年节约标准煤（万 t）	预计供电标准煤耗下降（g/kWh）	预计开始（年）	预计完成（年）	预计投资（万元）
381	国神	鄂温克	1号	其他节能	加装外置蒸冷	在去3号高压加热器抽汽上游增设外置式蒸汽冷却器，串接在1号高压加热器出口给水管路上，提高最终给水温度，提高机组热效率	0.125	0.57	2017	2019	1100
382	国神	鄂温克	1号	其他节能	能平衡试验	电平衡、水平衡、热平衡、燃料平衡	0.000	0	2018	2018	70
383	国神	鄂温克	1号	其他节能	性能试验	A修前、后汽轮机热耗率及锅炉效率试验	0.000	0	2019	2019	60
384	国神	鄂温克	1号	其他节能	全面节能诊断	查清影响能耗的各类因素，提出节能降耗具体措施	0.000	0	2018	2018	15
385	国神	鄂温克	2号	其他节能	空冷岛加装导流板	在空冷岛加装导流板，消除空气湍流、乱流，提高空冷岛效率，降低背压	0.110	0.5	2016	2018	220
386	国神	鄂温克	2号	其他节能	除氧器乏汽回收	将高压除氧器排氧阀排出的乏汽通过表面式热交换器提高化学除盐水温度，温度升高后的化学除盐水补入凝汽器，可以降低过冷度，一定程度提高热效率	0.044	0.2	2016	2017	100

续表

序号	子分公司	电厂	机组	项目类别	项目名称	技术路线及主要内容	预计年节约标准煤（万 t）	预计供电标准煤耗下降（g/kWh）	预计开始（年）	预计完成（年）	预计投资（万元）
387	国神	鄂温克	2 号	其他节能	排汽装置加装雾化式喷头	凝结水过冷度在 4℃左右，超过 1.5℃的标准；将凝结水回水接至排汽装置汽侧并加装雾化式喷头，通过接触式传热，吸收部分蒸汽凝结热，使凝结水在排汽装置内形成一个混和式加热器，从而减轻了排汽装置的热负荷，提高真空，降低了凝结水过冷度	0.011	0.05	2016	2017	65
388	国神	鄂温克	2 号	其他节能	引增合一改造	取消增压风机，更换大功率引风机，并对相应烟道进行改造。减少烟道阻力，降低厂用电率，增加系统运行稳定性	0.088	0.4	2017	2020	1881
389	国神	鄂温克	2 号	其他节能	低温省煤器改造	在电除尘入口增加一级低温省煤器，通过凝结水吸收锅炉排烟的部分热量，增加一级低温省煤器后，排烟温度由 144℃降至 114℃	0.220	1	2018	2018	2300
390	国神	鄂温克	2 号	通流提效	汽轮机通流改造	对高、中、低压通流部分进行优化改造，利用目前汽轮机先进技术降低汽轮机热耗，提高汽轮机效率	2.200	10	2018	2020	8158

续表

序号	子分公司	电厂	机组	项目类别	项目名称	技术路线及主要内容	预计年节约标准煤（万 t）	预计供电标准煤耗下降（g/kWh）	预计开始（年）	预计完成（年）	预计投资（万元）
391	国神	鄂温克	2号	其他节能	锅炉受热面改造	由于目前锅炉所使用管材等级较低，为防止炉管超温和氧化皮生成，目前主蒸汽参数降低15℃，更换为TP347HFG	0.110	0.5	2018	2020	2800
392	国神	鄂温克	2号	其他节能	锅炉空气预热器密封改造	采用柔性接触性密封等先进技术对空气预热器密封系统进行改造优化，降低空气预热器漏风，提高锅炉经济性	0.352	1.6	2018	2020	413.5
393	国神	鄂温克	2号	其他节能	电动给水泵改造	给水泵耗电率为3.67%，占厂用电比重最大，耗电率高，采用电动机增加变频装置的方式进行节能改造	0.460	2.09	2017	2019	2665
394	国神	鄂温克	2号	其他节能	加装外置蒸冷	在去3号高压加热器抽汽上游增设外置式蒸汽冷却器，串接在1号高压加热器出口给水管路上，提高最终给水温度，提高机组热效率	0.125	0.57	2017	2020	1100
395	国神	鄂温克	2号	其他节能	蒸汽引射汇流改造	增加引射汇流装置，实现高排和四抽同时供汽。当四抽供汽不足时，高排蒸汽作为补充供辅助蒸汽，同时对四段抽汽有一定的引射能力。高排和四抽蒸汽汇合后的压力比四抽压力有所提高，满足供辅助蒸汽的要求	0.264	1.2	2017	2020	197

续表

序号	子分公司	电厂	机组	项目类别	项目名称	技术路线及主要内容	预计年节约标准煤（万 t）	预计供电标准煤耗下降（g/kWh）	预计开始（年）	预计完成（年）	预计投资（万元）
396	国神	鄂温克	2号	其他节能	能平衡试验	电平衡、水平衡、热平衡、燃料平衡	0.000	0	2020	2020	70
397	国神	鄂温克	2号	其他节能	性能试验	A修前、后汽轮机热耗率及锅炉效率试验	0.000	0	2020	2020	60
398	国神	鄂温克	2号	其他节能	全面节能诊断	查清影响能耗的各类因素，提出节能降耗具体措施	0.000	0	2020	2020	15
399	国神	鄂温克	2号	其他节能	高耗能电动机改造	将能效要求不满足的GB 18613—2012《中小型三相异步电动机能效限定值及能效等级》的178台低压电动机更换为高效电动机	0.014	0.062	2018	2020	200.41
400	国神	花园	1号	其他节能	运行优化项目	锅炉燃烧调整、滑压及阀门管理优化、机组冷端运行优化、环保设施运行优化	0.293	1	2018	2018	260
401	国神	花园	1号	其他节能	汽轮机汽封改造	检查性大修加新型汽封改造	0.496	2	2017	2017	630
402	国神	花园	2号	其他节能	汽轮机汽封改造	检查性大修加新型汽封改造	0.496	2	2019	2019	630
403	国神	花园	2号	其他节能	运行优化项目	锅炉燃烧调整、滑压及阀门管理优化、机组冷端运行优化、环保设施运行优化	0.293	1	2017	2017	260

续表

序号	子分公司	电厂	机组	项目类别	项目名称	技术路线及主要内容	预计年节约标准煤（万 t）	预计供电标准煤耗下降（g/kWh）	预计开始（年）	预计完成（年）	预计投资（万元）
404	国神	花园	3 号	其他节能	汽轮机汽封改造	检查性大修加新型汽封改造	0.846	2	2016	2016	630
405	国神	花园	3 号	其他节能	运行优化项目	锅炉燃烧调整、滑压及阀门管理优化、机组冷端运行优化、环保设施运行优化	0.573	1	2017	2017	260
406	国神	花园	4 号	其他节能	运行优化项目	锅炉燃烧调整、滑压及阀门管理优化、机组冷端运行优化、环保设施运行优化	0.573	1	2018	2018	260
407	国神	花园	4 号	其他节能	空冷岛加装导流板	在空冷岛加装导流板，消除空气湍流、乱流，提高空冷岛效率，降低背压	0.142	0.5	2016	2016	220
408	国神	花园	4 号	其他节能	汽轮机汽封改造	检查性大修加新型汽封改造	0.851	2	2018	2018	630
409	国神	店塔 B	1 号	其他节能	1 号机组新型汽封改造	采用新型汽封	1.05	2	2019	2019	800
410	国神	店塔 B	1 号	其他节能	尖峰冷却器改造		0.66	2.2	2019	2019	3000
411	国神	店塔 B	1 号	其他节能	3 号高压加热器外置式蒸汽冷却器	在去 3 号高压加热器抽汽上游增设外置式蒸汽冷却器，串接在 1 号高压加热器出口给水管路上，提高最终给水温度，提高机组热效率	0.138	0.7	2019	2019	460

续表

序号	子分公司	电厂	机组	项目类别	项目名称	技术路线及主要内容	预计年节约标准煤（万 t）	预计供电标准煤耗下降（g/kWh）	预计开始（年）	预计完成（年）	预计投资（万元）
412	国神	店塔 B	1号	其他节能	空气预热器防堵改造	循环风防堵灰技术；增设扇形板和弧形门，在转子进入烟气侧之前设置循环风仓；风道中加装循环风机；增设磨料补给系统	0.198	1	2020	2020	360
413	国神	店塔 B	1号	其他节能	电动给水泵节能改造		0.4	2.17	2020	2020	3800
414	国神	店塔 B	2号	其他节能	2号机组新型汽封改造	采用新型汽封	1.05	3	2018	2018	800
415	国神	店塔 B	2号	其他节能	尖峰冷却器改造		0.66	2.2	2018	2018	3000
416	国神	店塔 B	2号	其他节能	3号高压加热器外置式蒸汽冷却器	在去3号高压加热器抽汽上游增设外置式蒸汽冷却器，串接在1号高压加热器出口给水管路上，提高最终给水温度，提高机组热效率	0.138	0.7	2018	2018	460
417	国神	店塔 B	2号	其他节能	空气预热器防堵改造	循环风防堵灰技术；增设扇形板和弧形门，在转子进入烟气侧之前设置循环风仓；风道中加装循环风机；增设磨料补给系统	0.198	1	2020	2020	360

续表

序号	子分公司	电厂	机组	项目类别	项目名称	技术路线及主要内容	预计年节约标准煤（万 t）	预计供电标准煤耗下降（g/kWh）	预计开始（年）	预计完成（年）	预计投资（万元）
418	国神	店塔 B	2 号	其他节能	电动给水泵节能改造		0.4	2.17	2020	2020	3800
419	国神	河曲	1 号	其他节能	锅炉再热器优化改造	对末级再热器超温管屏进行升级改造，减少锅炉再热减温水量	0.108	0.5	2018	2019	1480.75
420	国神	河曲	1 号	其他节能	一次风机节能改造	将离心式风机更换为动叶可调轴流式一次风机，降低一次风机在中低负荷时的电耗	0.065	0.588	2016	2016	500
421	国神	河曲	1 号	其他节能	冷却塔优化改造	对冷却塔性能进行整体优化，提高冷却效果	0.237	1.1	2016	2016	495
422	国神	河曲	1 号	通流提效	汽轮机通流改造	对高中低压通流部分进行优化改造，利用目前汽轮机先进技术提高汽轮机效率	2.151	10	2019	2019	7500
423	国神	河曲	1 号	其他节能	暖风器节能改造	将固定式暖风器改为旋转暖风器	0.065	0.077	2018	2018	162
424	国神	河曲	2 号	通流提效	汽轮机通流改造	对高中低压通流部分进行优化改造，利用目前汽轮机先进技术提高汽轮机效率	2.152	10	2017	2017	7500
425	国神	河曲	2 号	其他节能	一次风机变频改造	对现有离心式挡板调节一次风机进行变频改造，以适应低负荷节能需求	0.065	0.3	2017	2018	500

续表

序号	子分公司	电厂	机组	项目类别	项目名称	技术路线及主要内容	预计年节约标准煤（万t）	预计供电标准煤耗下降（g/kWh）	预计开始（年）	预计完成（年）	预计投资（万元）
426	国神	河曲	2号	其他节能	冷却塔优化改造	对冷却塔性能进行整体优化，提高冷却效果	0.215	1	2017	2017	495
427	国神	河曲	2号	其他节能	暖风器节能改造	将固定式暖风器改为旋转暖风器	0.065	0.077	2018	2018	162
428	国神	神二	1号	其他节能	锅炉制粉、燃烧优化调整	保持合理的煤粉细度，有效兼顾磨煤机单耗和固体未完全热损失；保证合理磨煤机风煤比；维持合理二次风量，保持合理的炉膛出口氧量；保持合理的燃尽风比例兼顾环保要求，防止炉内高温腐蚀	0.082	0.5	2017	2017	80
429	国神	神二	1号	其他节能	汽轮机本体滑压及阀门管理运行优化		0.092	0.5	2017	2017	50
430	国神	神二	1号	其他节能	机组冷端运行优化	通过对冷端（凝汽器或空冷系统）进行优化试验，优化冷端运行状况，找出机组运行最经济的背压	0.184	1	2017	2017	50
431	国神	神二	1号	其他节能	环保设施运行优化	脱硫脱硝等环保设施运行优化	0.055	0.3	2016	2017	0

续表

序号	子分公司	电厂	机组	项目类别	项目名称	技术路线及主要内容	预计年节约标准煤（万 t）	预计供电标准煤耗下降（g/kWh）	预计开始（年）	预计完成（年）	预计投资（万元）
432	国神	神二	1号	其他节能	加装低温省煤器	在锅炉末端布置低温省煤器，充分利用锅炉排烟余热，降低锅炉排烟温度，提高锅炉效率	0.184	1	2019	2019	1500
433	国神	神二	1号	其他节能	锅炉空气预热器密封改造	采用柔性接触性密封等先进技术对空气预热器密封系统进行改造优化，降低空气预热器漏风，提高锅炉经济性	0.055	0.3	2019	2019	480
434	国神	神二	1号	其他节能	吹灰系统改造	炉 86、93m 小平台加装声波吹灰器，根据煤质及受热面的温度，优化吹灰次数及吹灰参数。平均减少蒸汽量 1t/h	0.042	0.13	2016	2016	60
435	国神	神二	1号	其他节能	1号机汽动给水泵汽轮机通流改造	通过厂家对给水汽轮机进行测绘，并重新设计、加工，利用机组检修机会进行改造	0.184	1	2019	2020	600
436	国神	神二	1号	其他节能	暖风器节能改造	根据不同季节，实现暖风器受热面角度旋转，降低非采暖期风机系统暖风器阻力，降低风机出入口差压，减少风机耗电量。暖风器改造停运期间可减少阻力约 300Pa	0.037	0.2	2016	2016	200

续表

序号	子分公司	电厂	机组	项目类别	项目名称	技术路线及主要内容	预计年节约标准煤（万t）	预计供电标准煤耗下降（g/kWh）	预计开始（年）	预计完成（年）	预计投资（万元）
437	国神	神二	2号	其他节能	加装低温省煤器	在锅炉末端布置低温省煤器，充分利用锅炉排烟余热，降低锅炉排烟温度，提高锅炉效率	0.18	1	2020	2020	1500
438	国神	神二	2号	其他节能	疏放水泄漏治理	更换和修研汽水系统内外漏阀门，原疏放水系统改造时阀门的质量较差，泄漏严重，特别是高、中压系统	0.091	0.5	2016	2018	300
439	国神	神二	2号	其他节能	2号机汽动给水泵汽轮机通流改造	通过厂家对给水泵汽轮机进行测绘，并重新设计、加工，利用机组检修机会进行改造	0.184	1	2020	2020	600
440	国神	神二	2号	其他节能	冷却塔优化改造	水塔喷嘴、填料全部更换，填料进行非等高布置，除水器局部更换。预计循环水入口温度降低约2℃	0.091	0.5	2017	2017	480
441	国神	神二	2号	其他节能	2号机轴封系统优化	拟将现轴封系统改为自密封式轴封系统，减少厂用汽	0.055	0.3	2018	2019	100
442	国神	神二	2号	其他节能	锅炉空气预热器密封改造	采用柔性接触性密封等先进技术对空气预热器密封系统进行改造优化，降低空气预热器漏风，提高锅炉经济性	0.055	0.3	2019	2019	480

续表

序号	子分公司	电厂	机组	项目类别	项目名称	技术路线及主要内容	预计年节约标准煤（万 t）	预计供电标准煤耗下降（g/kWh）	预计开始（年）	预计完成（年）	预计投资（万元）
443	国神	神二	2 号	其他节能	保温改造	保温技术直接影响电厂能效，降低保温外表面温度，有利于降低散热损失。主要对锅炉穿墙管的密封联箱保温进行改造，改造面积约 1 万多平方米，通过改造散热损约降低 0.1%	0.064	0.35	2017	2017	450
444	国神	神二	2 号	其他节能	暖风器节能改造	根据不同季节，实现暖风器受热面角度旋转，降低非采暖期风机系统暖风器阻力，降低风机出、入口差压，减少风机耗电量。暖风器改造停运期间可减少阻力约 300Pa，送风机正常运行压头为 2.5kPa，耗电率约为 0.6%，改后节电率约为 0.07%	0.055	0.3	2017	2017	200
445	国神	神二	2 号	其他节能	能平衡试验	电平衡、水平衡、热平衡、燃料平衡	0	0	2017	2017	70
446	国神	神二	2 号	其他节能	吹灰系统改造	炉 86、93m 小平台加装声波吹灰器，根据煤质及受热面的温度，优化吹灰次数及吹灰参数。平均减少蒸汽量 1t/h	0.058	0.13	2017	2017	60
447	国神	神二	2 号	其他节能	性能试验	A 修前、后汽轮机热耗率及锅炉效率试验	0	0	2019	2019	60

续表

序号	子分公司	电厂	机组	项目类别	项目名称	技术路线及主要内容	预计年节约标准煤（万t）	预计供电标准煤耗下降（g/kWh）	预计开始（年）	预计完成（年）	预计投资（万元）
448	国神	府谷	1号	通流提效	汽轮机通流改造	对高、中、低压通流部分进行优化改造，利用目前汽轮机先进技术提高汽轮机效率	2.532	7.37	2018	2018	8500
449	国神	府谷	1号	其他节能	锅炉受热面改造	（1）结合汽轮机通流改造，重新核算锅炉参数，进行优化设计，调整锅炉受热面。 （2）改造末级过热器，提高材质等级，彻底解决氧化皮问题	0.979	1	2018	2018	5450
450	国神	府谷	2号	通流提效	汽轮机通流改造	对高、中、低压通流部分进行优化改造，利用目前汽轮机先进技术提高汽轮机效率	2.532	7.37	2019	2019	8500
451	国神	府谷	2号	其他节能	锅炉受热面改造	（1）结合汽轮机通流改造，重新核算锅炉参数，进行优化设计，调整锅炉受热面。 （2）改造末级过热器，提高材质等级，彻底解决氧化皮问题	0.979	1	2019	2019	5450
452	国神	五彩湾	1号	其他节能	汽轮机本体滑压及阀门管理运行优化		0.067	0.5	2016	2016	50
453	国神	五彩湾	1号	其他节能	加装低温省煤器	在锅炉末端布置低温省煤器，充分利用锅炉排烟余热，提高锅炉效率，同时降低锅炉排烟温度	0.163	1.2	2017	2017	1500

续表

序号	子分公司	电厂	机组	项目类别	项目名称	技术路线及主要内容	预计年节约标准煤（万 t）	预计供电标准煤耗下降（g/kWh）	预计开始（年）	预计完成（年）	预计投资（万元）
454	国神	五彩湾	1号	其他节能	汽轮机汽封改造	新型汽封改造	0.337	2	2020	2020	300
455	国神	五彩湾	1号	其他节能	性能试验	A修前、后汽轮机热耗率及锅炉效率试验	0	0	2020	2020	60
456	国神	五彩湾	1号	其他节能	全面节能诊断	查清影响能耗的各类因素，提出节能降耗具体措施	0	0	2018	2018	15
457	国神	五彩湾	2号	其他节能	汽轮机本体滑压及阀门管理运行优化		0.068	0.5	2017	2017	50
458	国神	五彩湾	2号	其他节能	加装低温省煤器	在锅炉末端布置低温省煤器，充分利用锅炉排烟余热，提高锅炉效率，同时降低锅炉排烟温度	0.163	1.2	2018	2018	1500
459	国神	五彩湾	2号	其他节能	汽轮机汽封改造	新型汽封改造	0.339	2	2018	2018	300
460	国神	五彩湾	2号	其他节能	性能试验	A修前、后汽轮机热耗率及锅炉效率试验	0	0	2019	2019	60
461	国神	五彩湾	2号	其他节能	全面节能诊断	查清影响能耗的各类因素，提出节能降耗具体措施	0	0	2019	2019	15
462	国神	河曲 CFB	1号	其他节能	运行优化项目	锅炉燃烧调整、滑压及阀门管理优化、机组冷端运行优化、环保设施运行优化	0.318	3	2016	2016	180

续表

序号	子分公司	电厂	机组	项目类别	项目名称	技术路线及主要内容	预计年节约标准煤（万t）	预计供电标准煤耗下降（g/kWh）	预计开始（年）	预计完成（年）	预计投资（万元）
463	国神	河曲CFB	2号	其他节能	运行优化项目	锅炉燃烧调整、滑压及阀门管理优化、机组冷端运行优化、环保设施运行优化	0.311	3	2016	2016	180
464	国神	河曲CFB	1号	其他节能	更换75台低压高耗能电动机	符合国家节能标准，达到节能降耗，提高设备经济运行水平	0.005	0.1	2017	2017	21
465	国神	河曲CFB	2号	其他节能	更换75台低压高耗能电动机	符合国家节能标准，达到节能降耗，提高设备经济运行水平	0.005	0.1	2017	2017	21
466	国神	大港	1号	其他节能	锅炉燃烧优化调整	结合锅炉脱硝改造，更换低氮燃烧器，燃用煤种改为神华煤，锅炉燃烧工况改变。开展锅炉燃烧及制粉系统优化调整，确定合理风量、风粉比和煤细度等，进一步优化运行，提高锅炉效率	0.055	0.5	2016	2016	80
467	国神	大港	1号	其他节能	汽轮机本体滑压及阀门管理运行优化		0.055	0.5	2016	2016	50

续表

序号	子分公司	电厂	机组	项目类别	项目名称	技术路线及主要内容	预计年节约标准煤（万 t）	预计供电标准煤耗下降（g/kWh）	预计开始（年）	预计完成（年）	预计投资（万元）
468	国神	大港	1号	其他节能	脱硫增效剂研究开发利用	研制新型脱硫添加剂。提高脱硫效率，减少系统故障，降低系统能耗和运行成本，提高对煤种硫分的适应性。采用脱硫增效剂后，机组高负荷运行时可停运1台脱硫循环泵（570kW），高负荷时间段约占运行时间的30%	0.033	0.3	2016	2016	0
469	国神	大港	1号	其他节能	再热蒸汽温度低治理改造	由于设计原因，再热蒸汽温度低于额定温度15℃以上，通过核算重新调整受热面积	0	1.5	2017	2017	800
470	国神	大港	1号	其他节能	全面节能诊断	查清影响能耗的各类因素，提出节能降耗具体措施	0	0	2019	2019	40
471	国神	大港	2号	其他节能	锅炉燃烧优化调整	结合锅炉脱硝改造，更换低氮燃烧器，燃用煤种改为神华煤，锅炉燃烧工况改变。开展锅炉燃烧及制粉系统优化调整，确定合理风量、风粉比和煤细度等，进一步优化运行，提高锅炉效率	0.055	0.5	2016	2016	80
472	国神	大港	2号	其他节能	汽轮机本体滑压及阀门管理运行优化		0.055	0.5	2016	2016	50

续表

序号	子分公司	电厂	机组	项目类别	项目名称	技术路线及主要内容	预计年节约标准煤（万t）	预计供电标准煤耗下降（g/kWh）	预计开始（年）	预计完成（年）	预计投资（万元）
473	国神	大港	2号	其他节能	脱硫增效剂研究开发利用	研制新型脱硫添加剂。提高脱硫效率，减少系统故障，降低系统能耗和运行成本，提高对煤种硫分的适应性。采用脱硫增效剂后，机组高负荷运行时可停运一台脱硫循环泵（570kW），高负荷时间段约占运行时间的30%	0.033	0.3	2016	2016	0
474	国神	大港	2号	其他节能	再热蒸汽温度低治理改造	由于设计原因，再热蒸汽温度低于额定温度15℃以上，通过核算重新调整受热面积	0.165	1.5	2018	2018	800
475	国神	大港	3号	通流提效	汽轮机通流改造	对高、中、低压通流部分进行优化改造，利用目前汽轮机先进技术提高汽轮机效率	1.092	10	2016	2016	5000
476	国神	大港	3号	其他节能	锅炉燃烧优化调整	结合锅炉脱硝改造，更换低氮燃烧器，燃用煤种改为神华煤，锅炉燃烧工况改变。开展锅炉燃烧及制粉系统优化调整，确定合理风量、风粉比和煤细度等，进一步优化运行，提高锅炉效率	0.055	0.5	2016	2016	80
477	国神	大港	3号	其他节能	汽轮机本体滑压及阀门管理运行优化		0.055	0.5	2016	2016	50

续表

序号	子分公司	电厂	机组	项目类别	项目名称	技术路线及主要内容	预计年节约标准煤（万 t）	预计供电标准煤耗下降（g/kWh）	预计开始（年）	预计完成（年）	预计投资（万元）
478	国神	大港	3号	其他节能	脱硫增效剂研究开发利用	研制新型脱硫添加剂。提高脱硫效率，减少系统故障，降低系统能耗和运行成本，提高对煤种硫分的适应性。采用脱硫增效剂后，机组高负荷运行时可停运一台脱硫循环泵（570kW），高负荷时间段约占运行时间的30%	0.033	0.3	2016	2016	0
479	国神	大港	3号	其他节能	锅炉制粉系统节能改造	对锅炉制粉系统进行节能改造，拆除原有4台钢球磨煤机及送粉管道等设备，改造为4台50t/h中速磨煤机。为配合磨煤机的布置，一次风道、原有基础、电气系统和DCS系统等进行改造	0.279	2.55	2017	2020	4899
480	国神	大港	3号	抽汽供热	供热改造	建设供热管道、供热首站和加热器、循环泵等设备及建（构）筑物。设计容量满足单机对外供汽400t/h	1.448	13.26	2020	2020	3900
481	国神	大港	4号	通流提效	汽轮机通流改造	对高、中、低压通流部分进行优化改造，利用目前汽轮机先进技术提高汽轮机效率	1.093	10	2016	2016	5000

续表

序号	子分公司	电厂	机组	项目类别	项目名称	技术路线及主要内容	预计年节约标准煤（万 t）	预计供电标准煤耗下降（g/kWh）	预计开始（年）	预计完成（年）	预计投资（万元）
482	国神	大港	4号	其他节能	锅炉制粉系统节能改造	制粉系统节能改造，拆除原有4台钢球磨煤机及送粉管道等设备，改造为4台50t/h中速磨煤机。为配合磨煤机的布置，一次风道、原有基础、电气系统和DCS系统等进行改造	0.279	2.55	2017	2020	4899
483	国神	大港	4号	其他节能	锅炉燃烧优化调整	结合锅炉脱硝改造，更换低氮燃烧器，燃用煤种改为神华煤，锅炉燃烧工况改变。开展锅炉燃烧及制粉系统优化调整，确定合理风量、风粉比和煤细度等，进一步优化运行，提高锅炉效率	0.055	0.5	2017	2017	80
484	国神	大港	4号	其他节能	汽轮机本体滑压及阀门管理运行优化		0.055	0.5	2017	2017	50
485	国神	大港	4号	其他节能	脱硫增效剂研究开发利用	研制新型脱硫添加剂。提高脱硫效率，减少系统故障，降低系统能耗和运行成本，提高对煤种硫分的适应性。采用脱硫增效剂后，机组高负荷运行时可停运一台脱硫循环泵（570kW），高负荷时间段约占运行时间的30%	0.033	0.3	2017	2017	0

续表

序号	子分公司	电厂	机组	项目类别	项目名称	技术路线及主要内容	预计年节约标准煤（万 t）	预计供电标准煤耗下降（g/kWh）	预计开始（年）	预计完成（年）	预计投资（万元）
486	国神	大港	4 号	抽汽供热	供热改造	建设供热管道、供热首站和加热器、循环泵等设备及建构筑物。设计容量满足单机对外供汽 400t/h	1.432	13.11	2020	2020	3900
487	国神	秦皇岛	3 号	其他节能	暖风器节能改造	将固定式暖风器改为旋转暖风器	0.035	0.3	2016	2016	200
488	国神	秦皇岛	3 号	通流提效	汽轮机通流改造	对高、中、低压通流部分进行优化改造，利用目前汽轮机先进技术提高汽轮机效率	1.379	12	2017	2017	6600
489	国神	秦皇岛	4 号	其他节能	暖风器节能改造	将固定式暖风器改为旋转暖风器	0.034	0.3	2016	2016	200
490	国神	秦皇岛	4 号	通流提效	汽轮机通流改造	对高、中、低压通流部分进行优化改造，利用目前汽轮机先进技术提高汽轮机效率	1.603	14	2017	2017	6600
491	国神	秦皇岛	4 号	其他节能	磨煤机节能改造	将原磨煤机静态分离器改为动态分离器	0.103	0.9	2017	2017	480
492	国神	白马	31 号	其他节能	低压旁路改造	将活塞环式改为带预启阀式低压旁路	0.015	0.5	2019	2019	40
493	国神	白马	31 号	其他节能	汽轮机本体滑压及阀门管理运行优化		0.028	1	2017	2018	50

续表

序号	子分公司	电厂	机组	项目类别	项目名称	技术路线及主要内容	预计年节约标准煤（万 t）	预计供电标准煤耗下降（g/kWh）	预计开始（年）	预计完成（年）	预计投资（万元）
494	国神	白马	31 号	其他节能	机组冷端运行优化	通过对冷端进行优化试验，优化冷端运行状况，找出机组运行最经济的背压	0.028	1	2019	2019	50
495	国神	白马	31 号	其他节能	环保设施运行优化	脱硫脱硝等环保设施运行优化	0.008	0.3	2017	2017	0
496	国神	白马	31 号	其他节能	冷却塔优化改造	（1）采用 GXT-26 型高效淋水填料，对旧填料全部进行更换，片距由原 33m 调整为 26m 左右，增大单位体积的气-水结合面积。 （2）对淋水填料总体积增容，并根据塔内空气流场特点进行非等高布置优化，由原 $5500m^2$ S 波形淋水填料增容至 $6787m^2$。 （3）采用水力学特性好且不易堵塞的喷溅装置替换现有喷溅装置，来增大喷洒半径，提高溅水均匀性，细化喷洒水滴，提高水滴滞空时间。 （4）优化调整喷溅装置口径，调整至 3～5 种口径，以匹配塔内空气流场，达到塔内各区域气水比趋近一致	0.025	1	2016	2016	289

续表

序号	子分公司	电厂	机组	项目类别	项目名称	技术路线及主要内容	预计年节约标准煤（万 t）	预计供电标准煤耗下降（g/kWh）	预计开始（年）	预计完成（年）	预计投资（万元）
497	国神	白马	31 号	其他节能	锅炉空气预热器密封改造	采用柔性接触性密封等先进技术对空气预热器密封系统进行改造优化，降低空气预热器漏风，提高锅炉经济性	0.025	1	2018	2018	160
498	国神	白马	31 号	其他节能	凝汽器改造	端板改造，水室优化，冷却管改造，冷凝面积扩容 15%	0.035	1.5	2019	2019	200
499	国神	白马	31 号	其他节能	能平衡试验	电平衡、水平衡、热平衡、燃料平衡	0	0	2016	2018	60
500	国神	白马	31 号	其他节能	性能试验	A 修前、后汽轮机热耗率及锅炉效率试验	0	0	2019	2019	60
501	国神	白马	31 号	其他节能	凝汽器真空保持节能改造	目前胶球清洗效果不明显，通过替代方式，保持凝汽器冷却管清洁，改善端差及真空，提高运行经济性	0.075	3.2	2019	2019	366
502	国神	大南湖	1 号	抽汽供热	增加采暖供热量	增加供热面积	0.399	3.39	2018	2019	0
503	国神	大南湖	1 号	通流提效	汽轮机通流改造	对高、中、低压通流部分进行优化改造，利用目前汽轮机先进技术提高汽轮机效率	1.133	10	2019	2019	5500
504	国神	大南湖	2 号	抽汽供热	增加采暖供热量	增加供热面积	2.521	20.83	2018	2019	0

续表

序号	子分公司	电厂	机组	项目类别	项目名称	技术路线及主要内容	预计年节约标准煤（万 t）	预计供电标准煤耗下降（g/kWh）	预计开始（年）	预计完成（年）	预计投资（万元）
505	国神	大南湖	2 号	通流提效	汽轮机通流改造	对高、中、低压通流部分进行优化改造，利用目前汽轮机先进技术提高汽轮机效率	1.135	10	2020	2020	6600
506	国神	和丰	1 号	其他节能	对现场内漏阀门进行换型改造	对主蒸汽系统高压疏水系统阀门进行换型改造，更换进口高质量阀门	0.083	0.8	2016	2016	350
507	国神	和丰	1 号	其他节能	锅炉运行优化调整	开展锅炉燃烧及破碎系统优化试验，确定合理的风量、风粉比、煤粉细度等，有利于电厂优化运行	0.053	0.5	2016	2016	80
508	国神	和丰	1 号	通流提效	汽轮机通流改造	对高、中、低压通流部分进行优化改造，利用目前汽轮机先进技术提高汽轮机效率	1.025	10	2018	2020	5500
509	国神	和丰	1 号	其他节能	加装低温省煤器	在锅炉末端布置低温省煤器，充分利用锅炉排烟余热，提高锅炉效率，同时降低锅炉排烟温度	0.184	1.8	2017	2017	1200
510	国神	和丰	1 号	其他节能	锅炉受热面改造	（1）分隔屏过热器部分材料升级。 （2）后屏过热器部分材料升级。 （3）取消侧墙壁式再热器	0.14	1.4	2018	2020	2000

续表

序号	子分公司	电厂	机组	项目类别	项目名称	技术路线及主要内容	预计年节约标准煤（万 t）	预计供电标准煤耗下降（g/kWh）	预计开始（年）	预计完成（年）	预计投资（万元）
511	国神	和丰	1号	其他节能	空气预热器提效改造	（1）调整空气预热器转向，空气预热器转子由反转改为正转。 （2）增加换热元件高度，提高换热面积。 （3）更换换热元件形式，提高换热效率	0.43	4.36	2018	2020	500
512	国神	和丰	1号	其他节能	暖风器改造	暖风器更换旋转式暖风器	0.019	0.19	2018	2020	69
513	国神	和丰	1号	其他节能	热力及疏水系统优化改造	（1）提高主汽及其他高参数系统疏水阀门可靠性，更换进口阀门，减少泄漏点。 （2）高压导汽管疏水装设气动截止阀，防止顺序阀时不同压力导汽管内蒸汽串流导致节流损失增大。 （3）轴封系统疏水改造，减少轴封系统的蒸汽损失，防止轴封回汽不凝结气体进入凝汽器。 （4）简化疏、放水系统结构，取消和合并部分疏水管路，减少系统漏点。 （5）给水再循环、锅炉过热器减温水等其他系统优化改造	0.049	0.5	2017	2017	200

续表

序号	子分公司	电厂	机组	项目类别	项目名称	技术路线及主要内容	预计年节约标准煤（万t）	预计供电标准煤耗下降（g/kWh）	预计开始（年）	预计完成（年）	预计投资（万元）
514	国神	和丰	1号	其他节能	真空泵改造	根据水环真空泵工作特性，在工作液温度一定的情况下，水环真空泵的抽吸能力随吸入口的压力升高而增大；在吸入口压力一定的情况下，真空泵的抽吸能力随工作液温度的升高而降低。真空泵工作液深度冷却技术是通过降低真空泵工作液温度，提高真空泵抽吸能力，从而维持凝汽器较高的真空度	0.021	0.2	2017	2017	35
515	国神	和丰	1号	其他节能	一次风机变频改造	一期增加两台变频器，对两台一次风机电动机进行变频调节	0.04	0.4	2018	2018	400
516	国神	和丰	1号	其他节能	空冷岛加装导流板	在空冷岛加装导流板，消除空气湍流、乱流，提高空冷岛效率，降低背压	0.049	0.5	2019	2019	180
517	国神	和丰	1号	其他节能	1号机电动给水泵节能改造	对每台机组中的3台给水泵，选择2台进行变频改造，保留1台作为工频运行时备用	0.03	0.3	2018	2020	800
518	国神	和丰	2号	其他节能	对现场内漏阀门进行换型改造	更换内漏阀门	0.084	0.8	2016	2016	350

续表

序号	子分公司	电厂	机组	项目类别	项目名称	技术路线及主要内容	预计年节约标准煤（万t）	预计供电标准煤耗下降（g/kWh）	预计开始（年）	预计完成（年）	预计投资（万元）
519	国神	和丰	2号	通流提效	汽轮机通流改造	对高、中、低压通流部分进行优化改造，利用目前汽轮机先进技术提高汽轮机效率	1	10	2018	2019	5500
520	国神	和丰	2号	其他节能	加装低温省煤器	在锅炉末端布置低温省煤器，充分利用锅炉排烟余热，提高锅炉效率，同时降低锅炉排烟温度	0.18	1.8	2018	2018	1200
521	国神	和丰	2号	其他节能	锅炉受热面改造	（1）分隔屏过热器部分材料升级。 （2）后屏过热器部分材料升级。 （3）取消侧墙壁式再热器	0.14	1.4	2018	2019	2000
522	国神	和丰	2号	其他节能	空气预热器提效改造	（1）调整空气预热器转向，空气预热器转子由反转改为正转。 （2）增加换热元件高度，提高换热面积。 （3）更换换热元件形式，提高换热效率	0.43	4.36	2018	2019	500
523	国神	和丰	2号	其他节能	暖风器改造	暖风器更换旋转式暖风器	0.019	0.19	2018	2019	69
524	国神	和丰	2号	其他节能	一次风机变频改造	一期增加两台变频器，对两台一次风机电动机进行变频调节	0.04	0.4	2018	2018	400

续表

序号	子分公司	电厂	机组	项目类别	项目名称	技术路线及主要内容	预计年节约标准煤（万t）	预计供电标准煤耗下降（g/kWh）	预计开始（年）	预计完成（年）	预计投资（万元）
525	国神	和丰	2号	其他节能	热力及疏水系统优化改造	（1）提高主蒸汽及其他高参数系统疏水阀门可靠性，更换进口阀门，减少泄漏点。 （2）高压导汽管疏水装设气动截止阀，防止顺序阀时不同压力导汽管内蒸汽串流导致节流损失增大。 （3）轴封系统疏水改造，减少轴封系统的蒸汽损失，防止轴封回汽不凝结气体进入凝汽器。 （4）简化疏、放水系统结构，取消和合并部分疏水管路，减少系统漏点。 （5）给水再循环、锅炉过热器减温水等其他系统优化改造	0.05	0.5	2018	2018	200
526	国神	和丰	2号	其他节能	空冷岛加装导流板	在空冷岛加装导流板，消除空气湍流、乱流，提高空冷岛效率，降低背压	0.05	0.5	2018	2018	180
527	国神	和丰	2号	其他节能	锅炉空气预热器密封改造	采用柔性接触性密封等先进技术对空气预热器密封系统进行改造优化，降低空气预热器漏风，提高锅炉经济性	0.029	0.3	2019	2019	300

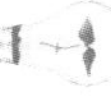

续表

序号	子分公司	电厂	机组	项目类别	项目名称	技术路线及主要内容	预计年节约标准煤（万 t）	预计供电标准煤耗下降（g/kWh）	预计开始（年）	预计完成（年）	预计投资（万元）
528	国神	和丰	2号	其他节能	1号机电动给水泵节能改造	对每台机组中的3台给水泵，选择2台进行变频改造，保留1台作为工频运行时备用	0.03	0.3	2018	2020	800
529	国神	郭家湾	1号	通流提效	汽轮机通流改造	对高、中、低压通流部分进行优化改造，利用目前汽轮机先进技术提高汽轮机效率（包含汽封改造、发电机增容）	1.02	10	2018	2018	5500
530	国神	郭家湾	1号	其他节能	给水泵变频改造	液力耦合器改为增速箱，拆除液力耦合器的泵轮和涡轮，用高可靠性的膜片联轴器连接小齿轮轴和输出轴。前置泵用单独电动机驱动，增配两台高压变频器	0.203	1.39	2017	2017	1070
531	国神	郭家湾	1号	其他节能	更新落后淘汰电动机	将全厂257台淘汰电动机更换为能效等级在2级以上的节能电动机	0.002	0.03	2017	2019	60
532	国神	郭家湾	2号	其他节能	更新落后淘汰电动机	将全厂257台淘汰电动机更换为能效等级在2级以上的节能电动机	0.002	0.03	2017	2019	60

续表

序号	子分公司	电厂	机组	项目类别	项目名称	技术路线及主要内容	预计年节约标准煤（万t）	预计供电标准煤耗下降（g/kWh）	预计开始（年）	预计完成（年）	预计投资（万元）
533	国神	郭家湾	1号	其他节能	机组冷端优化	每台机组增加3个立式三角形直接空冷凝汽器，上部引风式，侧面进风，下部及背面密封板密封，管束不易赃物。没有振动风险，取消风机桥架，将军柱支撑，设备寿命延长。布置灵活，三角形下方马路可以穿行。效率高，相同换热面积，所用单元数少，耗电量小。本工程场地条件需要肩并肩布置考虑，投影面积大。钢结构安装形式简单，工作量小，顶部平台地面组装整体吊装，施工周期短，现场布置灵活	0.3	1.5	2018	2018	2115
534	国神	郭家湾	2号	通流提效	汽轮机通流改造	对高、中、低压通流部分进行优化改造，利用目前汽轮机先进技术提高汽轮机效率（包含汽封改造、发电机增容）	1.02	10	2018	2018	6600
535	国神	郭家湾	2号	其他节能	给水泵变频改造	液力耦合器改为增速箱，拆除液力耦合器的泵轮和涡轮，用高可靠性的膜片联轴器连接小齿轮轴和输出轴。前置泵用单独电动机驱动，增配两台高压变频器	0.203	1.39	2018	2018	1070

续表

序号	子分公司	电厂	机组	项目类别	项目名称	技术路线及主要内容	预计年节约标准煤（万 t）	预计供电标准煤耗下降（g/kWh）	预计开始（年）	预计完成（年）	预计投资（万元）
536	国神	郭家湾	2号	其他节能	机组冷端优化	每台机组增加3个立式三角形直接空冷凝汽器，上部引风式，侧面进风，下部及背面密封板密封，管束不易赃物。没有振动风险，取消风机桥架，将军柱支撑，设备寿命延长。布置灵活，三角形下方马路可以穿行。效率高，相同换热面积，所用单元数少，耗电量小。本工程场地条件需要肩并肩布置考虑，投影面积大。钢结构安装形式简单，工作量小，顶部平台地面组装整体吊装，施工周期短，现场布置灵活	0.3	1.5	2018	2018	2115
537	国神	米东	1号	抽汽供热	抽汽供热		0	−14.7	2015	2020	0
538	国神	米东	1号	其他节能	加装低温省煤器	在锅炉末端布置低温省煤器，充分利用锅炉排烟余热，提高锅炉效率，同时降低锅炉排烟温度	0.343	3	2016	2016	1200
539	国神	米东	1号	其他节能	锅炉运行优化调整	开展锅炉燃烧及破碎系统优化试验，确定合理的风量、风粉比、煤粉细度等，有利于电厂优化运行	0.057	0.5	2016	2016	0

续表

序号	子分公司	电厂	机组	项目类别	项目名称	技术路线及主要内容	预计年节约标准煤（万t）	预计供电标准煤耗下降（g/kWh）	预计开始（年）	预计完成（年）	预计投资（万元）
540	国神	米东	1号	其他节能	汽轮机本体滑压及阀门管理运行优化		0.057	0.5	2016	2016	50
541	国神	米东	1号	通流提效	汽轮机通流改造	对高、中、低压通流部分进行优化改造，利用目前汽轮机先进技术提高汽轮机效率	1.144	10	2018	2018	5500
542	国神	米东	1号	其他节能	汽轮机汽封改造	新型汽封改造	0.229	2	2016	2017	300
543	国神	米东	2号	抽汽供热	抽汽供热		0	—12.9	2015	2020	0
544	国神	米东	2号	其他节能	加装低温省煤器	在锅炉末端布置低温省煤器，充分利用锅炉排烟余热，降低锅炉排烟温度，提高锅炉效率	0.345	3	2017	2017	1200
545	国神	米东	2号	其他节能	锅炉运行优化调整	开展锅炉燃烧及破碎系统优化实验，确定合理的风量、风粉比、煤粉细度等，有利于电厂优化运行	0.057	0.5	2016	2016	0
546	国神	米东	2号	其他节能	汽轮机本体滑压及阀门管理运行优化		0.057	0.5	2017	2017	50

续表

序号	子分公司	电厂	机组	项目类别	项目名称	技术路线及主要内容	预计年节约标准煤（万 t）	预计供电标准煤耗下降（g/kWh）	预计开始（年）	预计完成（年）	预计投资（万元）
547	国神	米东	2号	通流提效	汽轮机通流改造	对高、中、低压通流部分进行优化改造，利用目前汽轮机先进技术提高汽轮机效率	1.149	10	2018	2018	5500
548	国神	萨拉齐	1号	抽汽供热	提高热电比	增加采暖供热量	1.093	2.83	2015	2020	0
549	国神	萨拉齐	1号	其他节能	汽轮机本体滑压及阀门管理运行优化		0.057	0.5	2016	2016	50
550	国神	萨拉齐	1号	其他节能	机组冷端运行优化	通过对冷端进行优化试验，优化冷端运行状况，找出机组运行最经济的背压	0.114	1	2016	2016	50
551	国神	萨拉齐	1号	通流提效	汽轮机通流改造	对高、中、低压通流部分进行优化改造，利用目前汽轮机先进技术提高汽轮机效率	0.97	10	2017	2018	5100
552	国神	萨拉齐	1号	其他节能	空冷岛扩大冷却面积改造	增加20%空冷岛冷却面积	0.343	3	2017	2018	3180.8
553	国神	萨拉齐	1号	其他节能	加装低温省煤器	在锅炉末端布置低温省煤器，充分利用锅炉排烟余热，提高锅炉效率，同时降低锅炉排烟温度	0.171	1.5	2018	2020	1400

续表

序号	子分公司	电厂	机组	项目类别	项目名称	技术路线及主要内容	预计年节约标准煤（万 t）	预计供电标准煤耗下降（g/kWh）	预计开始（年）	预计完成（年）	预计投资（万元）
554	国神	萨拉齐	1 号	其他节能	全面节能诊断	查清影响能耗的各类因素，提出节能降耗具体措施	0	0	2017	2017	21
555	国神	萨拉齐	2 号	抽汽供热	提高热电比	增加采暖供热量	1.079	1.4	2015	2020	0
556	国神	萨拉齐	2 号	通流提效	汽轮机通流改造	对高、中、低压通流部分进行优化改造，利用目前汽轮机先进技术提高汽轮机效率	0.97	10	2017	2018	5100
557	国神	萨拉齐	2 号	其他节能	空冷岛扩大冷却面积改造	增加 20%空冷岛冷却面积	0.343	3	2018	2018	3180.8
558	国神	萨拉齐	2 号	其他节能	加装低温省煤器	在锅炉末端布置低温省煤器，充分利用锅炉排烟余热，提高锅炉效率，同时降低锅炉排烟温度	0.057	0.5	2018	2020	1400
559	国神	秦皇岛	1 号	其他节能	暖风器节能改造	将固定式暖风器改为旋转暖风器	0.031	0.4	2016	2016	100
560	国神	秦皇岛	1 号	其他节能	锅炉燃烧优化调整	结合锅炉脱硝改造，更换低氮燃烧器，燃用煤种改为神华煤，锅炉燃烧工况改变。开展锅炉燃烧及制粉系统优化调整，确定合理风量、风粉比和煤细度等，进一步优化运行，提高锅炉效率	0.038	0.5	2016	2016	80

续表

序号	子分公司	电厂	机组	项目类别	项目名称	技术路线及主要内容	预计年节约标准煤（万 t）	预计供电标准煤耗下降（g/kWh）	预计开始（年）	预计完成（年）	预计投资（万元）
561	国神	秦皇岛	1号	其他节能	汽轮机本体滑压及阀门管理运行优化		0.038	0.5	2016	2016	50
562	国神	秦皇岛	1号	其他节能	机组冷端运行优化	通过对冷端（凝汽器或空冷系统）进行优化试验，优化冷端运行状况，找出机组运行最经济的背压	0.038	0.5	2016	2016	50
563	国神	秦皇岛	1号	其他节能	全面节能诊断	查清影响能耗的各类因素，提出节能降耗具体措施	0	0	2016	2016	15
564	国神	秦皇岛	1号	其他节能	能平衡试验	电平衡、水平衡、热平衡、燃料平衡	0	0	2017	2017	40
565	国神	秦皇岛	2号	其他节能	锅炉燃烧优化调整	结合锅炉脱硝改造，更换低氮燃烧器，燃用煤种改为神华煤，锅炉燃烧工况改变。开展锅炉燃烧及制粉系统优化调整，确定合理风量、风粉比和煤细度等，进一步优化运行，提高锅炉效率	0.038	0.5	2016	2016	80
566	国神	秦皇岛	2号	其他节能	汽轮机本体滑压及阀门管理运行优化		0.038	0.5	2016	2016	50

续表

序号	子分公司	电厂	机组	项目类别	项目名称	技术路线及主要内容	预计年节约标准煤（万t）	预计供电标准煤耗下降（g/kWh）	预计开始（年）	预计完成（年）	预计投资（万元）
567	国神	秦皇岛	2号	其他节能	机组冷端运行优化	通过对冷端（凝汽器或空冷系统）进行优化试验，优化冷端运行状况，找出机组运行最经济的背压	0.038	0.5	2016	2016	50
568	国神	秦皇岛	2号	其他节能	能平衡试验	电平衡、水平衡、热平衡、燃料平衡	0	0	2016	2016	40
569	国神	秦皇岛	2号	其他节能	全面节能诊断	查清影响能耗的各类因素，提出节能降耗具体措施	0	0	2016	2016	15
570	国神	亿利	1号	其他节能	直接空冷加装外置冷却器节能改造	通过加装外置冷却器，将部分汽轮机低压缸排汽乏汽进行冷却，与直接空冷冷却器并列运行，提高机组背压，降低机组热耗率	0.235	2	2019	2019	3500
571	国神	亿利	1号	其他节能	汽轮机阀门管理运行优化		0.06	0.5	2016	2016	20
572	国神	亿利	2号	其他节能	直接空冷加装外置冷却器节能改造	通过加装外置冷却器，将部分汽轮机低压缸排汽乏汽进行冷却，与直接空冷冷却器并列运行，提高机组背压，降低机组热耗率	0.235	2	2018	2018	3500

续表

序号	子分公司	电厂	机组	项目类别	项目名称	技术路线及主要内容	预计年节约标准煤（万 t）	预计供电标准煤耗下降（g/kWh）	预计开始（年）	预计完成（年）	预计投资（万元）
573	国神	亿利	2号	其他节能	汽轮机阀门管理运行优化		0.058	0.5	2016	2016	20
574	国神	亿利	2号	其他节能	性能试验	A修前、后汽轮机热耗率及锅炉效率试验	0	0	2020	2020	40
575	国神	亿利	2号	其他节能	全面节能诊断	查清影响能耗的各类因素，提出节能降耗具体措施	0	0	2016	2016	19.4
576	国神	亿利	2号	其他节能	给水泵变频改造	给水泵调速机构由液力耦合器改造为高压变频器	0.188	1.5	2018	2018	739
577	国神	亿利	2号	其他节能	重大改造前基础试验	包括全面性锅炉效率、热机热耗率热力性能试验，以及空气预热器漏风、电平衡、通流能力、供电煤耗、厂用电率试验	0	0	2017	2017	50
578	国神	亿利	3号	其他节能	空气预热器重大检修与改造	空气预热器大修换管，将积灰和泄漏严重的一级空气预热器管径变细，增加管间间隙，吹灰器改造；将基建期间空气预热器风箱泄漏处进行全面封堵。降低空气预热器漏风率、排烟热损失、锅炉风机耗电率	0.2	2	2016	2016	618

续表

序号	子分公司	电厂	机组	项目类别	项目名称	技术路线及主要内容	预计年节约标准煤（万t）	预计供电标准煤耗下降（g/kWh）	预计开始（年）	预计完成（年）	预计投资（万元）
579	国神	亿利	3号	其他节能	给水泵芯包检修	通过利用大修机会对给水泵芯包进行检修，提高给水泵效率，预计可降低给水泵耗电率0.2个百分点	0.08	0.8	2016	2016	70
580	国神	亿利	3号	其他节能	性能试验	A修前、后汽轮机热耗率及锅炉效率试验	0	0	2016	2016	40
581	国神	亿利	3号	其他节能	阀门管理运行优化		0.05	0.5	2016	2016	15
582	国神	亿利	3号	其他节能	汽封改造	高、中压汽缸过桥汽封和高压轴端汽封进行改造，由梳齿型汽封改造为侧齿式汽封，对隔板汽封等进行更换和间隙调整，降低机组热耗率	0.097	1	2016	2016	33.5
583	国神	亿利	3号	其他节能	直接空冷加装外置冷却器节能改造	通过加装外置冷却器，将部分汽轮机低压缸排汽乏汽进行冷却，与直接空气冷却器并列运行，提高机组背压，降低机组热耗率	0.235	2	2020	2020	3500
584	国神	亿利	3号	其他节能	给水泵变频改造	给水泵调速机构由液力耦合器改造为高压变频器	0.188	1.5	2018	2018	739

续表

序号	子分公司	电厂	机组	项目类别	项目名称	技术路线及主要内容	预计年节约标准煤（万 t）	预计供电标准煤耗下降（g/kWh）	预计开始（年）	预计完成（年）	预计投资（万元）
585	国神	亿利	3号	其他节能	重大改造前基础试验	包括全面性锅炉效率、热机热耗率热力性能试验，以及空气预热器漏风、电平衡、通流能力、供电煤耗、厂用电率试验	0	0	2017	2017	50
586	国神	亿利	4号	其他节能	给水泵芯包检修	通过利用大修机会对给水泵芯包进行检修，提高给水泵效率，预计可降低给水泵耗电率0.2个百分点	0.063	0.8	2017	2017	70
587	国神	亿利	4号	其他节能	汽轮机阀门管理运行优化		0.039	0.5	2017	2017	20
588	国神	亿利	4号	其他节能	性能试验	A修前、后汽轮机热耗率及锅炉效率试验	0	0	2017	2017	40
589	国神	亿利	4号	其他节能	汽封改造	高、中压汽缸过桥汽封和高压轴端汽封进行改造，由梳齿型汽封改造为侧齿式汽封，对隔板汽封等进行更换和间隙调整，降低机组热耗率	0.078	1	2017	2017	35
590	国神	亿利	4号	其他节能	直接空冷加装外置冷却器节能改造	通过加装外置冷却器，将部分汽轮机低压缸排汽乏汽进行冷却，与直接空气冷却器并列运行，提高机组背压，降低机组热耗率	0.235	2	2020	2020	3500

续表

序号	子分公司	电厂	机组	项目类别	项目名称	技术路线及主要内容	预计年节约标准煤（万 t）	预计供电标准煤耗下降（g/kWh）	预计开始（年）	预计完成（年）	预计投资（万元）
591	国神	亿利	4号	其他节能	给水泵变频改造	给水泵调速机构由液力耦合器改造为高压变频器	0.188	1.5	2018	2018	739
592	国神	亿利	4号	其他节能	重大改造前基础试验	包括全面性锅炉效率、热机热耗率热力性能试验，以及空气预热器漏风、电平衡、通流能力、供电煤耗、厂用电率试验	0	0	2017	2017	50
593	国神	亿利	1号	其他节能	淘汰落后低效低压电动机	根据《国家各批次高耗能落后机电设备淘汰目录》要求自查，共有293台低压电动机属于淘汰产品，目前统计的落后电动机运行效率都是低于3级能耗等级	0.006	0.07	2017	2018	45
594	国神	亿利	2号	其他节能	淘汰落后低效低压电动机	根据《国家各批次高耗能落后机电设备淘汰目录》要求自查，共有293台低压电动机属于淘汰产品，目前统计的落后电动机运行效率都是低于3级能耗等级	0.006	0.07	2017	2018	45
595	国神	亿利	3号	其他节能	淘汰落后低效低压电动机	根据《国家各批次高耗能落后机电设备淘汰目录》要求自查，共有293台低压电动机属于淘汰产品，目前统计的落后电动机运行效率都是低于3级能耗等级	0.006	0.07	2017	2018	45

续表

序号	子分公司	电厂	机组	项目类别	项目名称	技术路线及主要内容	预计年节约标准煤（万 t）	预计供电标准煤耗下降（g/kWh）	预计开始（年）	预计完成（年）	预计投资（万元）
596	国神	亿利	4 号	其他节能	淘汰落后低效低压电动机	根据《国家各批次高耗能落后机电设备淘汰目录》要求自查，共有 293 台低压电动机属于淘汰产品，目前统计的落后电动机运行效率都是低于 3 级能耗等级	0.006	0.07	2017	2018	45
597	国神	阜康	1 号	抽汽供热	增加供热	供热面积增加，供热量增加	0.479	4.37	2015	2020	0
598	国神	阜康	2 号	抽汽供热	增加供热	供热面积增加，供热量增加	0.437	2.88	2015	2020	0
599	国神	阜康	2 号	其他节能	汽封改造	对汽轮机高、中压缸隔板汽封、过桥汽封共计 31 圈进行改造	0.114	2	2016	2016	150
600	国神	阜康	2 号	其他节能	检修治理	内漏阀门治理，空气预热器清灰、凝汽器管束清洗、系统优化等	0.057	1	2016	2016	50
601	国神	灵州	1 号	其他节能	锅炉运行优化调整	开展锅炉燃烧及破碎系统优化试验，确定合理的风量、风粉比、煤粉细度等，有利于电厂优化运行	0.029	0.5	2016	2016	80

续表

序号	子分公司	电厂	机组	项目类别	项目名称	技术路线及主要内容	预计年节约标准煤(万t)	预计供电标准煤耗下降(g/kWh)	预计开始(年)	预计完成(年)	预计投资(万元)
602	国神	灵州	1号	其他节能	汽封改造	针对目前汽轮机汽耗偏高，根据叶顶、高中压缸汽封环结构和变形、磨损情况，对相关接触式及侧齿汽封的技术路线、经济性、可靠性及投资回报期等综合因素进行论证分析，对汽轮机39级动、静汽封进行更换调整，以降低汽耗，提高汽轮机汽缸效率	0.142	2	2017	2017	150
603	国神	灵州	1号	其他节能	锅炉空气预热器管更换	根据计算，1号炉空气预热器漏风率约为9%，空气预热器漏风率超标，影响经济性，需对1号锅炉空气预热器管进行更换，2015年换管数量为1000根左右、预计2017年换管数量为2000根左右	0.057	1	2017	2017	220
604	国神	灵州	1号	其他节能	冷却塔优化改造	针对目前冷却塔循环水回水温度偏高问题，对离心式高效喷溅装置技术与旋转式喷溅装置技术路线、经济性、可靠性及投资回报期等因素进行论证分析，更换冷却塔内的所有喷溅装置及部分填料，降低循环水温	0.057	1	2017	2017	95

续表

序号	子分公司	电厂	机组	项目类别	项目名称	技术路线及主要内容	预计年节约标准煤（万 t）	预计供电标准煤耗下降（g/kWh）	预计开始（年）	预计完成（年）	预计投资（万元）
605	国神	灵州	2 号	其他节能	汽封改造	针对目前汽轮机汽耗偏高，根据叶顶、高中压缸汽封环结构和变形、磨损情况，对相关接触式及侧齿汽封的技术路线、经济性、可靠性及投资回报期等综合因素进行论证分析，对汽轮机 39 级动、静汽封进行更换调整，以降低汽耗，提高汽轮机汽缸效率	0.14	2	2018	2018	150
606	国神	灵州	2 号	其他节能	锅炉空气预热器管更换	根据计算，2 号炉空气预热器漏风率约为 7%，空气预热器漏风率超标，影响经济性，需对 2 号锅炉空气预热器管进行更换，2015 年换管数量为 1000 根左右，预计 2018 年换管数量为 2000 根左右	0.056	1	2018	2018	220
607	国神	灵州	2 号	其他节能	冷却塔优化改造	针对目前冷却塔循环水回水温度偏高问题，对离心式高效喷溅装置技术与旋转式喷溅装置技术路线、经济性、可靠性及投资回报期等因素进行论证分析，更换冷却塔内的所有喷溅装置及部分填料，降低循环水温	0.056	1	2018	2018	95

续表

序号	子分公司	电厂	机组	项目类别	项目名称	技术路线及主要内容	预计年节约标准煤（万t）	预计供电标准煤耗下降（g/kWh）	预计开始（年）	预计完成（年）	预计投资（万元）
608	国神	上湾	1号	其他节能	锅炉密相区耐火材料改造	锅炉密相区耐火材料是60mm厚的可塑料［110℃导热系数为1.6W/（m·K），1200℃导热系数为2.5［W/（m·K）］床温较高，其他电厂都是经过增加两台受热面来降低床温，上海电厂计划采用新型耐火材料［多元高强耐磨复合涂料110℃导热系数为2.5W/（m·K），1200℃导热系数为5.5W/（m·K）］，厚度降低到35mm，以此降低床温，提高锅炉效率	0.123	1	2020	2020	750
609	国神	上湾	1号	其他节能	汽封改造	通过汽轮机本体技术改造，更换先进的汽封，提高运行缸效率	0.215	2	2017	2017	80
610	国神	上湾	1号	其他节能	1号机组给水泵A变频综合节能改造	变频器＋现有的液力耦合器改成直联增速齿轮箱＋前置泵单设驱动电动机。两台给水泵组只对其中一台进行变频调速改造，另一台仍保留原有液力耦合器工频调速方式，给水泵组长期正常运行方式为一台变频在运调速，利用给水泵电动机变频控制进行调速。实现给水泵电动机一拖一变频运行方式。变频小间采用空气-水冷冷却方式	0.018	1.8	2019	2019	490

续表

序号	子分公司	电厂	机组	项目类别	项目名称	技术路线及主要内容	预计年节约标准煤（万 t）	预计供电标准煤耗下降（g/kWh）	预计开始（年）	预计完成（年）	预计投资（万元）
611	国神	上湾	2 号	其他节能	汽封改造	通过汽轮机本体技术改造，更换先进的汽封，提高运行缸效率	0.213	2.5	2016	2016	44
612	国神	上湾	2 号	其他节能	锅炉密相区耐火材料改造	锅炉密相区耐火材料是 60mm 厚可塑料［110℃导热系数为 1.6W/(m·K)］，1200℃导热系数为 2.5W/(m·K)，床温较高，其他电厂都是经过增加两台受热面来降低床温，上海电厂计划采用新型耐火材料［多元高强耐磨复合涂料 110℃导热系数为 2.5W/(m·K)，1200℃导热系数为 5.5W/(m·K)］，厚度降低到 35mm，以此降低床温，提高锅炉效率	0.122	1	2020	2020	750
613	国神	上湾	2 号	其他节能	上湾电厂 2 号机组给水泵 B 变频综合节能改造	变频器＋现有的液力耦合器改成直联增速齿轮箱＋前置泵单设驱动电动机。两台给水泵组只对其中一台进行变频调速改造，另一台仍保留原有液力耦合器工频调速方式，给水泵组长期正常运行方式为一台变频在运调速，利用给水泵电动机变频控制进行调速。实现给水泵电动机一拖一变频运行方式。变频小间采用空气-水冷冷却方式	0.018	1.8	2018	2018	490

续表

序号	子分公司	电厂	机组	项目类别	项目名称	技术路线及主要内容	预计年节约标准煤（万t）	预计供电标准煤耗下降（g/kWh）	预计开始（年）	预计完成（年）	预计投资（万元）
614	国神	店塔A	5号	其他节能	汽封改造	对高、中、低压缸内隔板汽封及围带汽封进行改造，保证汽封间隙在安全、经济状态下运行	0.22	2	2017	2017	150
615	国神	店塔A	5号	其他节能	凝结泵变频改造	凝结泵变频改造	0.02	0.3	2016	2016	75
616	国神	店塔A	5号	其他节能	汽封改造	对高、中、低压缸内隔板汽封及围带汽封进行改造，保证汽封间隙在安全、经济状态下运行	0.22	2	2017	2017	79
617	国神	店塔A	5号	其他节能	电泵变频改造	为了保证机组安全，只对一台进行变频控制改造。采用保留液力耦合器调速的方案（需要对液力耦合器内置润滑油泵系统、给水控制DCS系统等进行改造），改造后给水泵变频运行时液力耦合器开度为100%，完全由高压变频调速系统进行调节运行。改为变频运行后预计可节电20%	0.16	0.13	2019	2019	290
618	国神	店塔A	6号	其他节能	一次风机节能改造	对风机叶轮、蜗壳整体进行改造，将原风机裕量降低36%，实现变频运行	0.066	1	2016	2016	100

续表

序号	子分公司	电厂	机组	项目类别	项目名称	技术路线及主要内容	预计年节约标准煤（万 t）	预计供电标准煤耗下降（g/kWh）	预计开始（年）	预计完成（年）	预计投资（万元）
619	国神	店塔 A	6 号	其他节能	电泵变频改造	为了保证机组安全，只对一台进行变频控制改造。采用保留液力耦合器调速的方案（需要对液力耦合器内置润滑油泵系统、给水控制 DCS 系统等进行改造），改造后给水泵变频运行时液力耦合器开度为 100%，完全由高压变频调速系统进行调节运行。改为变频运行后预计可节电 20%	0.16	0.13	2019	2019	290
620	国神	店塔 A	6 号	其他节能	汽封改造	对高、中、低压缸内隔板汽封及围带汽封进行改造，保证汽封间隙在安全、经济状态下运行	0.251	2	2018	2018	79
621	国神	店塔 A	6 号	其他节能	凝结水泵变频改造	凝结泵变频改造	0.02	0.3	2018	2018	75
622	国神	保德	1 号	其他节能	汽轮机汽封改造	新型汽封改造	0.075	2	2017	2017	150
623	国神	保德	2 号	其他节能	汽轮机汽封改造	新型汽封改造	0.074	2	2018	2018	150
624	福能	雁石	5 号	通流提效	汽轮机提效改造	对汽轮机高中压转子、高压内缸及低压缸静叶、动叶等部件进行更换	1.5	10	2016	2016	4300

续表

序号	子分公司	电厂	机组	项目类别	项目名称	技术路线及主要内容	预计年节约标准煤（万t）	预计供电标准煤耗下降（g/kWh）	预计开始（年）	预计完成（年）	预计投资（万元）
625	福能	雁石	6号	通流提效	汽轮机提效改造	对汽轮机高中压转子、高压内缸及低压缸静叶、动叶等部件进行更换	1.5	10	2017	2017	4300
626	福能	鸿山	3号	通流提效	汽轮机通流改造	更换三缸转子，采用新型叶片及内缸，取消调节级	3	6	2018	2019	13 000
627	福能	鸿山	4号	通流提效	汽轮机通流改造	更换三缸转子，采用新型叶片及内缸，取消调节级	3	6	2018	2019	13 000
628	福能	鸿山	3号	其他节能	锅炉空气预热器密封装置改造	采用回收式密封结构对空气预热器冷、热端扇形板和轴向密封装置进行改造	0.5	1	2017	2018	490
629	福能	鸿山	4号	其他节能	锅炉空气预热器密封装置改造	采用焊接形成刚性密封结构对空气预热器冷、热端扇形板和轴向密封装置进行改造	0.5	1	2017	2018	490
630	福能	鸿山	3号	其他节能	旁路系统改造	将目前30%容量一级旁路改为100%容量两级旁路，启动初期通过旁路控制提升汽轮机进汽蒸汽品质	0.25	0.5	2018	2019	1800

续表

序号	子分公司	电厂	机组	项目类别	项目名称	技术路线及主要内容	预计年节约标准煤（万 t）	预计供电标准煤耗下降（g/kWh）	预计开始（年）	预计完成（年）	预计投资（万元）
631	福能	鸿山	4号	其他节能	旁路系统改造	将目前30%容量一级旁路改为100%容量两级旁路，启动初期通过旁路控制提升汽轮机进汽蒸汽品质	0.25	0.5	2018	2019	1800
632	福能	鸿山	3号	其他节能	凝汽器加装在线清洗机器人	加装凝汽器在线清洗机器人，实现在线及停机期间凝汽器定点水冲洗，提高及保持凝汽器换热效率	0.5	1	2017	2017	415
633	福能	鸿山	4号	其他节能	凝汽器加装在线清洗机器人	加装凝汽器在线清洗机器人，实现在线及停机期间凝汽器定点水冲洗，提高及保持凝汽器换热效率	0.5	1	2018	2018	450
634	福能	晋江	1号	其他节能	电除尘电源提效节能改造	对电除尘1、2号电厂进行控制系统由模拟改为计算机自动控制模式，并且将原有电除尘的硅整流电源改为高频电源，实现电除尘的自动控制，节能20%	0.014	0.45	2018	2018	60
635	福能	晋江	2号	其他节能	电除尘电源提效节能改造	对电除尘1、2号电厂进行控制系统由模拟改为计算机自动控制模式，并且将原有电除尘的硅整流电源改为高频电源，实现电除尘的自动控制，节能20%	0.014	0.45	2018	2018	60

续表

序号	子分公司	电厂	机组	项目类别	项目名称	技术路线及主要内容	预计年节约标准煤（万 t）	预计供电标准煤耗下降（g/kWh）	预计开始（年）	预计完成（年）	预计投资（万元）
636	福能	晋江	2 号	其他节能	神福晋电 2 号炉吹灰器改造	将 2 号炉声波吹灰器改为乙炔脉冲式吹灰器	0.1	3.2	2018	2018	90
637	福能	晋江	1 号	其他节能	神福晋电 1 号机背压改造	将 1 号抽凝式汽轮机改为背压机	5.17	171	2017	2018	4850
638	神皖	安庆	3 号	其他节能	3 号机弹性回热改造	将不常用的补汽阀拆除，将高压缸上的补汽阀接口作为 0 段抽汽接口，增加 0 段抽汽管道、增加 0 号高压加热器等措施	0.9	1.8	2016	2016	4800
639	神皖	安庆	3 号	其他节能	3 号机组凝汽器加装抽汽装置	通过对真空系统增加抽气装置，提高凝汽器真空	0.03	0.1	2017	2017	70
640	神皖	安庆	4 号	其他节能	4 号机组凝汽器加装抽汽装置	通过对真空系统增加抽气装置，提高凝汽器真空	0.03	0.1	2017	2017	70
641	神皖	安庆	4 号	其他节能	4 号机弹性回热改造	将不常用的补汽阀拆除，将高压缸上的补汽阀接口作为 0 段抽汽接口，增加 0 段抽汽管道、增加 0 号高压加热器等措施	0.9	1.8	2019	2019	4800

续表

序号	子分公司	电厂	机组	项目类别	项目名称	技术路线及主要内容	预计年节约标准煤（万 t）	预计供电标准煤耗下降（g/kWh）	预计开始（年）	预计完成（年）	预计投资（万元）
642	神皖	九华	1号	通流提效	汽轮机通流改造	更换高压缸调节级喷嘴及调节级动叶片；更换低压缸动静叶片、两只低压内缸合并为一只低压内缸，凝汽器冷端优化	0.9684	6.7	2016	2016	2520
643	神皖	九华	1号	其他节能	1号机组小断面贫煤锅炉100%燃烧神华烟煤技术研究与应用	将中储式制粉系统改造为正压冷一次风直吹式制粉系统，并进行双尺度低 NO_x 燃烧器改造	0.72	5	2016	2016	5700
644	神皖	九华	2号	其他节能	2号凝汽器冷端优化	低压缸排汽区域加装导流板，优化排汽流场，调整凝汽器内部部分抽汽管道走向，凝汽器换热管道布局调整，降低排汽压损，提升凝汽器真空	0.0576	0.4	2019	2019	50
645	神皖	九华	2号	抽汽供热	1、2号机抽汽供热扩能改造	使用高压再热器热段、中低压缸连通管抽汽对外供汽	1.44	10	2019	2019	1800
646	神皖	马鞍山	3号	其他节能	3号炉磨煤机节能钢球优化	在不改变磨煤机的结构的情况下，将3号炉2台磨煤机换用节能耐磨钢球，通过钢球级配，降低磨煤机电流	0.0528	0.32	2016	2016	140

续表

序号	子分公司	电厂	机组	项目类别	项目名称	技术路线及主要内容	预计年节约标准煤（万 t）	预计供电标准煤耗下降（g/kWh）	预计开始（年）	预计完成（年）	预计投资（万元）
647	神皖	马鞍山	3 号	抽汽供热	神皖马鞍山发电公司增加对外供热	全厂向开发区供应 1.8～2.5MPa/380～400℃/50～100t/h 蒸汽、每年 79 万～105 万 t 蒸汽	0.25	1.5	2017	2017	1000
648	神皖	马鞍山	4 号	通流提效	汽轮机低压缸通流系统优化研究与应用	低压缸通流系统优化包含的主要内容有更换低压动叶片、低压静叶片、低压静叶持环、低压进汽导流、低压排汽导流环、低压汽封、低压轴封等	0.825	5	2016	2016	2269
649	神皖	马鞍山	4 号	其他节能	4 号机组循环水泵双速改造	电动机由 14 极改成 14/16 极	0.0247	0.166	2016	2016	45
650	神皖	马鞍山	4 号	其他节能	4 号炉磨煤机节能钢球优化	在不改变磨煤机的结构的情况下，将 4 号炉 2 台磨煤机换用节能耐磨钢球，通过钢球级配，降低磨煤机电流	0.0528	0.32	2016	2016	140
651	神皖	马鞍山	4 号	其他节能	4 号炉引风机叶片优化改造	原引风机选型过大，将引风机叶片进行优化	0.0528	0.32	2016	2016	200
652	神皖	马鞍山	4 号	其他节能	4 号炉送风机节能优化改造	对原送风机本体换型	0.0316	0.192	2016	2016	370

续表

序号	子分公司	电厂	机组	项目类别	项目名称	技术路线及主要内容	预计年节约标准煤（万 t）	预计供电标准煤耗下降（g/kWh）	预计开始（年）	预计完成（年）	预计投资（万元）
653	神皖	马鞍山	4 号	抽汽供热	神皖马鞍山发电公司增加对外供热	全厂向开发区供应 1.8～2.5MPa/380～400℃/50～100t/h 蒸汽，每年 79 万～105 万 t 蒸汽	0.25	1.5	2017	2017	1000
654	四川	太白	31 号	其他节能	冷端节能优化	采用罗茨真空泵组、优化到凝汽器的疏水系统及提高阀门可靠性、优化凝汽器排汽方式、凝汽器补水雾化、循环水泵提效、循环水泵电动机高低速（或变频）改造、更换冷却塔淋水填料等进行提效改造	0.26	4	2017	2017	500
655	四川	太白	31 号	其他节能	疏水管道优化	简化系统，优化管道布置	0.03	0.5	2017	2017	90
656	四川	太白	32 号	其他节能	冷端节能优化	采用罗茨真空泵组、优化到凝汽器的疏水系统及提高阀门可靠性、优化凝汽器排汽方式、凝汽器补水雾化、循环水泵提效、循环水泵电动机高低速（或变频）改造、更换冷却塔淋水填料等进行提效改造	0.26	4	2018	2018	500
657	四川	太白	32 号	其他节能	疏水管道优化	简化系统，优化管道布置	0.03	0.5	2018	2018	90

续表

序号	子分公司	电厂	机组	项目类别	项目名称	技术路线及主要内容	预计年节约标准煤（万t）	预计供电标准煤耗下降（g/kWh）	预计开始（年）	预计完成（年）	预计投资（万元）
658	四川	太白	31号	抽汽供热	机组供热改造	对31号机组进行热电联产改造，仅限厂内机组改造及其相关管道设备部分。厂外管网由新成立的股份公司承担	1.25	10	2017	2018	672
659	四川	太白	32号	抽汽供热	机组供热改造	对32号机组进行热电联产改造，仅限厂内机组改造及其相关管道设备部分。厂外管网由新成立的股份公司承担	1.25	10	2017	2018	673
660	四川	江油	31号	其他节能	给水泵液力耦合器改造	更换3台给水泵的液力耦合器增速齿轮组（大、小齿轮组及轴）、泵轮、旋转外壳，增速齿轮组由voith公司重新设计制造	0.02	0.3	2020	2020	600
661	四川	江油	31号	其他节能	汽轮机轴封、汽封提效改造	对汽轮机高、中、低压汽缸轴封汽封阻汽片进行重新设计选型更换	0.26	4	2016	2016	200
662	四川	江油	31号	其他节能	冷却塔提效改造	对冷却塔配水系统和喷溅系统进行改造，增加换热面积，更换损坏的淋水填料、除水器，提高冷却塔的冷却能力，降低循环水进入凝汽器的温度，实现汽轮机排气压力可下降约0.7kPa	0.13	2	2016	2016	230

续表

序号	子分公司	电厂	机组	项目类别	项目名称	技术路线及主要内容	预计年节约标准煤（万 t）	预计供电标准煤耗下降（g/kWh）	预计开始（年）	预计完成（年）	预计投资（万元）
663	四川	江油	32 号	其他节能	给水泵液耦改造	更换 3 台给水泵的液耦增速齿轮组（大、小齿轮组及轴）、泵轮、旋转外壳，增速齿轮组由 voith 公司重新设计制造	0.02	0.3	2019	2019	600
664	四川	江油	32 号	其他节能	冷却塔提效改造	对冷却塔配水系统和喷溅系统进行改造，增加换热面积，更换损坏的淋水填料、除水器，提高冷却塔的冷却能力，降低循环水进入凝汽器的温度，实现汽轮机排气压力可下降约 0.7kPa	0.13	2	2016	2016	230
665	准能	矸电	1 号	其他节能	汽轮机汽封间隙调整和汽封改造	汽轮机存在汽缸运行效率较低、高压缸效率随运行时间增加不断下降的问题，主要原因是汽轮机通流部分不完善、汽封间隙大、汽轮机内缸接合面漏汽严重、存在级间漏汽和蒸汽短路现象。通过汽轮机本体技术改造，提高运行缸效率，节能增效效果显著	0.12	2	2020	2020	150
666	准能	矸电	1 号	其他节能	热力及疏水系统改造	改进热力及疏水系统，可简化热力系统，减少阀门数量，治理阀门泄漏，取得良好节能增效效果	0.03	0.5	2017	2017	65

续表

序号	子分公司	电厂	机组	项目类别	项目名称	技术路线及主要内容	预计年节约标准煤（万t）	预计供电标准煤耗下降（g/kWh）	预计开始（年）	预计完成（年）	预计投资（万元）
667	准能	矸电	2号	其他节能	汽轮机汽封间隙调整和汽封改造	汽轮机存在汽缸运行效率较低、高压缸效率随运行时间增加不断下降的问题，主要原因是汽轮机通流部分不完善、汽封间隙大、汽轮机内缸接合面漏汽严重、存在级间漏汽和蒸汽短路现象。通过汽轮机本体技术改造，提高运行缸效率，节能增效效果显著	0.12	2	2019	2019	150
668	准能	矸电	2号	其他节能	热力及疏水系统改造	改进热力及疏水系统，可简化热力系统，减少阀门数量，治理阀门泄漏，取得良好节能增效效果	0.03	0.5	2017	2017	65
669	准能	矸电	3号	其他节能	空冷岛降温改造	改造采用高压喷雾降温系统，该系统由高压水泵站、全程管道、喷雾装置、电控部分组成	0.42	3	2016	2017	80
670	准能	矸电	3号	其他节能	3号锅炉空气预热器下管箱更换搪瓷管	空气预热器下管箱全部更换为搪瓷管防腐、耐磨，经实践验证可减少空气预热器泄漏率	0.196	1.4	2016	2017	480

续表

序号	子分公司	电厂	机组	项目类别	项目名称	技术路线及主要内容	预计年节约标准煤（万 t）	预计供电标准煤耗下降（g/kWh）	预计开始（年）	预计完成（年）	预计投资（万元）
671	准能	矸电	3号	其他节能	汽轮机阀门管理优化	通过对汽轮机不同顺序开启规律下配汽不平衡汽流力的计算，以及机组轴承承载情况的综合析，采用阀门开启顺序重组及优化技术，并优化滑压曲线	0.28	2	2017	2017	100
672	准能	矸电	3号	其他节能	汽轮机汽封间隙调整和汽封改造	汽轮机存在汽缸运行效率较低、高压缸效率随运行时间增加不断下降的问题，通过汽轮机本体技术改造，提高运行缸效率，节能增效效果显著	0.28	2	2017	2017	300
673	准能	矸电	3号	其他节能	热力及疏水系统改造	改进热力及疏水系统，可简化热力系统，减少阀门数量，治理阀门泄漏，取得良好节能增效效果	0.07	0.5	2017	2018	70
674	准能	矸电	3号	其他节能	6kV 给水泵电动机变频改造（2台）	将液力耦合器调速更换为变频调速。 改造后，变频器可实现高压电动机的软启动，降低电动机启动电流，延长电动机使用寿命，降低电动机启动对厂用电系统的冲击，降低厂用电率和发电成本	0.42	1.27	2018	2018	970

续表

序号	子分公司	电厂	机组	项目类别	项目名称	技术路线及主要内容	预计年节约标准煤（万t）	预计供电标准煤耗下降（g/kWh）	预计开始（年）	预计完成（年）	预计投资（万元）
675	准能	矸电	3号	其他节能	AGC控制优化	电网公司对200MW以上机组AGC投入情况进行奖励或考核。其考核指标有可用率、调节速率、调节精度、响应时间四项。经过优化后可提高可用率、调节速率、调节精度、响应时间，避免考核。预计一年就可节省100万元左右	0.07	0.5	2018	2018	50
676	准能	矸电	3号	其他节能	6kV风机变频器室冷却设备优化	对变频器室冷却设备进行优化。拆除原有冷却系统，重新设计为蒸发冷却系统，闭式循环，并进行安装和调试。项目包括冷却系统的设计、设备供货及安装调试。 项目实施后，使变频器室内温度达到25℃，功率单元运行温度在55℃左右，设备故障率大幅降低	0.07	0.5	2018	2018	150
677	准能	矸电	3号	其他节能	空气预热器低温段加装吹灰装置	对空气预热器低温段加装吹灰器。改造后效果：加装吹灰器后吹灰可以有效降低排烟温度10℃以上，空气预热器阻力减少，引风机电耗下降	0.1	0.5	2018	2018	70

续表

序号	子分公司	电厂	机组	项目类别	项目名称	技术路线及主要内容	预计年节约标准煤（万 t）	预计供电标准煤耗下降（g/kWh）	预计开始（年）	预计完成（年）	预计投资（万元）
678	准能	矸电	4号	其他节能	空冷岛降温改造	改造采用高压喷雾降温系统，该系统由高压水泵站、全程管道、喷雾装置、电控部分组成	0.42	3	2016	2017	80
679	准能	矸电	4号	其他节能	汽轮机汽封间隙调整和汽封改造	汽轮机存在汽缸运行效率较低、高压缸效率随运行时间增加不断下降的问题，通过汽轮机本体技术改造，提高运行缸效率，节能增效效果显著	0.28	2	2018	2018	300
680	准能	矸电	4号	其他节能	热力及疏水系统改造	改进热力及疏水系统，可简化热力系统，减少阀门数量，治理阀门泄漏，取得良好节能增效效果	0.07	0.5	2018	2018	70
681	准能	矸电	4号	其他节能	4号锅炉空气预热器下管箱更换搪瓷管	空气预热器下管箱全部更换为搪瓷管防腐、耐磨，经实践验证可减少空气预热器泄漏率	0.196	1.4	2017	2017	480
682	准能	矸电	4号	其他节能	汽轮机阀门管理优化	通过对汽轮机不同顺序开启规律下配汽不平衡汽流力的计算，以及机组轴承承载情况的综合分析，采用阀门开启顺序重组及优化技术，并优化滑压曲线	0.28	2	2017	2017	100

续表

序号	子分公司	电厂	机组	项目类别	项目名称	技术路线及主要内容	预计年节约标准煤（万t）	预计供电标准煤耗下降（g/kWh）	预计开始（年）	预计完成（年）	预计投资（万元）
683	准能	矸电	4号	其他节能	6kV给水泵电动机变频改造（2台）	将液力耦合器调速更换为变频调速。 改造后，变频器可实现高压电动机的软启动，降低电动机启动电流，延长电动机使用寿命，降低电动机启动对厂用电系统的冲击，降低厂用电率和发电成本	0.42	1.27	2019	2019	970
684	准能	矸电	4号	其他节能	AGC控制优化	电网公司对200MW以上机组AGC投入情况进行奖励或考核。其考核指标有可用率、调节速率、调节精度、响应时间四项。经过优化后可提高可用率、调节速率、调节精度、响应时间，避免考核。预计一年就可节省100万元左右	0.07	0.5	2018	2018	50
685	准能	矸电	4号	其他节能	6kV风机变频器室冷却设备优化	对变频器室冷却设备进行优化。拆除原有冷却系统，重新设计为蒸发冷却系统、闭式循环，并进行安装和调试。项目包括冷却系统的设计、设备供货及安装调试。 项目实施后，使变频器室内温度达到25℃，功率单元运行温度在55℃左右，设备故障率大幅降低	0.07	0.5	2018	2018	150

续表

序号	子分公司	电厂	机组	项目类别	项目名称	技术路线及主要内容	预计年节约标准煤（万 t）	预计供电标准煤耗下降（g/kWh）	预计开始（年）	预计完成（年）	预计投资（万元）
686	准能	矸电	4 号	其他节能	空气预热器低温段加装吹灰装置	对空气预热器低温段加装吹灰器。 改造后效果：加装吹灰器后吹灰可以有效降低排烟温度 10℃以上，空气预热器阻力减少，引风机电耗下降	0.1	0.5	2018	2018	70
687	准能	矸电		其他节能	二期输煤系统甲细碎煤机后加装筛粉系统	原二期输煤系统粗碎煤机后装有一次筛粉系统，细碎煤机后无筛粉系统，入炉煤粒度超标 4%～7%。现拟对细碎煤机后加装高频振幅筛作为二次筛粉系统，降低入炉煤粒度，使其充分燃烧，降低煤耗	0.07	0.5	2016	2017	200
688	准能	矸电		其他节能	二期输煤系统乙细碎煤机后加装筛粉系统	原二期输煤系统粗碎煤机后装有一次筛粉系统，细碎煤机后无筛粉系统，入炉煤粒度超标4%～7%。现拟对细碎煤机后加装高频振幅筛作为二次筛粉系统，降低入炉煤粒度，使其充分燃烧，降低煤耗	0.07	0.5	2016	2017	200

续表

序号	子分公司	电厂	机组	项目类别	项目名称	技术路线及主要内容	预计年节约标准煤（万t）	预计供电标准煤耗下降（g/kWh）	预计开始（年）	预计完成（年）	预计投资（万元）
689	内蒙煤焦化	西来峰	1号	抽汽供热	机组供热改造	对机组进行热电联产改造	1.42	8	2017	2018	6432
690	内蒙煤焦化	西来峰	1号	其他节能	风机变频改造	对厂1、2号炉一次风机进行变频改造	0.07	0.4	2017	2018	1500
691	内蒙煤焦化	西来峰	1号	其他节能	锅炉空气预热器改造	空气预热器下部二层钢管均腐蚀严重，造成空气预热器漏风特别严重将更换搪瓷钢管	0.18	1	2017	2018	420
692	内蒙煤焦化	西来峰	1号	其他节能	汽轮机间隙调整及汽封改造	汽轮机内缸结合面漏气严重，存在级间漏汽和蒸汽短路现象，通过汽轮机本体技术改造，提高缸效率，降低热耗	0.36	2	2016	2017	200
693	内蒙煤焦化	西来峰	1号	其他节能	锅炉运行优化调整	由于实际燃用煤种与设计存在较大偏差，通过燃烧调整试验，确定合理的风量、氧量等，优化机组运行	0.18	1	2018	2018	
694	内蒙煤焦化	西来峰	1号	其他节能	电动给水泵节能改造	增加给水泵变频器	0.2	1.5	2017	2018	1000
695	内蒙煤焦化	西来峰	2号	抽汽供热	机组供热改造	对机组进行热电联产改造	1.42	8	2017	2018	6432

续表

序号	子分公司	电厂	机组	项目类别	项目名称	技术路线及主要内容	预计年节约标准煤（万 t）	预计供电标准煤耗下降（g/kWh）	预计开始（年）	预计完成（年）	预计投资（万元）
696	内蒙煤焦化	西来峰	2号	其他节能	风机变频改造	1、2号炉一次风机进行变频改造	0.07	0.4	2017	2018	1500
697	内蒙煤焦化	西来峰	2号	其他节能	锅炉空气预热器改造	空气预热器下部二层钢管均腐蚀严重，造成空气预热器漏风特别严重将更换搪瓷钢管	0.18	1	2017	2018	420
698	内蒙煤焦化	西来峰	2号	其他节能	汽轮机间隙调整及汽封改造	汽轮机内缸结合面漏气严重，存在级间漏汽和蒸汽短路现象，通过汽轮机本体技术改造，提高缸效率，降低热耗	0.36	2	2017	2018	200
699	内蒙煤焦化	西来峰	2号	其他节能	电动给水泵节能改造	增加给水泵变频器	0.2	1.5	2017	2018	800
700	内蒙煤焦化	西来峰	2号	其他节能	锅炉运行优化调整	由于实际燃用煤种与设计存在较大偏差，通过燃烧调整试验，确定合理的风量、氧量等，优化机组运行	0.18	1	2018	2018	0

表 7-2　环保减排项目

序号	子分公司	电厂	机组	项目类别	项目名称	技术路线及主要内容	预计年减排（万 t）			预计开始（年）	预计完成（年）	预计投资（万元）
							烟尘	二氧化硫	氮氧化物			
1	国华	三河	公用	抑尘	密闭式煤仓改造	新建单座储煤量 3.5 万 t 的储煤筒仓 3 座				2017	2018	23 449
2	国华	三河	公用	废水	废水零排放综合改造	对废水进行膜处理＋浓盐水分盐结晶＋烟道蒸发				2017	2019	12 048
3	国华	三河	公用	噪声	生产区噪声治理	四台机组一次风机、送风机、引风机、空气压缩机房区域噪声进行治理，噪声进行≤85dB（A）				2016	2017	482
4	国华	盘山	公用	抑尘	煤场封闭改造	拟采用三心圆螺栓球网壳结构形式对煤场进行封闭改造，以满足天津市环保排放指标要求				2017	2018	5832
5	国华	盘山	公用	废水	全厂废水零排放改造	对全厂废水进行重新梳理、逐级分流再利用，最终不能利用的部分进行终端处理				2018	2019	10 000
6	国华	绥中	1号	脱硝	风机改造	引风机、增压风机、一次风机增容升级改造				2021	2021	4600
7	国华	绥中	3号	石膏雨	石膏雨治理	研究采购烟囱导流等方式进行				2019	2019	360
8	国华	绥中	4号	石膏雨	石膏雨治理	研究采购烟囱导流等方式进行				2019	2019	360
9	国华	绥中	公用	废水	全厂废水综合治理	对全厂废水进行综合治理，目标废水零排放				2020	2020	6000

续表

序号	子分公司	电厂	机组	项目类别	项目名称	技术路线及主要内容	预计年减排（万 t）			预计开始（年）	预计完成（年）	预计投资（万元）
							烟尘	二氧化硫	氮氧化物			
10	国华	准格尔	1号	电气	除尘节能电源改造	采用临界脉冲电源				2017	2018	1200
11	国华	准格尔	1号	脱硫	1、2号锅炉烟囱防腐改造	采用钛钢复合板材料，取消GGH（烟气换热器）				2016	2018	2925
12	国华	准格尔	1号	脱硫	脱硫增容提效改造	吸收塔加高＋供浆方式改造＋吸收塔加一层托盘＋浆液喷淋系统扩容＋氧化风系统扩容＋石膏脱水系统扩容＋工艺水系统改造		0.030		2017	2018	2000
13	国华	准格尔	2号	电气	除尘节能电源改造	采用临界脉冲电源				2018	2019	1200
14	国华	准格尔	2号	脱硫	脱硫增容提效改造	吸收塔加高＋供浆方式改造＋吸收塔加一层托盘＋浆液喷淋系统扩容＋氧化风系统扩容＋石膏脱水系统扩容＋工艺水系统改造		0.030		2017	2018	2000
15	国华	准格尔	3号	脱硫	3、4号锅炉烟囱防腐改造	采用钛钢复合板材料，取消GGH				2018	2019	2925
16	国华	准格尔	3号	电气	除尘节能电源改造	采用临界脉冲电源				2019	2020	1200
17	国华	准格尔	公用	废水	循环水处理回用系统改造	澄清＋过滤＋超滤＋反渗透＋浓水反渗透				2017	2018	4915

续表

序号	子分公司	电厂	机组	项目类别	项目名称	技术路线及主要内容	预计年减排（万 t）			预计开始（年）	预计完成（年）	预计投资（万元）
							烟尘	二氧化硫	氮氧化物			
18	国华	准格尔	公用	噪声	生产区噪声治理	选取厂区噪声超标点进行综合治理。对供热抽汽管道进行降噪隔声处理				2016	2020	480
19	国华	准格尔	公用	抑尘	煤场封闭改造	煤场封闭改造，新建封闭煤仓或者钢结构封闭煤棚				2017	2018	3867
20	国华	台山	1 号	脱硫	脱硫增容提效改造	保留鼓泡塔，增加动力波脱硫，除雾器改造，取消脱硫旁路挡板		0.024		2017	2017	7434
21	国华	台山	1 号	除尘	机组增加湿式电除尘器	新增湿式电除尘器	0.009			2018	2019	4500
22	国华	台山	1 号	脱硝	宽负荷脱硝改造	在脱硝催化剂前后，布置分级省煤器，实现宽负荷脱硝				2017	2017	2460
23	国华	台山	1 号	除尘	电除尘器改造	电除尘本体改造，电除尘高效电源改造	0.004			2017	2017	700
24	国华	台山	公用	脱硫	1、2 号炉湿烟囱防腐治理	烟道及烟囱采用杂化材料进行防腐				2018	2019	4500
25	国华	台山	公用	石膏雨	1、2 号炉烟囱石膏雨治理	增加烟囱挡水环收集液体				2018	2019	600

续表

序号	子分公司	电厂	机组	项目类别	项目名称	技术路线及主要内容	预计年减排（万 t）			预计开始（年）	预计完成（年）	预计投资（万元）
							烟尘	二氧化硫	氮氧化物			
26	国华	台山	公用	脱硫	1、2号炉烟囱防腐（临时烟囱）	加装临时烟囱				2018	2019	1560
27	国华	台山	1号	脱硝	燃烧器升级改造	对原有的低氮燃烧器进行升级改造				2017	2017	490
28	国华	台山	2号	脱硫	脱硫增容提效改造	脱硫吸收塔提效改造		0.024		2017	2017	7500
29	国华	台山	2号	石膏雨	石膏雨治理	增加烟囱挡水环收集液体				2018	2019	300
30	国华	台山	2号	除尘	机组增加湿式电除尘器	新增湿式电除尘器	0.009			2018	2019	4500
31	国华	台山	2号	除尘	电除尘器改造	电除尘本体改造，电除尘高效电源改造	0.004			2017	2017	1500
32	国华	台山	2号	脱硝	宽负荷脱硝改造	在脱硝催化剂前后，布置分级省煤器，实现宽负荷脱硝				2017	2017	2460
33	国华	台山	2号	脱硝	燃烧器升级改造	对原有的低氮燃烧器进行升级改造				2017	2017	490
34	国华	台山	3号	除尘	机组增加湿式电除尘器	新增湿式电除尘器	0.009			2018	2019	4500

续表

序号	子分公司	电厂	机组	项目类别	项目名称	技术路线及主要内容	预计年减排（万 t）			预计开始（年）	预计完成（年）	预计投资（万元）
							烟尘	二氧化硫	氮氧化物			
35	国华	台山	3 号	脱硫	脱硫增容提效改造	保留鼓泡塔，增加动力波脱硫，除雾器改造，取消脱硫旁路挡板		0.024		2016	2017	2700
36	国华	台山	3 号	石膏雨	石膏雨治理	增加烟囱挡水环收集液体				2017	2019	300
37	国华	台山	3 号	脱硝	宽负荷脱硝改造	在脱硝催化剂前后，布置分级省煤器，实现宽负荷脱硝				2017	2017	2780
38	国华	台山	3 号	除尘	电除尘器改造	电除尘本体改造，电除尘高效电源改造	0.004			2017	2017	985
39	国华	台山	4 号	脱硫	脱硫增容提效改造	脱硫吸收塔提效改造		0.024		2017	2017	1800
40	国华	台山	4 号	除尘	机组增加湿式电除尘器	新增湿式电除尘器	0.009			2018	2019	4500
41	国华	台山	4 号	石膏雨	石膏雨治理	增加烟囱挡水环收集液体				2017	2019	300
42	国华	台山	4 号	脱硝	宽负荷脱硝改造	在脱硝催化剂前后，布置分级省煤器，实现宽负荷脱硝				2017	2017	2780
43	国华	台山	4 号	脱硝	燃烧器升级改造	对原有的低氮燃烧器进行升级改造				2017	2017	490
44	国华	台山	4 号	除尘	电除尘器改造	电除尘本体改造，电除尘高效电源改造	0.004			2017	2017	985

续表

序号	子分公司	电厂	机组	项目类别	项目名称	技术路线及主要内容	预计年减排（万 t）			预计开始（年）	预计完成（年）	预计投资（万元）
							烟尘	二氧化硫	氮氧化物			
45	国华	台山	5号	脱硝	锅炉低氮燃烧器改造	采用新的低氮燃烧技术，选用新型低氮燃烧器及燃尽风箱				2015	2016	1700
46	国华	台山	5号	脱硫	脱硫增容提效改造	脱硫吸收塔提效改造		0.024		2017	2017	9797
47	国华	台山	5号	除尘	机组增加湿式电除尘器	新增湿式电除尘器	0.009			2018	2019	4995
48	国华	台山	5号	脱硝	宽负荷脱硝改造	在脱硝催化剂前后，布置分级省煤器，实现全负荷脱硝				2015	2016	3980
49	国华	台山	5号	除尘	电除尘器改造	电除尘本体改造，电除尘高效电源改造	0.004			2015	2016	1260
50	国华	台山	公用	石膏雨	3～5号炉烟囱石膏雨治理	增加烟囱挡水环收集液体				2017	2019	900
51	国华	台山	6号	石膏雨	石膏雨治理	烟囱导流				2019	2019	300
52	国华	台山	6号	除尘	机组增加湿式电除尘器	新增湿式电除尘器	0.011			2019	2019	5000
53	国华	台山	6号	脱硫	脱硫提效及除雾器改造	吸收塔加一层托盘，除雾器改造		0.048		2017	2017	3500

续表

序号	子分公司	电厂	机组	项目类别	项目名称	技术路线及主要内容	预计年减排（万 t）			预计开始（年）	预计完成（年）	预计投资（万元）
							烟尘	二氧化硫	氮氧化物			
54	国华	台山	6 号	脱硫	6 号机组环保 CEMS 分析仪表准确性改造	（1）脱硫入口分析仪表量程偏大，用大量程测量小参数的问题，精度不够。 （2）环保仪表老化严重，SO_2 取样探头、流量取样探头、温度传感器都有腐蚀情况。 （3）仪表取样处理系统只有一级冷凝系统，冷凝效果不好，导致仪表测量存在偏差。 （4）脱硝分析仪表为单点取样，取样不均匀，导致测量结果与实际情况不符。 （5）烟囱出口粉尘测量不准，且无法标定				2018	2019	160
55	国华	台山	6 号	脱汞	6 号机组增加测汞装置和仪表	国家对火力发电厂环保要求进一步提高，配合公司绿色发电计划，增加机组在线测汞装置，因此需要配套增加相应的测汞装置和仪表				2018	2019	360
56	国华	台山	6 号	脱硝	低氮燃烧器改造	对原有的低氮燃烧器进行升级改造				2017	2017	1492

续表

序号	子分公司	电厂	机组	项目类别	项目名称	技术路线及主要内容	预计年减排（万t）			预计开始（年）	预计完成（年）	预计投资（万元）
							烟尘	二氧化硫	氮氧化物			
57	国华	台山	公用	石膏雨	6、7号炉烟囱石膏雨治理	烟囱导流				2019	2019	600
58	国华	台山	7号	除尘	机组增加湿式电除尘器	新增湿式电除尘器	0.011			2019	2019	5000
59	国华	台山	7号	脱硫	脱硫提效及除雾器改造	吸收塔加一层托盘，除雾器改造		0.048		2017	2017	3500
60	国华	台山	7号	脱硫	7号机组环保CEMS（烟气排放连续监测系统）分析仪表准确性改造	（1）脱硫入口分析仪表量程偏大，用大量程测量小参数的问题，精度不够。 （2）环保仪表老化严重，SO_2取样探头、流量取样探头、温度传感器都有腐蚀情况。 （3）仪表取样处理系统只有一级冷凝系统，冷凝效果不好，导致仪表测量存在偏差。 （4）脱硝分析仪表为单点取样，取样不均匀，导致测量结果与实际情况不符。 （5）烟囱出口粉尘测量不准，且无法标定				2018	2019	160

续表

序号	子分公司	电厂	机组	项目类别	项目名称	技术路线及主要内容	预计年减排（万 t）			预计开始（年）	预计完成（年）	预计投资（万元）
							烟尘	二氧化硫	氮氧化物			
61	国华	台山	7 号	脱汞	7 号机组增加测汞装置和仪表	国家对火力发电厂环保要求进一步提高，配合公司绿色发电计划，增加机组在线测汞装置，因此需要配套增加相应的测汞装置和仪表				2018	2019	360
62	国华	台山	7 号	脱硝	低氮燃烧器改造	对原有的低氮燃烧器进行升级改造				2017	2017	1492
63	国华	台山	公用	噪声	台山电厂 5 号机噪声治理	对 5 号机组设备的噪声源进一步排查摸底，形成 5 号机噪声综合治理的具体的实施方案。有针对性地对汽轮机侧主油箱、真空泵、高中压缸、除氧器上水主副调节阀站，锅炉侧磨煤机、三大风机等设备进行降噪改造				2018	2020	480
64	国华	台山	公用	消泡	循环水排水消泡抑泡项目	实施排水闸门井东侧水工结构工程，利用机组停机机会分别接驳箱涵管，分步实施虹吸井消泡抑泡水工结构工程相结合，对1～5 号机组循环水泡沫进行治理				2017	2018	8000
65	国华	台山	公用	废水	台电废水治理升级改造	合理优化各级用水，减少废水的产生，充分利用废水回收，减少废水的处理和排放，同时考虑系统运行的节电、节煤等节能措施				2019	2020	1000

续表

序号	子分公司	电厂	机组	项目类别	项目名称	技术路线及主要内容	预计年减排（万 t）			预计开始（年）	预计完成（年）	预计投资（万元）
							烟尘	二氧化硫	氮氧化物			
66	国华	定州	1 号	脱硫	一期机组烟囱防腐改造	一期脱硫 GGH 漏风量大，造成 SO_2 排放量加大，另外，GGH 容易堵塞，设备运行安全性差，拟将 GGH 拆除，需要对烟囱防腐方案进行改造				2015	2016	3685
67	国华	定州	1 号和 2 号	石膏雨	一期机组石膏雨治理	在烟道和烟囱内壁上设置冷凝水分离装置。对烟道和烟囱内烟气流场进行分析，在烟道和烟囱内壁上设置冷凝水分离装置，让烟道和烟囱内壁烟气冷凝水有组织的流出，避免烟气对冷凝水的“二次夹带”				2015	2016	351
68	国华	定州	2 号	除尘	机组增加湿式电除尘器	在脱硫吸收塔后部加装一台湿式除尘器，对增压风机进行增容，增加水系统、废水处理装置，改造烟道、增加电源装置、灰处理装置、配套热控装置	0.009			2015	2016	4626
69	国华	定州	2 号	脱硫	脱硫增容提效改造	保留原折返塔部分塔壁并加高、更换原有三层喷淋层并增加一层主喷淋层、除雾器改为管式除雾器，同时拆除 GGH 以确保工程实施后 SO_2 排放浓度可降至 17.5mg/m^3（标准状态）以下		0.012		2015	2016	4975

续表

序号	子分公司	电厂	机组	项目类别	项目名称	技术路线及主要内容	预计年减排（万t）			预计开始（年）	预计完成（年）	预计投资（万元）
							烟尘	二氧化硫	氮氧化物			
70	国华	定州	公用	抑尘	煤场封闭改造	南侧煤场东侧区南北向新增3座直径36m、高度40m、储量3万t的混凝土储煤筒仓，配套改造附属设备				2019	2020	7000
71	国华	定州	3号	除尘	静电除尘器更换极线	由于脱硝氨逃逸影响，极线运行一定年限后应更换，防止断线后电场跳出运行，无保证湿除出口烟尘在1mg/m^3（标准状态）以下。采取的技术路线及主要内容是更换螺旋线和芒刺线	0.001			2020	2020	450
72	国华	定州	4号	除尘	静电除尘器更换极线	由于脱硝氨逃逸影响极线寿命，极线运行一定年限后应更换，防止断线后电场跳出运行，无保证湿除出口烟尘在1mg/m^3（标准状态）以下。采取的技术路线及主要内容是更换螺旋线和芒刺线	0.001			2020	2020	450
73	国华	定州	公用	废水	废水零排放改造工程	加装过滤、除盐设备，工业废水进行处理回用，浓水及脱硫废水蒸发结晶处理或浓缩液喷入烟道				2020	2020	14 000

续表

序号	子分公司	电厂	机组	项目类别	项目名称	技术路线及主要内容	预计年减排（万 t）			预计开始（年）	预计完成（年）	预计投资（万元）
							烟尘	二氧化硫	氮氧化物			
74	国华	宁海	1号	脱硫	脱硫增容提效改造	吸收塔保留，增加一层主喷淋层和两层辅助喷淋层，辅助喷淋设在原三层喷淋层之间，配套增设两台浆液循环泵；增加吸收塔进出口烟道底部挡堰，增加吸收塔浆池容积，吸收塔正常浆池液位增加2.3m；将原有氧枪拆除，改为氧化空气管网；拆除原有塔外水平板式除雾器，更换为垂直三级除雾器（一级管式＋二级屋脊式除雾器）；拆除增压风机；更换三台吸收塔搅拌器		0.012		2016	2016	4921
75	国华	宁海	1号	除尘	机组增加湿式电除尘器	加装湿式除尘器及配套改造	0.009			2016	2016	4940
76	国华	宁海	1号	除尘	低低温电除尘器改造	（1）低低温电除尘器本体和出灰系统改造：对原电除尘进行局部防腐，如灰斗、人孔门处增装不锈钢内衬，电除尘器灰斗设计和改制，电除尘器入口封头改造，增加灰斗辅助蒸汽加热装置，设置热空气密封装置，壳体密封和保温，内部支撑梁及相关部件加固，三、四电场螺旋线检	0.004			2016	2016	2258

续表

序号	子分公司	电厂	机组	项目类别	项目名称	技术路线及主要内容	预计年减排（万t）			预计开始（年）	预计完成（年）	预计投资（万元）
							烟尘	二氧化硫	氮氧化物			
76	国华	宁海	1号	除尘	低低温电除尘器改造	修更换，出灰系统（包括省煤器输灰、除尘器输灰）改造； （2）电除尘器进行高效电源改造	0.004			2016	2016	2258
77	国华	宁海	1号	石膏雨	烟囱加装导流槽	（1）在湿式电除尘器出口烟道至烟囱出口安装一套有效的集液系统，安装一个全周长的积液收集环。 （2）安装一套疏水系统				2016	2016	300
78	国华	宁海	2号	脱硫	脱硫增容提效改造	吸收塔保留，增加一层主喷淋层和两层辅助喷淋层，辅助喷淋设在原三层喷淋层之间，配套增设两台浆液循环泵；增加吸收塔进出口烟道底部挡堰，增加吸收塔浆池容积，吸收塔正常浆池液位增加2.3m；将原有氧枪拆除，改为氧化空气管网；拆除原有塔外水平板式除雾器，更换为垂直三级除雾器（一级管式＋二级屋脊式除雾器）；拆除增压风机；更换三台吸收塔搅拌器		0.012		2015	2015	4921
79	国华	宁海	2号	除尘	机组增加湿式电除尘器	加装湿式除尘器及配套改造	0.009			2015	2015	4940

续表

序号	子分公司	电厂	机组	项目类别	项目名称	技术路线及主要内容	预计年减排（万 t）			预计开始（年）	预计完成（年）	预计投资（万元）
							烟尘	二氧化硫	氮氧化物			
80	国华	宁海	2号	除尘	低低温电除尘器改造	（1）低低温电除尘器本体和出灰系统改造：对原电除尘进行局部防腐，如灰斗、人孔门处增装不锈钢内衬，电除尘器灰斗设计和改制，电除尘器入口封头改造，增加灰斗辅助蒸汽加热装置，设置热空气密封装置，壳体密封和保温，内部支撑梁及相关部件加固，三、四电场螺旋线检修更换，出灰系统（包括省煤器输灰、除尘器输灰）改造。 （2）电除尘器进行高效电源改造	0.004			2015	2015	2258
81	国华	宁海	2号	石膏雨	烟囱加装导流槽	（1）在湿式电除尘器出口烟道至烟囱出口安装一套有效的集液系统，安装一个全周长的积液收集环。 （2）安装一套疏水系统				2015	2015	300
82	国华	宁海	3号	脱硫	脱硫增容提效改造	吸收塔保留，增加一层主喷淋层和两层辅助喷淋层，辅助喷淋设在原三层喷淋层之间，配套增设两台浆液循环泵；增加吸收塔进出口烟道底部挡堰，增加吸收塔浆池容积，吸收塔正常浆池液位增加2.3m；将原有氧枪拆除，		0.012		2016	2016	4921

续表

序号	子分公司	电厂	机组	项目类别	项目名称	技术路线及主要内容	预计年减排（万t）			预计开始（年）	预计完成（年）	预计投资（万元）
							烟尘	二氧化硫	氮氧化物			
82	国华	宁海	3号	脱硫	脱硫增容提效改造	改为氧化空气管网；拆除原有塔外水平板式除雾器，更换为垂直三级除雾器（一级管式＋二级屋脊式除雾器）；拆除增压风机；更换三台吸收塔搅拌器		0.012		2016	2016	4921
83	国华	宁海	3号	除尘	机组增加湿式电除尘器	加装湿式除尘器及配套改造	0.009			2016	2016	4940
84	国华	宁海	3号	除尘	低低温电除尘器改造	（1）低低温电除尘器本体和出灰系统改造：对原电除尘进行局部防腐，如灰斗、人孔门处增装不锈钢内衬，电除尘器灰斗设计和改制，电除尘器入口封头改造，增加灰斗辅助蒸汽加热装置，设置热空气密封装置，壳体密封和保温，内部支撑梁及相关部件加固，三、四电场螺旋线检修更换，出灰系统（包括省煤器输灰、除尘器输灰）改造。 （2）电除尘器进行高效电源改造	0.004			2016	2016	2258

续表

序号	子分公司	电厂	机组	项目类别	项目名称	技术路线及主要内容	预计年减排（万 t）			预计开始（年）	预计完成（年）	预计投资（万元）
							烟尘	二氧化硫	氮氧化物			
85	国华	宁海	3号	石膏雨	烟囱加装导流槽	（1）在湿式电除尘器出口烟道至烟囱出口安装一套有效的集液系统，安装一个全周长的积液收集环。 （2）安装一套疏水系统				2016	2016	300
86	国华	宁海	5号	除尘	电除尘高效电源改造	新增调幅高效高压电源。通过通信电缆跟控制室的后台机相连，控制方式为后台程序控制方式。改造后各项指标在达标排放的前提下：平均能耗降低30%～70%，除尘效率提高30%左右	0.010			2016	2017	900
87	国华	宁海	5号	除尘	机组增加湿式电除尘器	加装湿式除尘器及配套改造	0.011			2016	2017	4900
88	国华	宁海	5号	除尘	干式电除尘内部改造	进行内部低低温电除尘适应性改进和检修，更换部分阴极线，增加灰斗加热等措施	0.060			2016	2017	650
89	国华	宁海	5号	脱硫	脱硫增容提效改造	对现有吸收塔加装双托盘改造，增加烟气在吸收塔中的停留时间。当气体通过时，气液接触，可以起到充分吸收。同时，托盘可以提高石灰石的溶解量，并利用托盘上浆液pH值的差异，增强SO_2的吸收，提高脱硫效率		0.030		2016	2017	4800

续表

序号	子分公司	电厂	机组	项目类别	项目名称	技术路线及主要内容	预计年减排（万t）			预计开始（年）	预计完成（年）	预计投资（万元）
							烟尘	二氧化硫	氮氧化物			
90	国华	宁海	5号	石膏雨	烟囱加装导流槽	（1）在湿式电除尘器出口烟道至烟囱出口安装一套有效的集液系统，安装一个全周长的积液收集环。 （2）安装一套疏水系统				2016	2017	300
91	国华	宁海	5号	脱硝	锅炉低氮燃烧器改造	配合机组综合升级改造，采用新一代低氮燃烧技术对原燃烧器进行改造				2016	2017	1400
92	国华	宁海	6号	除尘	电除尘高效电源改造	新增调幅高效高压电源。通过通信电缆跟控制室的后台机相连，控制方式为后台程序控制方式。改造后各项指标在达标排放的前提下：平均能耗降低30%～70%，除尘效率提高30%左右	0.010			2015	2016	900
93	国华	宁海	6号	除尘	机组增加湿式电除尘器	加装湿式除尘器及配套改造	0.011			2015	2016	4900
94	国华	宁海	6号	除尘	干式电除尘内部改造	进行内部低低温电除尘适应性改进和检修，更换部分阴极线，增加灰斗加热等措施	0.060			2017	2018	650

续表

序号	子分公司	电厂	机组	项目类别	项目名称	技术路线及主要内容	预计年减排（万 t）			预计开始（年）	预计完成（年）	预计投资（万元）
							烟尘	二氧化硫	氮氧化物			
95	国华	宁海	6号	脱硫	脱硫增容提效改造	对现有吸收塔加装双托盘改造，增加烟气在吸收塔中的停留时间。当气体通过时，气液接触，可以起到充分吸收。同时，托盘可以提高石灰石的溶解量，并利用托盘上浆液 pH 值的差异，增强 SO_2 的吸收，提高脱硫效率		0.030		2015	2016	4800
96	国华	宁海	公用	脱硫	脱硫公用系统增容提效改造	磨制粉厂设备扩容改造（磨煤机、空气压缩机、风机、除尘器等增容）				2015	2016	2400
97	国华	宁海	6号	石膏雨	烟囱加装导流槽	（1）在湿式电除尘器出口烟道至烟囱出口安装一套有效的集液系统，安装一个全周长的积液收集环。 （2）安装一套疏水系统				2017	2018	300
98	国华	宁海	6号	脱硝	锅炉低氮燃烧器改造	配合机组综合升级改造，采用新一代低氮燃烧技术对原燃烧器进行改造				2017	2018	1400
99	国华	宁海	公用	废水	废水系统综合治理	脱硫增加事故浆液箱一台（$2500m^3$）				2015	2016	486

续表

序号	子分公司	电厂	机组	项目类别	项目名称	技术路线及主要内容	预计年减排（万t）			预计开始（年）	预计完成（年）	预计投资（万元）
							烟尘	二氧化硫	氮氧化物			
100	国华	宁海	公用	噪声	生产区噪声治理	汽机房内的噪声治理；1～4号机组一次、送风机、引风机、磨煤机降低噪声				2016	2017	480
101	国华	沧东	1号	除尘	机组增加湿式电除尘器	在脱硫吸收塔后部加装一台湿式除尘器，增加水系统、废水处理装置，改造烟道，增加电源装置、灰处理装置，配套热控装置增加	0.009			2015	2016	4500
102	国华	沧东	2号	除尘	机组增加湿式电除尘器	在脱硫吸收塔后部加装一台湿式除尘器，增加水系统、废水处理装置，改造烟道，增加电源装置、灰处理装置，配套热控装置增加	0.009			2015	2016	4500
103	国华	沧东	1、2号	石膏雨	石膏雨治理	烟道＋烟囱导流				2015	2016	300
104	国华	锦界	1号	石膏雨	石膏雨治理	除雾器改造＋烟囱导流				2017	2017	800
105	国华	锦界	1号	脱硫	脱硫增容提效改造	吸收塔加高＋供浆方式改造＋吸收塔加一层托盘＋浆液喷淋系统扩容＋氧化风系统扩容＋石膏脱水系统扩容＋工艺水系统改造		0.010		2017	2017	3200

续表

序号	子分公司	电厂	机组	项目类别	项目名称	技术路线及主要内容	预计年减排（万 t）			预计开始（年）	预计完成（年）	预计投资（万元）
							烟尘	二氧化硫	氮氧化物			
106	国华	锦界	1号	除尘	电除尘高效电源改造	新增调幅高效高压电源。通过通信电缆跟控制室的后台机相连，控制方式为后台程序控制方式。改造后各项指标在达标排放的前提下：平均能耗降低30%～70%，除尘效率提高30%左右	0.006			2017	2017	360
107	国华	锦界	2号	石膏雨	石膏雨治理	除雾器改造+烟囱导流				2016	2017	800
108	国华	锦界	2号	脱硫	脱硫增容提效改造	吸收塔加高+供浆方式改造+吸收塔加一层托盘+浆液喷淋系统扩容+氧化风系统扩容+石膏脱水系统扩容+工艺水系统改造		0.010		2016	2017	3200
109	国华	锦界	2号	除尘	电除尘高效电源改造	新增调幅高效高压电源。通过通信电缆跟控制室的后台机相连，控制方式为后台程序控制方式。改造后各项指标在达标排放的前提下：平均能耗降低30%～70%，除尘效率提高30%左右	0.006			2016	2017	360
110	国华	锦界	3号	除尘	电除尘高效电源改造	新增调幅高效高压电源。通过通信电缆跟控制室的后台机相连，控制方式为后台程序控制方式。改造后各项指标在达标排放的前提下：平均能耗降低30%～70%，除尘效率提高30%左右	0.006			2018	2018	360

续表

序号	子分公司	电厂	机组	项目类别	项目名称	技术路线及主要内容	预计年减排（万t）			预计开始（年）	预计完成（年）	预计投资（万元）
							烟尘	二氧化硫	氮氧化物			
111	国华	锦界	公用	噪声	生产区噪声治理	选取厂区内一次风机、送风机、引风机、空气压缩机等噪声超标点进行综合治理（2、4号机组）				2018	2018	480
112	国华	锦界	公用	抑尘	煤场封闭改造	煤场封闭改造，新建封闭煤仓或者钢结构封闭煤棚				2017	2018	12 000
113	国华	徐州	1号	脱硫	脱硫增容提效改造	增加一层湍流器，除雾器更换为管束式除尘器		0.040		2016	2017	3500
114	国华	徐州	1号	除尘	电除尘器改造	将四个电场均改成高频电源，电除尘器本体进行改造，降低除尘器出口烟尘浓度	0.020			2016	2017	1650
115	国华	徐州	1号	脱硝	锅炉低氮燃烧器改造	在原分离燃尽风上方增加一段新的分离燃尽风，更换主燃烧器区域全部二次风喷口，更换主燃烧器区域一次风煤粉喷嘴，更换主燃烧器二次风门，分离燃尽风风道重新布置，降低锅炉 NO_x 排放				2016	2017	1492
116	国华	徐州	2号	脱硫	脱硫增容提效改造	增加一层湍流器，除雾器更换为管束式除尘器		0.040		2016	2016	3500
117	国华	徐州	2号	除尘	电除尘器改造	将四个电场均改成高频电源，电除尘器本体进行改造，降低除尘器出口烟尘浓度	0.020			2016	2016	1650

续表

序号	子分公司	电厂	机组	项目类别	项目名称	技术路线及主要内容	预计年减排（万 t）			预计开始（年）	预计完成（年）	预计投资（万元）
							烟尘	二氧化硫	氮氧化物			
118	国华	徐州	2号	脱硝	锅炉低氮燃烧器改造	在原分离燃尽风上方增加一段新的分离燃尽风，更换主燃烧器区域全部二次风喷口，更换主燃烧器区域一次风煤粉喷嘴，更换主燃烧器二次风门，分离燃尽风风道重新布置，降低锅炉 NO_x 排放				2016	2016	1492
119	国华	徐州	2号	脱汞	脱汞改造	通过脱硫、脱硝、除尘协同脱汞，增加喷射吸附剂系统，降低汞排放				2017	2017	452
120	国华	惠州	2号	脱硫	脱硫增容提效改造	增加一层托盘，将喷淋层喷嘴更换为高效喷嘴，加装增效环．增加一层管式除雾器，更换两层屋脊式除雾器		0.034		2015	2016	3200
121	国华	惠州	2号	除尘	机组增加湿式电除尘器	新增设的湿式电除尘器高位布置在1号吸收塔及烟囱之间，进出口喇叭接口法兰中心标高为33.75m，与吸收塔出口净烟道中心标高一致。烟气为水平流向，形式为刚性极板、卧式水平流、双室、2个电场、出口设两级除雾器	0.005			2015	2016	2900

续表

序号	子分公司	电厂	机组	项目类别	项目名称	技术路线及主要内容	预计年减排（万 t）			预计开始（年）	预计完成（年）	预计投资（万元）
							烟尘	二氧化硫	氮氧化物			
122	国华	惠州	2 号	除尘	电除尘高效电源改造	1、2 电场更换为高频电源，3、4 电场更换为三相电源，3 电场阴极线更换为波形线，同步对控制系统和振打装置进行改造	0.002			2015	2016	360
123	国华	惠州	2 号	脱硝	锅炉低氮燃烧器改造	更换现有燃烧器组件，增加新的燃尽风组件以增加高位燃尽风量；一次风喷口全部采用上下浓淡、中间带稳燃钝体的燃烧器；在紧凑燃尽风室两侧加装贴壁风；采用节点功能区技术，在两层一次风喷口之间增加贴壁风				2015	2016	1490
124	国华	惠州	公用	噪声	生产区噪声治理	选取厂区内一次风机、送风机、引风机、空气压缩机等噪声超标点进行综合治理				2015	2017	480
125	国华	呼伦贝尔	1 号	脱硝	锅炉低氮燃烧器改造	将现有的临时改造的一次风燃烧器和二次风系统一并进行升级更换，更换成最新型的低氮燃烧器				2019	2020	2300
126	国华	呼伦贝尔	1 号	脱硫	脱硫增容提效改造	拆除原有两级屋脊式除雾器三层冲洗水管道及冲洗水门，增加一级管式除雾器及管式除雾器冲洗水管道，并对管式除雾器冲洗进行相应热工逻辑变更	0.011	0.033		2015	2016	1900

续表

序号	子分公司	电厂	机组	项目类别	项目名称	技术路线及主要内容	预计年减排（万 t）			预计开始（年）	预计完成（年）	预计投资（万元）
							烟尘	二氧化硫	氮氧化物			
127	国华	呼伦贝尔	2号	脱硝	锅炉低氮燃烧器改造	将现有的临时改造的一次风燃烧器同二次风系统一并进行升级更换，更换成最新形式的低氮燃烧器				2020	2020	2300
128	国华	呼伦贝尔	2号	脱硫	脱硫增容提效改造	拆除原有两级屋脊式除雾器三层冲洗水管道及冲洗水门，增加一级管式除雾器及管式除雾器冲洗水管道，并对管式除雾器冲洗进行相应热工逻辑变更	0.011	0.033		2015	2016	1900
129	国华	徐州	公用	抑尘	煤场封闭改造	采用内部无支撑柱的拱型预应力张弦桁架结构的条形封闭煤棚，基础采用柱下桩基础，挡煤墙采用混凝土浇筑。减少燃煤自然损失和环境污染，节约煤场喷淋用水				2017	2019	7000
130	国华	徐州	公用	废水	循环水排污水深度处理回收利用改造	利用膜处理等先进的处理技术对循环水排污水进行深度处理、淡水回用，浓水与脱硫废水合并处理				2018	2019	6000
131	国华	呼贝	公用	废水	废水零排放综合改造	对全厂废水根据水质按照梯级回用原则进行改造并合理回用，尾端高含盐废水（脱硫废水、酸碱再生废水等）按照石灰碳酸钠两级软化澄清前处理＋机械蒸汽压缩蒸发浓缩＋结晶系统方式进行处理				2019	2020	11 000

续表

序号	子分公司	电厂	机组	项目类别	项目名称	技术路线及主要内容	预计年减排（万t）			预计开始（年）	预计完成（年）	预计投资（万元）
							烟尘	二氧化硫	氮氧化物			
132	国华	宁东	公用	废水	全厂区废水综合治理回收	委托设计院或电科院做废水零排放综合改造可行性研究，工业废水、生活污水、含煤含油废水处理后回用，对脱硫废水进行改造处理，实现全厂废水零排放				2019	2020	9850
133	国华	宁东	公用	抑尘	输煤系统0～6号皮带导料槽加装无动力除尘装置	输煤系统0～6号皮带导料槽上加装无动力除尘装置				2015	2016	370
134	国华	港电	1号	脱硫	脱硫增容提效改造	吸收塔内部改造及加装一台浆液循环泵（高效旋汇耦合脱硫装置＋管束式除尘器＋增加一层喷淋层）		0.027		2016	2016	2980
135	国华	港电	2号	脱硫	脱硫增容提效改造	吸收塔内部改造及加装一台浆液循环泵（高效旋汇耦合脱硫装置＋管束式除尘器＋增加一层喷淋层）		0.027		2016	2016	2980
136	国华	港电	公用	抑尘	煤场封闭改造	对煤场进行封闭以满足国家环保及《江苏省大气颗粒物污染防治管理办法》（江苏省人民政府令　第91号）要求和解决煤场扬尘污染环境的问题，避免不发生扬尘污染环境的环保事件				2019	2020	5500

续表

序号	子分公司	电厂	机组	项目类别	项目名称	技术路线及主要内容	预计年减排（万 t）			预计开始（年）	预计完成（年）	预计投资（万元）
							烟尘	二氧化硫	氮氧化物			
137	国华	孟津	公用	废水	脱硫废水零排放改造	对全厂废水根据水质按照梯级回用原则进行改造并合理回用，将脱硫废水进行减量化处理，剩余浓水利用烟气余热干燥工艺处理				2018	2019	4000
138	国华	寿光	公用	噪声	生产区噪声治理	一次风机、脱硫氧化风机等设备噪声治理，东厂界噪声超标治理				2017	2018	1800
139	国神	府谷	1 号	脱硫	脱硫增容	脱硫超低排放改造和高效除雾除尘装置改造				2018	2018	540
140	国神	府谷	1 号	脱硝	脱硝提效	增设一层催化剂				2018	2018	400
141	国神	府谷	1 号	除尘	除尘提效	更换超净滤袋				2018	2018	450
142	国神	府谷	2 号	脱硫	脱硫增容	脱硫超低排放改造和高效除雾除尘装置改造				2017	2017	540
143	国神	府谷	2 号	脱硝	脱硝提效	增设一层催化剂				2019	2020	400
144	国神	府谷	2 号	除尘	除尘提效	更换超净滤袋				2017	2017	450
145	国神	店塔	1 号	除尘	除尘提效	高效除雾除尘一体化装置改造				2017	2017	800
146	国神	店塔	2 号	除尘	除尘提效	高效除雾除尘一体化装置改造				2017	2017	800
147	国神	郭家湾	1 号	脱硝	脱硝提效	SNCR 改造				2016	2016	800
148	国神	郭家湾	1 号	脱硫除尘	1 号机组超低排放	在现有炉内脱硫、SNCR 环保装置的基础上，增加脱硝协同装置或其他脱硝设备，增加炉外半干法脱硫、布袋除尘器装置，将				2020	2020	8700

续表

序号	子分公司	电厂	机组	项目类别	项目名称	技术路线及主要内容	预计年减排（万t）			预计开始（年）	预计完成（年）	预计投资（万元）
							烟尘	二氧化硫	氮氧化物			
148	国神	郭家湾	1号	脱硫除尘	1号机组超低排放	电除尘工频电源改造为高频电源，更换大容量引风机，最终实现烟气达到超低排放水平和节能提效的目标				2020	2020	8700
149	国神	郭家湾	2号	脱硝	脱硝提效	SNCR改造				2016	2016	800
150	国神	郭家湾	2号	脱硫除尘	1号机组超低排放	在现有炉内脱硫、SNCR环保装置的基础上，增加脱硝协同装置或其他脱硝设备，增加炉外半干法脱硫、布袋除尘器装置，将电除尘工频电源改造为高频电源，更换大容量引风机，最终实现烟气达到超低排放水平和节能提效的目标				2019	2019	8700
151	国神	王曲	1号	脱硫	脱硫除尘一体化超低排放改造	吸收塔增容，系统提效改造，对原有高效除雾器局部进行更换，除雾器冲洗水改造	0.01	0.035		2016	2016	2250
152	国神	王曲	1号	脱硝	脱硝提效	更换一层催化剂			0.023	2016	2016	400
153	国神	王曲	1号	除尘	湿式电除尘器	在原有超低排放基础上进行湿式电除尘改造，实现烟尘排放低于1mg/m³（标准状态）目标，烟气协同脱汞、除湿	0.01			2018	2020	2800

续表

序号	子分公司	电厂	机组	项目类别	项目名称	技术路线及主要内容	预计年减排（万 t）			预计开始（年）	预计完成（年）	预计投资（万元）
							烟尘	二氧化硫	氮氧化物			
154	国神	王曲	2 号	脱硫	脱硫除尘一体化超低排放改造	吸收塔增容，系统提效改造. 对原有高效除雾器局部更换，除雾器冲洗水改造	0.01	0.035		2016	2016	2250
155	国神	王曲	2 号	脱硝	脱硝提效	更换一层催化剂			0.023	2016	2016	400
156	国神	王曲	2 号	除尘	湿式电除尘器	在原有超低排放基础上进行湿式电除尘改造，实现烟尘排放低于 1mg/m^3（标准状态）目标. 烟气协同脱汞、除湿	0.01			2018	2020	2800
157	国神	河曲	1 号	脱硫脱硝除尘	超低排放改造	脱硫吸收塔增容改造（四层喷淋加一层湍流器）及管束除雾器改造；脱硝更换二层增加一层催化剂；电袋除尘器高频电源改造及更换超细滤袋；烟囱宾高德防腐改造				2016	2017	13 613
158	国神	河曲	2 号	脱硫脱硝除尘	超低排放改造	脱硫吸收塔增容改造（四层喷淋加一层湍流器），增压风机改造及管束除雾器改造；脱硝 LNB 低氮改造，更换二层增加一层催化剂；电袋除尘器高频电源改造及更换超细滤袋；吸收塔后增加柔性电极无水湿电除尘改造。达到烟尘为 1mg/m^3，二氧化硫为 10mg/m^3				2017	2017	17 369

续表

序号	子分公司	电厂	机组	项目类别	项目名称	技术路线及主要内容	预计年减排（万 t）			预计开始（年）	预计完成（年）	预计投资（万元）
							烟尘	二氧化硫	氮氧化物			
159	国神	河曲	4号	脱硫脱硝除尘	超低排放改造	吸收塔增容改造（增加辅助喷淋层）及高效除雾器改造，脱硝更换一层增加一层催化剂，除尘器三相电源改造				2016	2016	11 593
160	国神	神二	1号	脱硫脱硝除尘	超低排放改造	脱硫增容除尘一体化改造，除尘器更换布袋，烟道改造（按照三加一布置）增加一层催化剂，烟囱防腐				2016	2016	8500
161	国神	神二	2号	脱硫脱硝除尘	超低排放改造	脱硫增容除尘一体化改造，除尘器更换布袋，烟道改造（按照三加一布置）增加一层催化剂，烟囱防腐				2017	2017	8500
162	国神	鄂温克	1号	脱硫脱硝除尘	超低排放改造	吸收塔增容改造，公用系统增加一套；低氮燃烧器改造；增加一层催化剂；高效电源改造及高效除雾器改造	0.02	0.15	0.04	2017	2017	10 545
163	国神	鄂温克	2号	脱硫脱硝除尘	超低排放改造	吸收塔增容改造，公用系统增加一套；低氮燃烧器改造；增加一层催化剂；高效电源改造及高效除雾器改造	0.02	0.15	0.04	2018	2018	10 545
164	国神	鄂温克	公用	锅炉	烟囱防腐改造	烟囱防腐改造工程，包括混凝土烟囱荷载核算、烟囱现有内衬、积灰平台清理及修复（含强				2018	2018	3350

续表

序号	子分公司	电厂	机组	项目类别	项目名称	技术路线及主要内容	预计年减排（万 t）			预计开始（年）	预计完成（年）	预计投资（万元）
							烟尘	二氧化硫	氮氧化物			
164	国神	鄂温克	公用	锅炉	烟囱防腐改造	度校核）、内表面粘贴进口砖胶体系防腐、烟囱顶口增设防结冰内筒、增设烟囱雨收集系统、混凝土烟囱外表面修补及防腐、航标漆、避雷针系统检查更换、航空标示灯系统更换等项目				2018	2018	3350
165	国神	萨拉齐	1号	脱硝	脱硝提效	SNCR 改造				2016	2016	800
166	国神	萨拉齐	1号	脱硫除尘	脱硫除尘提效	湿法脱硫＋高效除雾除尘一体化装置改造				2019	2019	7000
167	国神	萨拉齐	2号	脱硝	脱硝提效	SNCR 改造				2016	2016	800
168	国神	萨拉齐	2号	脱硫除尘	脱硫除尘提效	湿法脱硫＋高效除雾除尘一体化装置改造				2020	2020	7000
169	国神	大南湖	1号	脱硫脱硝除尘	超低排放改造	吸收塔增容改造，增加一层催化剂，三相电源改造及高效除雾器改造				2016	2016	5600
170	国神	大南湖	2号	脱硫脱硝除尘	超低排放改造	低氮燃烧器改造，吸收塔增容改造，增加一层催化剂，高效电源改造及高效除雾器改造				2017	2017	5600
171	国神	和丰	1号	脱硫脱硝除尘	超低排放改造	吸收塔增容改造，增加一层催化剂，高效电源改造及高效除雾器改造				2017	2017	5600

续表

序号	子分公司	电厂	机组	项目类别	项目名称	技术路线及主要内容	预计年减排（万t）			预计开始（年）	预计完成（年）	预计投资（万元）
							烟尘	二氧化硫	氮氧化物			
172	国神	和丰	2号	脱硫脱硝除尘	超低排放改造	吸收塔增容改造，增加一层催化剂，高效电源改造及高效除雾器改造				2018	2018	5600
173 174	国神	花园	1号	脱硫脱硝除尘	超低排放改造	喷淋层优化布置调整，浆液循环泵增容，更换高效除雾器，脱硝增加一层催化剂及声波吹灰器等工作（若有）	0.03	0.06	0.01	2017	2017	1800
175	国神	花园	2号	脱硫脱硝除尘	超低排放改造	喷淋层优化布置调整，浆液循环泵增容，更换高效除雾器，加装氨活化装置	0.03	0.06	0.01	2017	2017	1888
176	国神	花园	3号	脱硫脱硝除尘	超低排放改造	喷淋层优化布置调整，更换高效除雾器，脱硝增加一层催化剂及声波吹灰器	0.03	0.06	0.01	2016	2016	1283
177	国神	花园	4号	脱硫脱硝除尘	超低排放改造	喷淋层优化布置调整，更换高效除雾器，脱硝增加一层催化剂及声波吹灰器	0.03	0.06	0.01	2016	2016	1283
178	国神	米东	1号	脱硝	超低排放改造	炉内低氮燃烧优化＋SNCR喷枪优化改造			0.042	2016	2016	240
179	国神	米东	2号	脱硝	超低排放改造	炉内低氮燃烧优化＋SNCR喷枪优化改造			0.042	2017	2017	240

续表

序号	子分公司	电厂	机组	项目类别	项目名称	技术路线及主要内容	预计年减排（万 t）			预计开始（年）	预计完成（年）	预计投资（万元）
							烟尘	二氧化硫	氮氧化物			
180	国神	米东	1号	脱硫	脱硫超低排放	炉内提效改造＋脱硫系统改造		0.0045		2016	2016	1428
181	国神	米东	1号	脱硫	吸收塔除雾器改造	改用屋脊式高效除雾器				2016	2016	350
182	国神	米东	2号	脱硫	脱硫超低排放	炉内提效改造＋脱硫系统改造		0.0045		2017	2017	1428
183	国神	米东	2号	脱硫	吸收塔除雾器改造	改用屋脊式高效除雾器				2017	2017	350
184	国神	米东	公用	脱硫	脱硫电石渣制浆系统改造	增加一套电石渣化浆、过滤及输送系统				2016	2016	400
185	国神	米东	1号	脱硫	CEMS改造	烟尘采用静电法和抽取加热式烟气流量采取多点矩阵式测速仪				2016	2016	245
186	国神	米东	2号	脱硫	CEMS改造	烟尘采用静电法和抽取加热式烟气流量采取多点矩阵式测速仪				2017	2017	245
187	国神	米东	公用	脱硝	脱硝系统增加氨逃逸在线监测装置	1、2号锅炉省煤器后左右侧各安装两套氨逃逸在线监测装置，将信号传入DCS及按照相关环保部门要求上传氨逃逸浓度信号，将氨逃逸纳入脱硝指标控制中				2017	2017	130
188	国神	米东	公用	输煤	燃煤筛碎系统改造	粗碎机篦板改造、滚轴筛板改造、高辐筛再换				2016	2016	270

续表

序号	子分公司	电厂	机组	项目类别	项目名称	技术路线及主要内容	预计年减排（万 t）			预计开始（年）	预计完成（年）	预计投资（万元）
							烟尘	二氧化硫	氮氧化物			
189	国神	米东	全厂	噪声	厂界噪声治理	（1）所有风机噪声测试及优化调整。 （2）对现有影响风机运行产生噪声原因进行排查和消缺处理。 （3）采用特殊的吸声材料对噪声治理				2017	2018	210
190	国神	米东	全厂	废水	废水综合治理改造	采用软水处理后再经反渗透处理，最后通过蒸发除盐结晶后回用				2018	2018	6000
191	国神	五彩湾	1 号	脱硫脱硝除尘	超低排放改造	除尘器前增设低低温省煤器，除尘器工频电源改为高效电源；脱硫喷淋层优化，增设一层管式＋两层屋脊式＋一层净烟道除雾器；低氮燃烧器改造；更换两层催化剂及增加一层催化剂；SCR 流场优化改造；引风机升级改造				2017	2017	6640
192	国神	五彩湾	2 号	脱硫脱硝除尘	超低排放改造	除尘器前增设低低温省煤器，除尘器工频电源改为高效电源；脱硫喷淋层优化，增设一层管式＋两层屋脊式＋一层净烟道除雾器；低氮燃烧器改造；更换两层催化剂及增加一层催化剂；SCR 流场优化改造；引风机升级改造				2018	2018	6640

续表

序号	子分公司	电厂	机组	项目类别	项目名称	技术路线及主要内容	预计年减排（万 t）			预计开始（年）	预计完成（年）	预计投资（万元）
							烟尘	二氧化硫	氮氧化物			
193	国神	白马	31 号	脱硝	脱硝提效	SNCR 改造				2019	2019	800
194	国神	白马	31 号	脱硫除尘	脱硫除尘提效	增加炉外脱硫，除尘改造				2019	2019	9000
195	国神	白马	31 号	锅炉环保	灰库防尘改造	（1）不影响灰库正常的运灰作业，对灰库汽车通道进行最大限度封闭改造，防止扬尘逃逸。 （2）增加设置防尘收集、处理装置，将放灰时在灰库内部产生的扬尘进行收集处理，防止扬尘飘散到灰库外部环境				2018	2018	80
196	国神	白马	31 号	锅炉环保	石灰石柱磨机供料系统改造	将现有遛管改为计重式皮带给料机，并对柱磨机供料系统进行相应改造				2018	2018	70
197	国神	白马	61 号	脱硝	脱硝提效	SNCR 改造				2018	2018	1000
198	国神	白马	61 号	脱硫除尘	脱硫除尘提效	增加炉外脱硫，除尘改造				2018	2018	14 500
199	国神	焦作	1 号	除尘	除尘提效	高效除雾除尘一体化装置改造				2016	2016	800
200	国神	焦作	全厂	废水	全厂废水零排放	全厂废水零排放改造内容是对循环水废水、脱硫废水进行深度处理，梯级回用处理过的废水，处理过的废水结晶处理，实现全厂废水零排放		11		2018	2019	8800

续表

序号	子分公司	电厂	机组	项目类别	项目名称	技术路线及主要内容	预计年减排(万t)			预计开始(年)	预计完成(年)	预计投资(万元)
							烟尘	二氧化硫	氮氧化物			
201	国神	焦作	全厂	脱硝	氨区液氨改尿素	通过将尿素分解成氨气,制成氨水打入SCR反应器中,作为脱硝剂				2019	2020	1500
202	国神	焦作	1号	脱硫脱硝除尘	大气污染物超净排放	脱硫出口加装柔性湿式除尘器,烟尘排放浓度小于1mg/m^3(标准状态),改造吸收塔及浆液循环泵,SO_2排放浓度小于10mg/m^3(标准状态),加装备用催化剂层,NO_x排放浓度小于20mg/m^3(标准状态)				2019	2020	4500
203	国神	焦作	2号	脱硫脱硝除尘	大气污染物超净排放	脱硫出口加装柔性湿式除尘器,烟尘排放浓度小于1mg/m^3(标准状态),改造吸收塔及浆液循环泵,SO_2排放浓度小于10mg/m^3(标准状态),加装备用催化剂层,NO_x排放浓度小于20mg/m^3(标准状态)				2019	2020	4500
204	国神	焦作	1号	脱硫	脱硫吸收塔脉冲悬浮管改造	脱硫吸收塔内脉冲悬浮管起到脱硫浆液搅拌悬浮和氧化空气均匀分布作用,对脱硫效率和氧化效果影响较大,原吸收塔脉冲悬浮管为玻璃钢材料,其支撑为碳钢材料,运行中经常发生断裂情				2019	2019	500

续表

序号	子分公司	电厂	机组	项目类别	项目名称	技术路线及主要内容	预计年减排（万t）			预计开始（年）	预计完成（年）	预计投资（万元）
							烟尘	二氧化硫	氮氧化物			
204	国神	焦作	1号	脱硫	脱硫吸收塔脉冲悬浮管改造	况，将脉冲悬浮管和其支持更换为不锈钢材质，防止断裂，提高脱硫效率和氧化效果				2019	2019	500
205	国神	焦作	2号	脱硫	脱硫吸收塔脉冲悬浮管改造	脱硫吸收塔内脉冲悬浮管起到脱硫浆液搅拌悬浮和氧化空气均匀分布作用，对脱硫效率和氧化效果影响较大，原吸收塔脉冲悬浮管为玻璃钢材料，其支撑为碳钢材料，运行中经常发生断裂情况，将脉冲悬浮管和其支持更换为不锈钢材质，防止断裂，提高脱硫效率和氧化效果				2019	2019	500
206	国神	焦作	2号	除尘	除尘提效	高效除雾除尘一体化装置改造				2016	2016	800
207	国神	阜康	1号	除尘	除尘提效	高效除雾除尘一体化装置改造，电除尘一电场分小区、极线改造，监测设备升级改造				2018	2018	750
208	国神	阜康	1号	脱硝	脱硝提效	催化剂增加体积提效，监测设备升级改造				2018	2018	450
209	国神	阜康	1号	脱硝	全负荷脱硝	省煤器改造或增加低温脱硝装置				2019	2019	600
210	国神	阜康	2号	除尘	除尘提效	高效除雾除尘一体化装置改造，电除尘一电场分小区、极线改造，监测设备升级改造				2018	2018	750

续表

序号	子分公司	电厂	机组	项目类别	项目名称	技术路线及主要内容	预计年减排（万t）			预计开始（年）	预计完成（年）	预计投资（万元）
							烟尘	二氧化硫	氮氧化物			
211	国神	阜康	2号	脱硝	脱硝提效	催化剂增加体积提效，监测设备升级改造				2018	2018	450
212	国神	阜康	2号	脱硝	全负荷脱硝	省煤器改造或增加低温脱硝装置				2019	2019	600
213	国神	阜康	1、2号	煤场	封闭式改造	防风抑尘网改改造为封闭式煤场				2019	2019	3300
214	国神	亿利	1号	脱硫	锅炉超低排放	采用SNCR工艺的脱硝改造技术路线和采用循环流化床干法脱硫除尘一体化工艺的脱硫除尘改造技术路线。还原剂为尿素。原除尘器需要拆除，装设新除尘器。增加炉外脱硫设施，增加引风机，增加空气压缩机				2018.02	2018.06	6500
215	国神	亿利	1号	脱硝								
216	国神	亿利	1号	除尘								
217	国神	亿利	2号	脱硫	锅炉超低排放	采用SNCR工艺的脱硝改造技术路线和采用循环流化床干法脱硫除尘一体化工艺的脱硫除尘改造技术路线。还原剂为尿素。原除尘器需要拆除，装设新除尘器。增加炉外脱硫设施，增加引风机，增加空气压缩机				2018.1	2018.12	6500
218	国神	亿利	2号	脱硝								
219	国神	亿利	2号	除尘								

续表

序号	子分公司	电厂	机组	项目类别	项目名称	技术路线及主要内容	预计年减排（万 t）			预计开始（年）	预计完成（年）	预计投资（万元）
							烟尘	二氧化硫	氮氧化物			
220	国神	亿利	3 号	脱硫	锅炉超低排放	采用 SNCR 工艺的脱硝改造技术路线和采用循环流化床干法脱硫除尘一体化工艺的脱硫除尘改造技术路线。还原剂为尿素。原除尘器需要拆除，装设新除尘器。增加炉外脱硫设施，增加引风机，增加空气压缩机				2019.01	2019.12	6500
221	国神	亿利	3 号	脱硝								
222	国神	亿利	3 号	除尘								
223	国神	亿利	4 号	脱硫	锅炉超低排放	采用 SNCR 工艺的脱硝改造技术路线和采用循环流化床干法脱硫除尘一体化工艺的脱硫除尘改造技术路线。还原剂为尿素。原除尘器需要拆除，装设新除尘器。增加炉外脱硫设施，增加引风机，增加空气压缩机				2019.01	2019.12	6500
224	国神	亿利	4 号	脱硝								
225	国神	亿利	4 号	除尘								
226	国神	保德	1 号	环保	除尘改造	高效电源电除尘、超净电袋复合除尘或湿法除尘				2017	2017	1500
227	国神	保德	1 号	环保	脱硫改造	增加炉外脱硫装置				2017	2017	3500
228	国神	保德	1 号	环保	脱硝改造	增设 SNCR 脱硝				2017	2017	683
229	国神	保德	2 号	环保	除尘改造	高效电源电除尘、超净电袋复合除尘或湿法除尘				2017	2017	1500
230	国神	保德	2 号	环保	脱硫改造	增加炉外脱硫装置				2017	2017	3500
231	国神	保德	2 号	环保	脱硝改造	增设 SNCR 脱硝				2017	2017	683

续表

序号	子分公司	电厂	机组	项目类别	项目名称	技术路线及主要内容	预计年减排（万 t）			预计开始（年）	预计完成（年）	预计投资（万元）
							烟尘	二氧化硫	氮氧化物			
232	国神	河曲 CFB	公用	抑尘	渣库抑尘改造	在渣库排渣口周围设置 3 条负压吸尘管路，扬尘由吸尘口通过设置在风道上的轴流风机（或离心风机）吸入设置在锅炉 0m 灰渣沉淀池，在进入沉淀池前扬尘穿过设置喷雾系统的一段风道，扬尘经喷雾充分加湿后收集在灰渣沉淀池，经除尘后空气排至室外，扬尘经沉淀池沉淀后定期人工清淤				2016	2016	4.2
233	国神	河曲 CFB	公用	抑尘	卸煤沟加抑尘网	框架柱已经全部完成，安装挡风抑尘墙的檩条与框架柱要进行可靠连接，可采用植筋安装埋件的方式进行设计，采用的这种连接方式保证不能对原有结构安全造成影响				2016	2016	16.8
234	国神	河曲 CFB	1 号	除尘	超低排放改造工程	在布袋除尘器中，加装备用接口的布袋和袋笼，增加过滤面积，降低过滤风速，提高过滤效果。采用双量程高精度 CEMS 系统，提高机组污染物排放情况的精度要求				2017	2017	473.7

续表

序号	子分公司	电厂	机组	项目类别	项目名称	技术路线及主要内容	预计年减排（万t）			预计开始（年）	预计完成（年）	预计投资（万元）
							烟尘	二氧化硫	氮氧化物			
235	国神	河曲 CFB	2号	除尘	超低排放改造工程	在布袋除尘器中，加装备用接口的布袋和袋笼，增加过滤面积，降低过滤风速，提高过滤效果。采用双量程高精度 CEMS 系统，提高机组污染物排放情况的精度要求				2016	2016	473.7
236	国神	河曲 CFB	2号	脱硝	锅炉低氮燃烧器改造	燃烧器改造方案：M－PM 燃烧器＋分离式 SOFA 燃烧器＋偏置周界风，取代原有的水平浓淡＋SOFA 燃尽风燃烧器				2017	2018	1360
237	国神	河曲 CFB	全厂	废水	工业水至脱硫工艺水箱改造	增加水泵、管道，将工业水引至 1、2 号脱硫工艺水箱				2018	2018	39
238	国神	河曲 CFB	全厂	废水	废水零排放	将精处理再生水等不同的来水分类存放、处理、回用，加装双介质过滤器，超滤、反渗透等设备				2018	2018	800
239	国神	河曲 CFB	公用	除灰	除灰系统增加隔离门及灰库圆顶阀改造	（1）在空气预热器输灰管道和电除尘输灰管道汇合处加 8 套装隔离门包含控制系统。 （2）拆除原气动插板门，安装 6 套检修手动插板门、金属膨胀节、圆顶阀及控制系统				2018	2018	75

续表

序号	子分公司	电厂	机组	项目类别	项目名称	技术路线及主要内容	预计年减排（万 t）			预计开始（年）	预计完成（年）	预计投资（万元）
							烟尘	二氧化硫	氮氧化物			
240	国神	河曲 CFB	1 号、2 号	抑尘	渣库与灰库增设除尘设施	在每个灰库、渣库的排灰、渣 0m 层增设一套吸尘罩，吸尘罩的位置可考虑放在下料口或灰库出口位置用来吸收外排的粉尘，吸收的粉尘送到 5.5m 楼层增设的布袋除尘器过滤，过滤后的粉尘通过管道返回灰车。同时，在排灰下料口处增设一套喷水装置用来适当增加灰的湿度，减小排灰口的扬尘				2018	2018	170
241	国神	秦皇岛	公用	废水	含煤废水改造	采用复合型微孔膜陶瓷过滤工艺，过滤后的水悬浮物：≤30mg/L，达到回用水标准				2016	2017	700
242	国神	上湾	全厂	废水	废水处理系统改造	采用高效澄清池—离子交换—超滤—高效反渗透系统。对废水进行处理后回收利用，实现工业废水零排放		6 万吨		2015	2016	1886
243	国神	上湾		脱硝	SNCR 改造项目	2×520t/h 循环流化床锅炉烟气脱硝装置（SNCR）。要求： （1）NO_x 脱除率不小于 79%，氨逃逸率小于 5mg/m^3（标准状态），氨氮比小于 1.2。 （2）锅炉排烟烟气 NO_x 浓度				2017	2018	980

续表

序号	子分公司	电厂	机组	项目类别	项目名称	技术路线及主要内容	预计年减排（万t）			预计开始（年）	预计完成（年）	预计投资（万元）
							烟尘	二氧化硫	氮氧化物			
243	国神	上湾		脱硝	SNCR改造项目	不高于360mg/m^3（标准状态、干基、6%O_2），对锅炉效率的影响不大于0.15%；脱硝系统具备将锅炉排烟烟气NO_x浓度低于75mg/m^3（标准状态、干基、6%O_2）的能力				2017	2018	980
244	国神	王曲	全厂	废水	废水零排放	全厂废水改造正在进行中，处理系统浓排水及化学再生废水补入脱硫工艺水，脱硫废水预处理软化澄清后＋正渗透浓缩减量				2016	2016	5000
245	国神	河曲	全厂	废水	废水零排放	该项目为零排放科技示范，采用目标招标，寻找一种投资、运行成本相对较低的处理工艺				2017	201	8000
246	国神	神二	全厂	废水	废水零排放	全厂废水改造正在进行中，处理系统浓排水进入湿冲灰系统；脱硫废水进入湿冲灰系统				2016	2016	5000
247	国神	府谷	全厂	废水	废水零排放	生活废水采用生物曝气过滤后回用；工业废水采用混凝澄清过滤，增加脱盐后回用；含煤废水采用混凝澄清过滤后自用；处理系统浓排水及化学再生废水补入脱硫工艺水；脱硫废水预处理除重金属澄清后＋软化＋浓缩减量				2019～2020	2019～2020	8000

续表

序号	子分公司	电厂	机组	项目类别	项目名称	技术路线及主要内容	预计年减排（万t）			预计开始（年）	预计完成（年）	预计投资（万元）
							烟尘	二氧化硫	氮氧化物			
248	国神	花园	全厂	废水	废水零排放	该项目为零排放科技示范。优化工业废水、生活废水、含煤废水系统；优化全厂废水系统管道；脱硫废水预处理除重金属澄清后＋软化＋浓缩减量				2018～2020	2018～2020	6000
249	国神	大港	全厂	废水	废水零排放	该项目为零排放科技示范，采用目标招标，针对高盐废水，寻找一种投资、运行成本相对较低的处理工艺				2017	2017	4130
250	国神	大南湖	全厂	废水	废水零排放	城市中水预处理系统改造正在进行中；优化工业废水、生活废水、含煤废水系统，优化全厂废水系统管道，脱硫废水预处理除重金属澄清后＋软化＋浓缩减量				2017～2018	2017～2018	4000
251	国神	米东电厂	全厂	废水	废水零排放	优化工业废水、生活废水、含煤废水系统，优化全厂废水系统管道，脱硫废水预处理除重金属澄清后＋软化＋浓缩减量				2018～2020	2018～2020	4000
252	福能	晋江	1号	脱硫	脱硫系统提效改造	优化炉内脱硫工艺		0.011		2016	2016	89
253	福能	晋江	2号	脱硫	脱硫系统提效改造	优化炉内脱硫工艺		0.011		2016	2016	89

续表

序号	子分公司	电厂	机组	项目类别	项目名称	技术路线及主要内容	预计年减排（万 t）			预计开始（年）	预计完成（年）	预计投资（万元）
							烟尘	二氧化硫	氮氧化物			
254	福能	晋江	1号	脱硝	锅炉脱硝改造	增设 SNCR 脱硝设施，采用20%氨溶液稀释作还原剂			0.023	2016	2016	206
255	福能	晋江	2号	脱硝	锅炉脱硝改造	增设 SNCR 脱硝设施，采用20%氨溶液稀释作还原剂			0.023	2016	2016	206
256	福能	晋江	1号	脱硫除尘	锅炉脱硫除尘改造	增加炉外循环流化床干法脱硫系统	0.003	0.016		2018	2018	3000
257	福能	晋江	2号	脱硫除尘	锅炉脱硫除尘改造	增加炉外循环流化床干法脱硫系统	0.003	0.016		2018	2018	3000
258	福能	雁石	6号	脱硝	锅炉脱硝改造	增设 SNCR 脱硝设施，采用尿素作还原剂		0.078		2015	2015	1100
259	福能	雁石	6号	脱硫	锅炉脱硫除尘改造	采用干法脱硫工艺及布袋除尘工艺	0.019	0.086		2015	2016	6500
260	福能	晋江	公用	废水	全厂废水处理系统重大技改	对生活污水、含煤废水、工业废水、冷却塔排水进行梳理				2016	2017	157
261	福能	鸿山	3号	脱硝	锅炉 AIG 精准喷氨	通过布置测量网格，实现对锅炉喷氨精准化控制，减少氨消耗，提高催化剂寿命				2018	2019	530

续表

序号	子分公司	电厂	机组	项目类别	项目名称	技术路线及主要内容	预计年减排（万 t）			预计开始（年）	预计完成（年）	预计投资（万元）
							烟尘	二氧化硫	氮氧化物			
262	福能	鸿山	4 号	脱硝	锅炉 AIG 精准喷氨	通过布置测量网格，实现对锅炉喷氨精准化控制，减少氨消耗，提高催化剂寿命				2019	2020	550
263	福能	鸿山	公用	抑尘	输煤设备粉尘治理	输煤设备粉尘治理项目（主要是 T6 转运站和碎煤机曲线落煤管）之外的输煤设备粉尘治理，包括文明生产可视化管理的相关改造				2018	2018	1000
264	福能	鸿山	公用	石膏雨	烟筒排烟深度脱水技术改造	净烟气再热器利用热媒介质加热湿式静电除尘器出口的低温烟气。热媒水管式烟气加热器的原烟气降温段通过热媒介质将锅炉引风机出口烟气热量回收，通过净烟气再热器传递给静电除尘器出口的低温烟气。热媒介质采用除盐水，闭式循环，增压泵驱动，热媒辅助加热系统采用辅助蒸汽加热				2019	2020	1500
265	神皖	马鞍山	4 号	脱硫	GGH 烟气再循环改造	（1）在空气预热器与除尘器之间的烟道内加装烟气冷却器，将排烟温度降低到 90℃。 （2）在脱硫塔和烟囱之间的烟道内加装烟气再热器，烟气冷却器的一部分热量通过烟气再热器				2016	2016	2080

续表

序号	子分公司	电厂	机组	项目类别	项目名称	技术路线及主要内容	预计年减排（万 t）			预计开始（年）	预计完成（年）	预计投资（万元）
							烟尘	二氧化硫	氮氧化物			
265	神皖	马鞍山	4 号	脱硫	GGH 烟气再循环改造	使脱硫后的烟气温度升高到 80℃。 （3）安装板式换热器加热凝结水。烟气冷却器的另一部分热量通过板式换热器加热凝结水，该部分热量可以排挤汽轮机抽汽，提高煤耗				2016	2016	2080
266	神皖	马鞍山	4 号	除尘	增设湿式电除尘器	在脱硫吸收塔出口增加 1 套湿式电除尘设备，拆除脱硫 GGH 及部分烟道，吸收塔出口烟道转向并优化尾部烟道	0.015			2016	2016	2280
267	神皖	九华	1 号	除尘	增加湿式除尘（WESP）改造工程	1 号机组加装湿式电除尘器，烟道走向优化，拆除 GGH，增设事故喷淋装置，吸收塔除雾器优化	0.007	0.017		2016	2016	1780
268	神皖	九华	1 号	脱硫	烟气近零排放一体化改造（增加 MGGH 改造）	（1）在空气预热器出口布置烟气冷却器，在烟囱入口布置烟气加热器，将湿式除尘器出口烟气温度从 46℃ 加热到 80℃，避免烟囱腐蚀。 （2）1、2 号机组脱硫 CEMS 系统升级改造，以适应燃煤机组超低排放要求				2016	2016	2475

续表

序号	子分公司	电厂	机组	项目类别	项目名称	技术路线及主要内容	预计年减排（万 t）			预计开始（年）	预计完成（年）	预计投资（万元）
							烟尘	二氧化硫	氮氧化物			
269	神皖	安庆	1 号	除尘	湿式电除尘改造	给 1 号机组电除尘加装湿式除尘器	0.004			2016	2016	3550
270	神皖	安庆	2 号	除尘	湿式电除尘改造	给 2 号机组电除尘加装湿式除尘器	0.004			2015	2016	3550
271	四川	太白	31 号	脱硝	脱硝系统提效改造	现有 SCR 脱硝系统提效，新增一层催化剂及配套系统			0.019	2017	2018	323
272	四川	太白	31 号	除尘	电除尘提效改造	电除尘器本体及高效电源改造	0.027			2017	2018	1770
273	四川	太白	31 号	除尘	脱硫吸收塔高效除尘除雾改造	吸收塔除雾器更换为高效除尘除雾装置（管式除尘除雾器）	0.010	0.064		2017	2018	920
274	四川	太白	32 号	脱硝	脱硝系统提效改造	现有 SCR 脱硝系统提效，新增一层催化剂及配套系统			0.019	2017	2018	323
275	四川	太白	32 号	除尘	电除尘提效改造	电除尘器本体及高效电源改造	0.027			2017	2018	1770
276	四川	太白	32 号	除尘	脱硫吸收塔高效除尘除雾改造	吸收塔除雾器更换为高效除尘除雾装置（管式除尘除雾器）	0.010	0.064		2017	2018	1319
277	四川	江油	31 号	脱硝	脱硝系统提效改造	现有 SCR 脱硝系统提效，新增一层催化剂及配套系统			0.019	2020	2020	285

续表

序号	子分公司	电厂	机组	项目类别	项目名称	技术路线及主要内容	预计年减排（万 t）			预计开始（年）	预计完成（年）	预计投资（万元）
							烟尘	二氧化硫	氮氧化物			
278	四川	江油	31号	脱硝	锅炉低氮燃烧改造	采用低氮燃烧技术，选用新型低氮燃烧器及燃尽风箱			0.154	2020	2020	1300
279	四川	江油	31号	除尘	除尘器提效改造	电除尘器本体及高效电源改造	0.064			2020	2020	1692
280	四川	江油	32号	脱硝	脱硝系统提效改造	现有SCR脱硝系统提效，新增一层催化剂及配套系统			0.019	2020	2020	285
281	四川	江油	32号	脱硝	锅炉低氮燃烧改造	采用低氮燃烧技术，选用新型低氮燃烧器及燃尽风箱			0.154	2020	2020	1300
282	四川	江油	32号	脱硫	脱硫吸收塔增容及高效除尘除雾改造	两炉共用吸收塔增容除雾器更换为高效除尘除雾装置（管式除尘除雾器）	0.009	0.062		2019	2020	1430
283	四川	江油	32号	除尘	除尘器提效改造	电除尘器本体及高效电源改造	0.064			2020	2020	1692
284	准能	矸电	1号	脱硫除尘	脱硫除尘改造	（1）在现有机组采用石灰石（$CaCO_3$）—石膏湿法脱硫工艺的基础上实施脱硫超低排放改造，在吸收塔内部增加烟气均匀分布设施；更换效率更高的双向喷嘴，使喷淋覆盖率达到300%，在提升自身雾化效果的同时提高了二	0.002	0.005		2018	2019	2000

续表

序号	子分公司	电厂	机组	项目类别	项目名称	技术路线及主要内容	预计年减排（万t）			预计开始（年）	预计完成（年）	预计投资（万元）
							烟尘	二氧化硫	氮氧化物			
284	准能	矸电	1号	脱硫除尘	脱硫除尘改造	次碰撞的效果，增大脱硫剂与烟气中二氧化硫的接触面积，使反应更加充分，提高烟气中的二氧化硫脱出效率。改造后保证脱硫后烟气中二氧化硫排放浓度低于35mg/m³（标准状态）。 （2）采用管束除雾除尘一体化改造，改造后烟尘含量低于10mg/m³（标准状态）	0.002	0.005		2018	2019	2000
285	准能	矸电	1号	脱硝	脱硝改造	采用选择性非催化还原（SNCR）脱硝工艺，新建尿素输送系统、计量分配及喷射系统，在A、B分离器入口水平烟道安装24支喷枪，增大尿素溶液出力，增加雾化效果。改造后氮氧化物的排放浓度低于50mg/m³（标准状态）			0.000	2018	2019	700
286	准能	矸电	2号	脱硫除尘	脱硫除尘改造	（1）在现有机组采用石灰石（$CaCO_3$）—石膏湿法脱硫工艺的基础上实施脱硫超低排放改造，在吸收塔内部增加烟气均匀分布设施；更换效率更高的双向喷嘴，使喷淋覆盖率达到300%，在提升自身雾化效果的同时提高	0.002	0.005		2019	2019	2000

续表

序号	子分公司	电厂	机组	项目类别	项目名称	技术路线及主要内容	预计年减排（万 t）			预计开始（年）	预计完成（年）	预计投资（万元）
							烟尘	二氧化硫	氮氧化物			
286	准能	矸电	2 号	脱硫除尘	脱硫除尘改造	了二次碰撞的效果，增大脱硫剂与烟气中二氧化硫的接触面积，使反应更加充分，提高烟气中的二氧化硫脱出效率。改造后保证脱硫后烟气中二氧化硫排放浓度低于 35mg/m^3（标准状态）。 （2）采用管束除雾除尘一体化改造，改造后烟尘含量低于 10mg/m^3（标准状态）	0.002	0.005		2019	2019	2000
287	准能	矸电	2 号	脱硝	脱硝改造	采用选择性非催化还原（SNCR）脱硝工艺，新建尿素输送系统、计量分配及喷射系统，在 A、B 分离器入口水平烟道安装 24 支喷枪，增大尿素溶液出力，增加雾化效果。改造后氮氧化物的排放浓度低于 50mg/m^3（标准状态）			0.000	2019	2019	700
288	准能	矸电	3 号	脱硫除尘	脱硫除尘改造	（1）在现有机组采用石灰石（$CaCO_3$）—石膏湿法脱硫工艺的基础上实施脱硫超低排放改造，在吸收塔内部增加烟气均匀分布设施；更换效率更高的双向喷嘴，使喷淋覆盖率达到 300%，	0.003	0.004		2018	2019	2700

续表

序号	子分公司	电厂	机组	项目类别	项目名称	技术路线及主要内容	预计年减排（万 t）			预计开始（年）	预计完成（年）	预计投资（万元）
							烟尘	二氧化硫	氮氧化物			
288	准能	矸电	3 号	脱硫除尘	脱硫除尘改造	在提升自身雾化效果的同时提高了二次碰撞的效果，增大脱硫剂与烟气中二氧化硫的接触面积，使反应更加充分，提高烟气中的二氧化硫脱出效率。改造后保证脱硫后烟气中二氧化硫排放浓度低于 35mg/m^3（标准状态）。 （2）采用管束除雾除尘一体化改造，改造后烟尘含量低于 10mg/m^3（标准状态）	0.003	0.004		2018	2019	2700
289	准能	矸电	3 号	脱硝	脱硝改造	在现有选择性非催化还原（SNCR）脱硝工艺基础上进行脱硝超低排放改造： （1）在原有的基础上改造旋风分离器，降低 NO_x 出口浓度。 （2）在 A、B、C 分离器入口水平烟道另一侧各加装 6 支喷枪（一台炉共 36 支喷枪）增大了一倍的出力，同时需对原有喷枪进行更换，增加雾化效果；改造后氮氧化物的排放浓度低于 50mg/m^3（标准状态）。 （3）对原有计量分配系统、管道、阀门、泵进行更新改造			0.008	2018	2019	750

续表

序号	子分公司	电厂	机组	项目类别	项目名称	技术路线及主要内容	预计年减排（万 t）			预计开始（年）	预计完成（年）	预计投资（万元）
							烟尘	二氧化硫	氮氧化物			
290	准能	矸电	4号	脱硫除尘	脱硫除尘改造	（1）在现有机组采用石灰石（$CaCO_3$）—石膏湿法脱硫工艺的基础上实施脱硫超低排放改造，在吸收塔内部增加烟气均匀分布设施；更换效率更高的双向喷嘴，使喷淋覆盖率达到300%，在提升自身雾化效果的同时提高了二次碰撞的效果，增大脱硫剂与烟气中二氧化硫的接触面积，使反应更加充分，提高烟气中的二氧化硫脱出效率。改造后保证脱硫后烟气中二氧化硫排放浓度低于35mg/m^3（标准状态）。 （2）采用管束除雾除尘一体化改造，改造后烟尘含量低于10mg/m^3（标准状态）	0.003	0.004		2018	2019	2700
291	准能	矸电	4号	脱硝	脱硝改造	在现有选择性非催化还原（SNCR）脱硝工艺基础上进行脱硝超低排放改造： （1）在原有的基础上改造旋风分离器，降低NO_x出口浓度。 （2）在A、B、C分离器入口水平烟道另一侧各加装6支喷枪（一台炉共36支喷枪）增大了一倍的出力，同时需对原有喷枪进			0.008	2018	2019	750

续表

序号	子分公司	电厂	机组	项目类别	项目名称	技术路线及主要内容	预计年减排（万t）			预计开始（年）	预计完成（年）	预计投资（万元）
							烟尘	二氧化硫	氮氧化物			
291	准能	矸电	4号	脱硝	脱硝改造	行更换，增加雾化效果；改造后氮氧化物的排放浓度低于50mg/m³（标准状态）。 （3）对原有计量分配系统、管道、阀门、泵进行更新改造			0.008	2018	2019	750
292	准能	矸电	1号	CEMS	CEMS在线监测系统改造	更换原有小量程的CEMS在线监测设施，与超低排放改造配套使用；采样系统更改为矩阵式多点流量采样，更换氨逃逸监测设备；改造后，可满足采样要求，使监测数据准确、有效				2018	2019	150
293	准能	矸电	1号	超低排放	烟道、引风机改造	脱硫超低排放改造后导致烟气阻力上升，大概在900～1300Pa，要对引风机进行增容改造，同时对净烟道漏烟气的问题进行彻底治理				2018	2019	700
294	准能	矸电	2号	CEMS	CEMS在线监测系统改造	更换原有小量程的CEMS在线监测设施，与超低排放改造配套使用；采样系统更改为矩阵式多点流量采样，更换氨逃逸监测设备；改造后，可满足采样要求，使监测数据准确、有效				2019	2019	150

续表

序号	子分公司	电厂	机组	项目类别	项目名称	技术路线及主要内容	预计年减排（万 t）			预计开始（年）	预计完成（年）	预计投资（万元）
							烟尘	二氧化硫	氮氧化物			
295	准能	矸电	2号	超低排放	烟道、引风机改造	脱硫超低排放改造后导致烟气阻力上升，大概在900～1300Pa，要对引风机进行增容改造，同时对净烟道漏烟气的问题进行彻底治理				2019	2019	700
296	准能	矸电	3号	CEMS	CEMS在线监测系统改造	更换原有小量程的CEMS在线监测设施，与超低排放改造配套使用；采样系统更改为矩阵式多点流量采样，更换氨逃逸监测设备；改造后，可满足采样要求，使监测数据准确、有效				2018	2019	200
297	准能	矸电	3号	超低排放	烟道、引风机改造	脱硫超低排放改造后导致烟气阻力上升，大概在900～1300Pa，要对引风机进行增容改造，同时对净烟道漏烟气的问题进行彻底治理				2018	2019	1082
298	准能	矸电	4号	CEMS	CEMS在线监测系统改造	更换原有小量程的CEMS在线监测设施，与超低排放改造配套使用；采样系统更改为矩阵式多点流量采样，更换氨逃逸监测设备；改造后，可满足采样要求，使监测数据准确、有效				2018	2019	200

续表

序号	子分公司	电厂	机组	项目类别	项目名称	技术路线及主要内容	预计年减排（万t）			预计开始（年）	预计完成（年）	预计投资（万元）
							烟尘	二氧化硫	氮氧化物			
299	准能	矸电	4号	超低排放	烟道、引风机改造	脱硫超低排放改造后导致烟气阻力上升，大概在900～1300Pa，要对引风机进行增容改造，同时对净烟道漏烟气的问题进行彻底治理				2018	2019	1082
300	内蒙煤焦化	西来峰	1号	脱硫脱硝除尘	超低排放改造	脱硫除尘一体化改造及现有SNCR脱硝系统提效				2017	2018	7500
301	内蒙煤焦化	西来峰	2号	脱硫脱硝除尘	超低排放改造	脱硫除尘一体化改造及现有SNCR脱硝系统提效				2017	2018	7500
302	内蒙煤焦化	西来峰	公用	抑尘	煤场全封闭改造	在原煤场位置新建全封闭煤棚，煤场净尺寸：105m（跨度方向轴线间距离）×260m（长度方向轴线间距离）				2017	2018	3500
303	内蒙煤焦化	西来峰	公用	废水处理	浓盐水回收治理	反渗透浓盐水、辅机冷却水排污水及工业废水回收利用工程的废水处理成套设备				2018	2019	1000

（二）升级改造十大工程

节能增效十大工程见表7-3，环保减排十大工程见表7-4。

表7-3　节能增效十大工程

2016年				
序号	子分公司	电厂	机组	项目名称
1	国华	徐州	—	优化运行、精细检修
2	国华	陈家港	—	优化运行、精细检修
3	国华	太仓	—	汽轮机通流改造
4	国华	锦界	—	空冷岛治理、优化运行
5	国华	宁海	—	汽轮机通流改造
6	国神	万州	—	优化运行、精细检修
7	国神	鸳鸯湖	—	优化运行、精细检修
8	国神	府谷	—	空冷岛治理、优化运行
9	神皖	安庆二期	—	优化运行、精细检修、零号高加
10	神皖	池州九华	—	综合优化提效改造
2017年				
序号	子分公司	电厂	机组	项目名称
1	国华	三河	1号	余热余压综合利用改造
2	国华	宁海	5号	再热蒸汽温度提升改造
3	国华	孟津	—	供热改造
4	国华	台山	1号	汽轮机通流改造
5	国神	鸳鸯湖	2号	电动给水泵节能改造
6	国神	府谷	2号	锅炉受热面改造
7	国神	大港	3号	锅炉制粉系统节能改造
8	国神	秦皇岛	4号	汽轮机通流改造
9	四川	江油	31号	汽轮机轴封汽封改造
10	福能	雁石	6号	汽轮机提效改造

续表

2018 年				
序号	子分公司	电厂	机组	项　目　名　称
1	国华	绥中	3 号	循环水泵电动机高低速改造
2	国华	惠州	1 号	电动给水泵变频改造
3	国华	孟津	1 号	机组供热改造
4	国华	准格尔	1～4 号	机组灵活性改造
5	国神	万州	1 号	汽轮机汽封改造
6	国神	焦作	1 号	一次风机叶轮改造
7	国神	鸳鸯湖	1 号	汽轮机通流改造
8	国神	花园	4 号	空冷岛加装尖峰冷却装置
9	国神	河曲	2 号	发电机-变压器组增容改造
10	四川	太白	32 号	热电联产改造
2019 年				
序号	子分公司	电厂	机组	项　目　名　称
1	国华	定州	3 号	汽轮机通流改造
2	国华	定州	3 号	电动给水泵节能改造
3	国华	准格尔	3 号	一次风机变频改造
4	国华	惠州	1 号	汽轮机通流改造
5	国华	舟山	3 号	汽轮机通流改造
6	国神	大南湖	1 号	汽轮机通流改造
7	国神	府谷	2 号	锅炉受热面改造
8	国神	河曲	1 号	汽轮机通流改造
9	神皖	安庆	4 号	弹性回热改造
10	神皖	九华	2 号	抽汽供热扩能改造
2020 年				
序号	子分公司	电厂	机组	项　目　名　称
1	国华	绥中	2 号	送风机、一次风机提效改造
2	国神	大港	3 号	供热改造
3	国神	大港	4 号	供热改造

续表

2020年				
序号	子分公司	电厂	机组	项 目 名 称
4	国神	亿利	3号/4号	直接空冷加装外置冷却器节能改造
5	国神	神二	2号	加装低温省煤器
6	国神	神二	2号	汽动给水泵汽轮机通流改造
7	国神	店塔B	—	电动给水泵节能改造
8	国神	大南湖	2号	汽轮机通流改造
9	四川	江油	31号	给水泵液耦改造
10	准能	矸电	1号	汽轮机汽封间隙调整和汽封改造

表7-4　环保减排十大工程

2016年		
序　号	子分公司	项 目 名 称
1	国华	广东国华粤电台山发电公司3号机组超低排放改造工程
2	国华	浙江国华浙能发电公司1号机组超低排放改造工程
3	国华	国华锦界能源公司3号机组超低排放改造及降噪治理工程
4	国华	江苏国华太仓发电公司8号机组超低排放改造工程
5	国华	国华徐州发电公司2号机组超低排放改造工程
6	国神	神华国能神头第二发电厂2号机组超低排放改造工程
7	国神	山西鲁能河曲发电公司1号机组超低排放改造工程
8	国神	陕西德源府谷能源公司1号机组超低排放改造工程
9	国神	哈密煤电高盐疏干水高效利用和零排放技术研究及工程示范
10	神皖	马鞍山万能达发电公司4号机组超低排放改造工程
2017年		
序号	子分公司	项 目 名 称
1	国华	广东国华粤电台山发电公司1号机组超低排放改造工程
2	国华	内蒙古准格尔发电公司废水零排放工程
3	国华	国华锦界能源公司1号机组超低排放改造及降噪治理工程

续表

2017 年		
序号	子分公司	项 目 名 称
4	国华	浙江国华浙能发电公司 5 号机组超低排放改造工程
5	国华	国华徐州发电公司 1 号机组超低排放改造工程
6	国神	神华国能神头第二发电厂 1 号机组超低排放改造工程
7	国神	山西鲁能河曲发电公司 2 号机组超低排放改造工程
8	国神	和丰电厂 1 号机组超低排放改造工程
9	国神	哈密煤电高盐疏干水高效利用和零排放技术研究及工程示范（科技示范项目）
10	四川	四川巴蜀江油燃煤发电有限公司 2 号机组超低排放改造工程
2018 年		
序号	子分公司	项 目 名 称
1	国华	三河电厂废水零排放工程
2	国华	三河电厂封闭式煤场改造工程
3	国华	天津盘山发电公司全厂废水零排放改造
4	国神	山西鲁能河曲发电公司废水零排放工程（科技示范项目）
5	国神	天津大港电厂废水零排放工程（科技示范项目）
6	国神	神东电力店塔 B 电厂废水零排放工程
7	国神	府谷电厂 2 号机组超低排放改造工程
8	国神	和丰电厂 2 号机组超低排放改造工程
9	国神	五彩湾电厂 2 号机组超低排放改造工程
10	国神	内蒙古蒙东发电公司 2 号机组超低排放改造工程
2019 年		
序号	子分公司	项 目 名 称
1	国华	内蒙古准格尔发电公司废水零排放工程
2	国华	三河电厂废水零排放工程
3	国华	三河电厂封闭式煤场改造工程
4	国神	新疆米东电厂废水零排放工程
5	国神	神东电力店塔 B 电厂废水零排放工程

续表

2019 年		
序号	子分公司	项 目 名 称
6	国神	四川白马循环流化床示范电站 61 号机组超低排放改造工程
7	国神	郭家湾电厂 1 号机组超低排放改造工程
8	国神	萨拉齐电厂 1 号机组超低排放改造工程
9	国神	新疆和丰电厂 2 号机组超低排放改造工程
10	国神	内蒙古蒙东发电公司 2 号机组超低排放改造工程
2020 年		
序号	子分公司	项 目 名 称
1	国华	江苏徐州发电公司煤场封闭改造工程
2	国华	内蒙古呼伦贝尔发电公司废水零排放工程
3	国神	新疆米东电厂废水零排放工程
4	国神	神东电力萨拉齐电厂 2 号机组超低排放改造工程
5	国神	神东电力郭家湾电厂 2 号机组超低排放改造工程
6	国神	四川白马循环流化床示范电站 31 号机组超低排放改造工程
7	国神	新疆准东五彩湾发电公司 2 号机组超低排放改造工程
8	国神	新疆和丰电厂 1 号机组超低排放改造工程
9	准能	准能集团矸石电厂 3 号超低排放改造工程
10	四川	江油发电公司 31 号、32 号超低排放改造工程

附件 1

国务院办公厅关于印发能源发展战略行动计划（2014—2020 年）的通知

（国办发〔2014〕31 号）

各省、自治区、直辖市人民政府，国务院各部委、各直属机构：

《能源发展战略行动计划（2014—2020 年）》已经国务院同意，现印发给你们，请认真贯彻落实。

国务院办公厅

2014 年 6 月 7 日

能源发展战略行动计划（2014—2020 年）

能源是现代化的基础和动力。能源供应和安全事关我国现代化建设全局。新世纪以来，我国能源发展成就显著，供应能力稳步增长，能源结构不断优化，节能减排取得成效，科技进步迈出新步伐，国际合作取得新突破，建成世界最大的能源供应体系，有效保障了经济社会持续发展。

当前，世界政治、经济格局深刻调整，能源供求关系深刻变化。我国能源资源约束日益加剧，生态环境问题突出，调整结构、提高能效和保障能源安全的压力进一步加大，能源发展面临一系列新问题新挑战。同时，我国可再生能源、非常规油气和深海油气资源开发潜力很大，能源科技创新取得新突破，能源国际合作不断深化，能源发展面临着难得的机遇。

从现在到2020年，是我国全面建成小康社会的关键时期，是能源发展转型的重要战略机遇期。为贯彻落实党的十八大精神，推动能源生产和消费革命，打造中国能源升级版，必须加强全局谋划，明确今后一段时期我国能源发展的总体方略和行动纲领，推动能源创新发展、安全发展、科学发展，特制订本行动计划。

一、总体战略

（一）指导思想

高举中国特色社会主义伟大旗帜，以邓小平理论、“三个代表”重要思想、科学发展观为指导，深入贯彻党的十八大和十八届二中、三中全会精神，全面落实党中央、国务院的各项决策部署，以开源、节流、减排为重点，确保能源安全供应，转变能源发展方式，调整优化能源结构，创新能源体制机制，着力提高能源效率，严格控制能源消费过快增长，着力发展清洁能源，推进能源绿色发展，着力推动科技进步，切实提高能源产业核心竞争力，打造中国能源升级版，为实现中华民族伟大复兴的中国梦提供安全可靠的能源保障。

（二）战略方针与目标

坚持“节约、清洁、安全”的战略方针，加快构建清洁、高效、安全、可持续的现代能源体系。重点实施四大战略：

（1）节约优先战略。把节约优先贯穿于经济社会及能源发展的全过程，集约高效开发能源，科学合理使用能源，大力提高能源效率，加快调整和优化经济结构，推进重点领域和关键环节节能，合理控制能源消费总量，以较少的能源消费支撑经济社会较快发展。

到2020年，一次能源消费总量控制在48亿吨标准煤左右，煤炭消费总量控制在42亿吨左右。

(2) 立足国内战略。坚持立足国内，将国内供应作为保障能源安全的主渠道，牢牢掌握能源安全主动权。发挥国内资源、技术、装备和人才优势，加强国内能源资源勘探开发，完善能源替代和储备应急体系，着力增强能源供应能力。加强国际合作，提高优质能源保障水平，加快推进油气战略进口通道建设，在开放格局中维护能源安全。

到2020年，基本形成比较完善的能源安全保障体系。国内一次能源生产总量达到42亿吨标准煤，能源自给能力保持在85％左右，石油储采比提高到14～15，能源储备应急体系基本建成。

(3) 绿色低碳战略。着力优化能源结构，把发展清洁低碳能源作为调整能源结构的主攻方向。坚持发展非化石能源与化石能源高效清洁利用并举，逐步降低煤炭消费比重，提高天然气消费比重，大幅增加风电、太阳能、地热能等可再生能源和核电消费比重，形成与我国国情相适应、科学合理的能源消费结构，大幅减少能源消费排放，促进生态文明建设。

到2020年，非化石能源占一次能源消费比重达到15％，天然气比重达到10％以上，煤炭消费比重控制在62％以内。

(4) 创新驱动战略。深化能源体制改革，加快重点领域和关键环节改革步伐，完善能源科学发展体制机制，充分发挥市场在能源资源配置中的决定性作用。树立科技决定能源未来、科技创造未来能源的理念，坚持追赶与跨越并重，加强能源科技创新体系建设，依托重大工程推进科技自主创新，建设能源科技强国，能源科技总体接近世界先进水平。

到2020年，基本形成统一开放竞争有序的现代能源市场体系。

二、主要任务

(一) 增强能源自主保障能力

立足国内，加强能源供应能力建设，不断提高自主控制能源对外依存度的能力。

1. 推进煤炭清洁高效开发利用

按照安全、绿色、集约、高效的原则，加快发展煤炭清洁开发利用技术，不断提高煤炭清洁高效开发利用水平。

清洁高效发展煤电。转变煤炭使用方式，着力提高煤炭集中高效发电比例。提高煤电机组准入标准，新建燃煤发电机组供电煤耗低于每千瓦时300克标准煤，污染物排放接近燃气机组排放水平。

推进煤电大基地大通道建设。依据区域水资源分布特点和生态环境承载能力，严格煤矿环保和安全准入标准，推广充填、保水等绿色开采技术，重点建设晋北、晋中、晋东、神东、陕北、黄陇、宁东、鲁西、两淮、云贵、冀中、河南、内蒙古东部、新疆14个亿吨级大型煤炭基地。到2020年，基地产量占全国的95%。采用最先进节能节水环保发电技术，重点建设锡林郭勒、鄂尔多斯、晋北、晋中、晋东、陕北、哈密、准东、宁东9个千万千瓦级大型煤电基地。发展远距离大容量输电技术，扩大西电东送规模，实施北电南送工程。加强煤炭铁路运输通道建设，重点建设内蒙古西部至华中地区的铁路煤运通道，完善西煤东运通道。到2020年，全国煤炭铁路运输能力达到30亿吨。

提高煤炭清洁利用水平。制定和实施煤炭清洁高效利用规划，积极推进煤炭分级分质梯级利用，加大煤炭洗选比重，鼓励煤矸石等低热值煤和劣质煤就地清洁转化利用。建立健全煤炭质量管理体系，加强对煤炭开发、加工转化和使用过程的监督管理。加强进口煤炭质量监管。大幅减少煤炭分散直接燃烧，鼓励农村地区使用洁净煤和型煤。

2. 稳步提高国内石油产量

坚持陆上和海上并重，巩固老油田，开发新油田，突破海上油田，大力支持低品位资源开发，建设大庆、辽河、新疆、塔里木、胜利、长庆、渤海、南海、延长9个千万吨级大油田。

稳定东部老油田产量。以松辽盆地、渤海湾盆地为重点，深化精细勘探开发，积极发展先进采油技术，努力增储挖潜，提高原油采收率，保持产量基本稳定。

实现西部增储上产。以塔里木盆地、鄂尔多斯盆地、准噶尔盆地、柴达木盆地为重点，加大油气资源勘探开发力度，推广应用先进技术，努力探明更多优质储量，提高石油产量。加大羌塘盆地等新区油气地质调查研究和勘探开发技术攻关力度，拓展新的储量和产量增长区域。

加快海洋石油开发。按照以近养远、远近结合，自主开发与对外合作并举的方针，加强渤海、东海和南海等海域近海油气勘探开发，加强南海深水油气勘探开发形势跟踪分析，积极推进深海对外招标和合作，尽快突破深海采油技术和装备自主制造能力，大力提升海洋油气产量。

大力支持低品位资源开发。开展低品位资源开发示范工程建设，鼓励难动用储量和濒临枯竭油田的开发及市场化转让，支持采用技术服务、工程总承包等方式开发低品位资源。

3. 大力发展天然气

按照陆地与海域并举、常规与非常规并重的原则，加快常规天然气增储上产，尽快突破非常规天然气发展瓶颈，促进天然气储量产量快速增长。

加快常规天然气勘探开发。以四川盆地、鄂尔多斯盆地、塔里木盆地和南海为重点，加强西部低品位、东部深层、海域深水三大领域科技攻关，加大勘探开发力度，力争获得大突破、大发现，努力建设8个年产量百亿立方米级以上的大型天然气生产基地。到2020年，累计新增常规天然气探明地质储量5.5万亿立方米，年产常规天然气1850亿立方米。

重点突破页岩气和煤层气开发。加强页岩气地质调查研究，加快“工厂化”“成套化”技术研发和应用，探索形成先进适用的页岩气勘探开发技术模式和商业模式，培育自主创新和装备制造能力。着力提高四川长宁-威远、重庆涪陵、云南昭通、陕西延安等国家级示范区储量和产量规模，同时争取在湘鄂、云贵和苏皖等地区实现突破。到2020年，页岩气产量力争超过300亿立方米。以沁水盆地、鄂尔多斯盆地东缘为重点，加大支持力度，加快煤层气勘探开采步伐。到2020年，煤层气产量力争达到300亿立方米。

积极推进天然气水合物资源勘查与评价。加大天然气水合物勘探开发技术攻关力度，培育具有自主知识产权的核心技术，积极推进试采工程。

4. 积极发展能源替代

坚持煤基替代、生物质替代和交通替代并举的方针，科学发展石油替代。到2020年，形成石油替代能力4000万吨以上。

稳妥实施煤制油、煤制气示范工程。按照清洁高效、量水而行、科学布局、突出示范、自主创新的原则，以新疆、内蒙古、陕西、山西等地为重点，稳妥推进煤制油、煤制气技术研发和产业化升级示范工程，掌握核心技术，严格控制能耗、水耗和污染物排放，形成适度规模的煤基燃料替代能力。

积极发展交通燃油替代。加强先进生物质能技术攻关和示范，重点发展新一代非粮燃料乙醇和生物柴油，超前部署微藻制油技术研发和示范。加快发展纯电动汽车、混合动力汽车和船舶、天然气汽车和船舶，扩大交通燃油替代规模。

5. 加强储备应急能力建设

完善能源储备制度，建立国家储备与企业储备相结合、战略储备与生产运行储备并举的储备体系，建立健全国家能源应急保障体系，提高能源安全保障能力。

扩大石油储备规模。建成国家石油储备二期工程，启动三期工程，鼓励民间资本参与储备建设，建立企业义务储备，鼓励发展商业储备。

提高天然气储备能力。加快天然气储气库建设，鼓励发展企业商业储备，支持天然气生产企业参与调峰，提高储气规模和应急调峰能力。

建立煤炭稀缺品种资源储备。鼓励优质、稀缺煤炭资源进口，支持企业在缺煤地区和煤炭集散地建设中转储运设施，完善煤炭应急储备体系。

完善能源应急体系。加强能源安全信息化保障和决策支持能力建设，逐步建立重点能源品种和能源通道应急指挥和综合管理系统，提升预测预警和防范应对水平。

（二）推进能源消费革命

调整优化经济结构，转变能源消费理念，强化工业、交通、建筑节能和需求侧管理，重视生活节能，严格控制能源消费总量过快增长，切实扭转粗放用能方式，不断提高能源使用效率。

1. 严格控制能源消费过快增长

按照差别化原则，结合区域和行业用能特点，严格控制能源消费过快增长，切实转变能源开发和利用方式。

推行“一挂双控”措施。将能源消费与经济增长挂钩，对高耗能产业和产能过剩行业实行能源消费总量控制强约束，其他产业按先进能效标准实行强约束，现有产能能效要限期达标，新增产能必须符合国内先进能效标准。

推行区域差别化能源政策。在能源资源丰富的西部地区，根据水资源和生态环境承载能力，在节水节能环保、技术先进的前提下，合理加大能源开发力度，增强跨区调出能力。合理控制中部地区能源开发强度。大力优化东部地区能源结构，鼓励发展有竞争力的新能源和可再生能源。

控制煤炭消费总量。制定国家煤炭消费总量中长期控制目标，实施煤炭消费减量替代，降低煤炭消费比重。

2. 着力实施能效提升计划

坚持节能优先，以工业、建筑和交通领域为重点，创新发展方式，形成节能型生产和消费模式。

实施煤电升级改造行动计划。实施老旧煤电机组节能减排升级改造工程，现役60万千瓦（风冷机组除外）及以上机组力争5年内供电煤耗降至每千瓦时300克标准煤左右。

实施工业节能行动计划。严格限制高耗能产业和过剩产业扩张，加快淘汰落后产能，实施十大重点节能工程，深入开展万家企业节能低碳行动。实施电机、内燃机、锅炉等重点用能设备能效提升计划，推进工业企业余热余压利用。深入推进工业领域需求侧管理，积极发展高效锅炉和高效电机，推进终端用能产品能效提升和重点用能行业能效水平对标达标。认真开展新建项目环境影响评价和节能评估审查。

实施绿色建筑行动计划。加强建筑用能规划，实施建筑能效提升工程，尽快推行75%的居住建筑节能设计标准，加快绿色建筑建设和既有建筑改造，推行公共建筑能耗限额和绿色建筑评级与标识制度，大力推广节能电器和绿色照明，积极推进新能源城市建设。大力发展低碳生态城市和绿色生态城区，到2020年，城镇绿色建筑占新建建筑的比例达到50%。加快推进供热计量改革，新建建筑和经供热计量改造的既有建筑实行供热计量收费。

实行绿色交通行动计划。完善综合交通运输体系规划，加快推进综合交通运输体系建设。积极推进清洁能源汽车和船舶产业化步伐，提高车用燃油经济性标准和环保标准。加快发展轨道交通和水运等资源节约型、环境友好型运输方式，推进主要城市群内城际铁路建设。大力发展城市公共交通，加强城市步行和自行车交通系统建设，提高公共出行和非机动出行比例。

3. 推动城乡用能方式变革

按照城乡发展一体化和新型城镇化的总体要求，坚持集中与分散供能相结合，因地制宜建设城乡供能设施，推进城乡用能方式转变，提高城乡用能水平和效率。

实施新城镇、新能源、新生活行动计划。科学编制城镇规划，优化城镇空间布局，推动信息化、低碳化与城镇化的深度融合，建设低碳智能城镇。制定城镇综合能源规划，大力发展分布式能源，科学发展热电联产，鼓励有条件的地区发展热电冷联供，发展风能、太阳能、生物质能、地热能供暖。

加快农村用能方式变革。抓紧研究制定长效政策措施，推进绿色能源县、乡、村建设，大力发展农村小水电，加强水电新农村电气化县和小水电代燃料生态保护工程建设，因地制宜发展农村可再生能源，推动非商品能源的清洁高效利用，加强农村节能工作。

开展全民节能行动。实施全民节能行动计划，加强宣传教育，普及节能知识，推广节能新技术、新产品，大力提倡绿色生活方式，引导居民科学合理用能，使节约用能成为全社会的自觉行动。

（三）优化能源结构

积极发展天然气、核电、可再生能源等清洁能源，降低煤炭消费比重，推动能源结构持续优化。

1. 降低煤炭消费比重

加快清洁能源供应，控制重点地区、重点领域煤炭消费总量，推进减量替代，压减煤炭消费，到 2020 年，全国煤炭消费比重降至 62%以内。

削减京津冀鲁、长三角和珠三角等区域煤炭消费总量。加大高耗能产业落后产能淘汰力度，扩大外来电、天然气及非化石能源供应规模，耗煤项目实现煤炭减量替代。到 2020 年，京津冀鲁四省市煤炭消费比 2012 年净削减 1 亿吨，长三角和珠三角地区煤炭消费总量负增长。

控制重点用煤领域煤炭消费。以经济发达地区和大中城市为重点，有序推进重点用煤领域“煤改气”工程，加强余热、余压利用，加快淘汰分散燃煤小锅炉，到 2017 年，基本完成重点地区燃煤锅炉、工业窑炉等天然气替代改造任务。结合城中村、城乡结合部、棚户区改造，扩大城市无煤区范围，逐步由城市建成区扩展到近郊，大幅减少城市煤炭分散使用。

2. 提高天然气消费比重

坚持增加供应与提高能效相结合，加强供气设施建设，扩大天然气进口，有序拓展天然气城镇燃气应用。到2020年，天然气在一次能源消费中的比重提高到10%以上。

实施气化城市民生工程。新增天然气应优先保障居民生活和替代分散燃煤，组织实施城镇居民用能清洁化计划，到2020年，城镇居民基本用上天然气。

稳步发展天然气交通运输。结合国家天然气发展规划布局，制定天然气交通发展中长期规划，加快天然气加气站设施建设，以城市出租车、公交车为重点，积极有序发展液化天然气汽车和压缩天然气汽车，稳妥发展天然气家庭轿车、城际客车、重型卡车和轮船。

适度发展天然气发电。在京津冀鲁、长三角、珠三角等大气污染重点防控区，有序发展天然气调峰电站，结合热负荷需求适度发展燃气-蒸汽联合循环热电联产。

加快天然气管网和储气设施建设。按照西气东输、北气南下、海气登陆的供气格局，加快天然气管道及储气设施建设，形成进口通道、主要生产区和消费区相连接的全国天然气主干管网。到2020年，天然气主干管道里程达到12万公里以上。

扩大天然气进口规模。加大液化天然气和管道天然气进口力度。

3. 安全发展核电

在采用国际最高安全标准、确保安全的前提下，适时在东部沿海地区启动新的核电项目建设，研究论证内陆核电建设。坚持引进消化吸收再创新，重点推进AP1000、CAP1400、高温气冷堆、快堆及后处理技术攻关。加快国内自主技术工程验证，重点建设大型先进压水堆、高温气冷堆重大专项示范工程。积极推进核电基础理论研究、核安全技术研究开发设计和工程建设，完善核燃料循环体系。积极推进核电“走出去”。加强核电科普和核安全知识宣传。到2020年，核电装机容量达到5800万千瓦，在建容量达到3000万千瓦以上。

4. 大力发展可再生能源

按照输出与就地消纳利用并重、集中式与分布式发展并举的原则，加快发展可再生能源。到2020年，非化石能源占一次能源消费比重达到15%。

积极开发水电。在做好生态环境保护和移民安置的前提下，以西南地区金沙江、雅砻江、大渡河、澜沧江等河流为重点，积极有序推进大型水电基地建设。因地制宜发展中小型电站，开展抽水蓄能电站规划和建设，加强水资源综合利用。到2020年，力争常规水电装机达到3.5亿千瓦左右。

大力发展风电。重点规划建设酒泉、内蒙古西部、内蒙古东部、冀北、吉林、黑龙江、山东、哈密、江苏9个大型现代风电基地以及配套送出工程。以南方和中东部地区为重点，大力发展分散式风电，稳步发展海上风电。到2020年，风电装机达到2亿千瓦，风电与煤电上网电价相当。

加快发展太阳能发电。有序推进光伏基地建设，同步做好就地消纳利用和集中送出通道建设。加快建设分布式光伏发电应用示范区，稳步实施太阳能热发电示范工程。加强太阳能发电并网服务。鼓励大型公共建筑及公用设施、工业园区等建设屋顶分布式光伏发电。到2020年，光伏装机达到1亿千瓦左右，光伏发电与电网销售电价相当。

积极发展地热能、生物质能和海洋能。坚持统筹兼顾、因地制宜、多元发展的方针，有序开展地热能、海洋能资源普查，制定生物质能和地热能开发利用规划，积极推动地热能、生物质和海洋能清洁高效利用，推广生物质能和地热供热，开展地热发电和海洋能发电示范工程。到2020年，地热能利用规模达到5000万吨标准煤。

提高可再生能源利用水平。加强电源与电网统筹规划，科学安排调峰、调频、储能配套能力，切实解决弃风、弃水、弃光问题。

（四）拓展能源国际合作

统筹利用国内国际两种资源、两个市场，坚持投资与贸易并举、陆海通道并举，加快制定利用海外能源资源中长期规划，着力拓展进口通道，着力建设丝绸之路经济带、21世纪海上丝绸之路、孟中印缅经济走廊和中巴经济走廊，积极支持能源技术、装备和工程队伍“走出去”。

加强俄罗斯中亚、中东、非洲、美洲和亚太五大重点能源合作区域建设，深化国际能源双边多边合作，建立区域性能源交易市场。积极参与全球能源治理。加强统筹协调，支持企业“走出去”。

（五）推进能源科技创新

按照创新机制、夯实基础、超前部署、重点跨越的原则，加强科技自主创新，鼓励引进消化吸收再创新，打造能源科技创新升级版，建设能源科技强国。

1. 明确能源科技创新战略方向和重点

抓住能源绿色、低碳、智能发展的战略方向，围绕保障安全、优化结构和节能减排等长期目标，确立非常规油气及深海油气勘探开发、煤炭清洁高效利用、分布式能源、智能电网、新一代核电、先进可再生能源、节能节水、储能、基础材料9个重点创新领域，明确页岩气、煤层气、页岩油、深海油气、煤炭深加工、高参数节能环保燃煤发电、整体煤气化联合循环发电、燃气轮机、现代电网、先进核电、光伏、太阳能热发电、风电、生物燃料、地热能利用、海洋能发电、天然气水合物、大容量储能、氢能与燃料电池、能源基础材料20个重点创新方向，相应开展页岩气、煤层气、深水油气开发等重大示范工程。

2. 抓好科技重大专项

加快实施大型油气田及煤层气开发国家科技重大专项。加强大型先进压水堆及高温气冷堆核电站国家科技重大专项。加强技术攻关，力争页岩气、深海油气、天然气水合物、新一代核电等核心技术取得重大突破。

3. 依托重大工程带动自主创新

依托海洋油气和非常规油气勘探开发、煤炭高效清洁利用、先进核电、可再生能源开发、智能电网等重大能源工程，加快科技成果转化，加快能源装备制造创新平台建设，支持先进能源技术装备“走出去”，形成有国际竞争力的能源装备工业体系。

4. 加快能源科技创新体系建设

制定国家能源科技创新及能源装备发展战略。建立以企业为主体、市场为导向、政产学研用相结合的创新体系。鼓励建立多元化的能源科技风险投资基金。加强能源人才队伍建设，鼓励引进高端人才，培育一批能源科技领军人才。

三、保障措施

（一）深化能源体制改革

坚持社会主义市场经济改革方向，使市场在资源配置中起决定性作用和更好发挥政府作用，深化能源体制改革，为建立现代能源体系、保障国家能源安全营造良好的制度环境。

完善现代能源市场体系。建立统一开放、竞争有序的现代能源市场体系。深入推进政企分开，分离自然垄断业务和竞争性业务，放开竞争性领域和环节。实行统一的市场准入制度，在制定负面清单基础上，鼓励和引导各类市场主体依法平等进入负面清单以外的领域，推动能源投资主体多元化。深化国有能源企业改革，完善激励和考核机制，提高企业竞争力。鼓励利用期货市场套期保值，推进原油期货市场建设。

推进能源价格改革。推进石油、天然气、电力等领域价格改革，有序放开竞争性环节价格，天然气井口价格及销售价格、上网电价和销售电价由市场形成，输配电价和油气管输价格由政府定价。

深化重点领域和关键环节改革。重点推进电网、油气管网建设运营体制改革，明确电网和油气管网功能定位，逐步建立公平接入、供需导向、可靠灵活的电力和油气输送网络。加快电力体制改革步伐，推动供求双方直接交易，构建竞争性电力交易市场。

健全能源法律法规。加快推动能源法制定和电力法、煤炭法修订工作。积极推进海洋石油天然气管道保护、核电管理、能源储备等行政法规制定或修订工作。

进一步转变政府职能，健全能源监管体系。加强能源发展战略、规划、政策、标准等制定和实施，加快简政放权，继续取消和下放行政审批事项。强化能源监管，健全监管组织体系和法规体系，创新监管方式，提高监管效能，维护公平公正的市场秩序，为能源产业健康发展创造良好环境。

（二）健全和完善能源政策

完善能源税费政策。加快资源税费改革，积极推进清费立税，逐步扩大资源税从价计征范围。研究调整能源消费税征税环节和税率，将部分高耗能、高污染产品纳入征收范围。完善节能减排税收政策，建立和完善生态补偿机制，加快推进环境保护税立法工作，探索建立绿色税收体系。

完善能源投资和产业政策。在充分发挥市场作用的基础上，扩大地质勘探基金规模，重点支持和引导非常规油气及深海油气资源开发和国际合作，完善政府对基础性、战略性、前沿性科学研究和共性技术研究及重大装备的支持机制。完善调峰调频备用补偿政策，实施可再生能源电力配额制和全额保障性收购政策及配套措施。鼓励银行业金融机构按照风险可控、商业可持续的原则，加大对节能增效、能源资源综合利用和清洁能源项目的支持。研究制定推动绿色信贷发展的激励政策。

完善能源消费政策。实行差别化能源价格政策。加强能源需求侧管理，推行合同能源管理，培育节能服务机构和能源服务公司，实施能源审计制度。健全固定资产投资项目节能评估审查制度，落实能效“领跑者”制度。

（三）做好组织实施

加强组织领导。充分发挥国家能源委员会的领导作用，加强对能源重大战略问题的研究和审议，指导推动本行动计划的实施。能源局要切实履行国家能源委员会办公室职责，组织协调各部门制定实施细则。

细化任务落实。国务院有关部门、各省（区、市）和重点能源企业要将贯彻落实本行动计划列入本部门、本地区、本企业的重要议事日程，做好各类规划计划与本行动计划的衔接。国家能源委员会办公室要制定实施方案，分解落实目标任务，明确进度安排和协调机制，精心组织实施。

加强督促检查。国家能源委员会办公室要密切跟踪工作进展，掌握目标任务完成情况，督促各项措施落到实处、见到实效。在实施过程中，要定期组织开展评估检查和考核评价，重大情况及时报告国务院。

附件 2

国务院关于印发
大气污染防治行动计划的通知

（国发〔2013〕37 号）

各省、自治区、直辖市人民政府，国务院各部委、各直属机构：

现将《大气污染防治行动计划》印发给你们，请认真贯彻执行。

国务院

2013 年 9 月 10 日

大气污染防治行动计划

大气环境保护事关人民群众根本利益，事关经济持续健康发展，事关全面建成小康社会，事关实现中华民族伟大复兴中国梦。当前，我国大气污染形势严峻，以可吸入颗粒物（PM_{10}）、细颗粒物（$PM_{2.5}$）为特征污染物的区域性大气环境问题日益突出，损害人民群众身体健康，影响社会和谐稳定。随着我国工业化、城镇化的深入推进，能源资源消耗持续增加，大气污染防治压力继续加大。为切实改善空气质量，制订本行动计划。

总体要求：以邓小平理论、“三个代表”重要思想、科学发展观为指导，以保障人民群众身体健康为出发点，大力推进生态文明建设，坚持政府调控与市场调节相结合、全面推进与重点突破相配合、区域协作与属地管理相协调、总量减排与质量改善相同步，形成政府统领、企业施治、市场驱动、公众参与的大气污染防治新机制，实施分区域、分阶段治理，推动产业结构优化、科技创新能力增强、经济增长质量提高，实现环境效益、经济效益与社会效益多赢，为建设美丽中国而奋斗。

奋斗目标：经过五年努力，全国空气质量总体改善，重污染天气较大幅度减少；京津冀、长三角、珠三角等区域空气质量明显好转。力争再用五年或更长时间，逐步消除重污染天气，全国空气质量明显改善。

具体指标：到 2017 年，全国地级及以上城市可吸入颗粒物浓度比 2012 年下降 10%以上，优良天数逐年提高；京津冀、长三角、珠三角等区域细颗粒物浓度分别下降 25%、20%、15%左右，其中北京市细颗粒物年均浓度控制在 60 微克/立方米左右。

一、加大综合治理力度，减少多污染物排放

（一）加强工业企业大气污染综合治理。全面整治燃煤小锅炉。加快推进集中供热、“煤改气”“煤改电”工程建设，到 2017 年，除必要保留的以外，地级及以上城市建成区基本淘汰每小时 10 蒸吨及以下的燃煤锅炉，禁止新建每小时 20 蒸吨以下的燃煤锅炉；其他地区原则上不再新建每小时 10 蒸吨以下的燃煤锅炉。在供热供气管网不能覆盖的地区，改用电、新能源或洁净煤，推广应用高效节能环保型锅炉。在化工、造纸、印染、制革、制药等产业集聚区，通过集中建设热电联产机组逐步淘汰分散燃煤锅炉。

加快重点行业脱硫、脱硝、除尘改造工程建设。所有燃煤电厂、钢铁企业的烧结机和球团生产设备、石油炼制企业的催化裂化装置、有色金属冶炼企业都要安装脱硫设施，每小时 20 蒸吨及以上的燃煤锅炉要实施脱硫。除

循环流化床锅炉以外的燃煤机组均应安装脱硝设施，新型干法水泥窑要实施低氮燃烧技术改造并安装脱硝设施。燃煤锅炉和工业窑炉现有除尘设施要实施升级改造。

推进挥发性有机物污染治理。在石化、有机化工、表面涂装、包装印刷等行业实施挥发性有机物综合整治，在石化行业开展“泄漏检测与修复”技术改造。限时完成加油站、储油库、油罐车的油气回收治理，在原油成品油码头积极开展油气回收治理。完善涂料、胶黏剂等产品挥发性有机物限值标准，推广使用水性涂料，鼓励生产、销售和使用低毒、低挥发性有机溶剂。

京津冀、长三角、珠三角等区域要于2015年底前基本完成燃煤电厂、燃煤锅炉和工业窑炉的污染治理设施建设与改造，完成石化企业有机废气综合治理。

（二）深化面源污染治理。综合整治城市扬尘。加强施工扬尘监管，积极推进绿色施工，建设工程施工现场应全封闭设置围挡墙，严禁敞开式作业，施工现场道路应进行地面硬化。渣土运输车辆应采取密闭措施，并逐步安装卫星定位系统。推行道路机械化清扫等低尘作业方式。大型煤堆、料堆要实现封闭储存或建设防风抑尘设施。推进城市及周边绿化和防风防沙林建设，扩大城市建成区绿地规模。

开展餐饮油烟污染治理。城区餐饮服务经营场所应安装高效油烟净化设施，推广使用高效净化型家用吸油烟机。

（三）强化移动源污染防治。加强城市交通管理。优化城市功能和布局规划，推广智能交通管理，缓解城市交通拥堵。实施公交优先战略，提高公共交通出行比例，加强步行、自行车交通系统建设。根据城市发展规划，合理控制机动车保有量，北京、上海、广州等特大城市要严格限制机动车保有量。通过鼓励绿色出行、增加使用成本等措施，降低机动车使用强度。

提升燃油品质。加快石油炼制企业升级改造，力争在2013年底前，全国供应符合国家第四阶段标准的车用汽油，在2014年底前，全国供应符合国家第四阶段标准的车用柴油，在2015年底前，京津冀、长三角、珠三角等区域内重点城市全面供应符合国家第五阶段标准的车用汽、柴油，在2017年底前，全国供应符合国家第五阶段标准的车用汽、柴油。加强油品质量监督检查，严厉打击非法生产、销售不合格油品行为。

加快淘汰黄标车和老旧车辆。采取划定禁行区域、经济补偿等方式，逐步淘汰黄标车和老旧车辆。到2015年，淘汰2005年底前注册营运的黄标车，基本淘汰京津冀、长三角、珠三角等区域内的500万辆黄标车。到2017年，基本淘汰全国范围的黄标车。

加强机动车环保管理。环保、工业和信息化、质检、工商等部门联合加强新生产车辆环保监管，严厉打击生产、销售环保不达标车辆的违法行为；加强在用机动车年度检验，对不达标车辆不得发放环保合格标志，不得上路行驶。加快柴油车车用尿素供应体系建设。研究缩短公交车、出租车强制报废年限。鼓励出租车每年更换高效尾气净化装置。开展工程机械等非道路移动机械和船舶的污染控制。

加快推进低速汽车升级换代。不断提高低速汽车（三轮汽车、低速货车）节能环保要求，减少污染排放，促进相关产业和产品技术升级换代。自2017年起，新生产的低速货车执行与轻型载货车同等的节能与排放标准。

大力推广新能源汽车。公交、环卫等行业和政府机关要率先使用新能源汽车，采取直接上牌、财政补贴等措施鼓励个人购买。北京、上海、广州等城市每年新增或更新的公交车中新能源和清洁燃料车的比例达到60%以上。

二、调整优化产业结构，推动产业转型升级

（四）严控“两高”行业新增产能。修订高耗能、高污染和资源性行业准入条件，明确资源能源节约和污染物排放等指标。有条件的地区要制定符合当地功能定位、严于国家要求的产业准入目录。严格控制“两高”行业新增产能，新、改、扩建项目要实行产能等量或减量置换。

（五）加快淘汰落后产能。结合产业发展实际和环境质量状况，进一步提高环保、能耗、安全、质量等标准，分区域明确落后产能淘汰任务，倒逼产业转型升级。

按照《部分工业行业淘汰落后生产工艺装备和产品指导目录（2010 年本）》《产业结构调整指导目录（2011 年本）（修正）》的要求，采取经济、技术、法律和必要的行政手段，提前一年完成钢铁、水泥、电解铝、平板玻璃等 21 个重点行业的“十二五”落后产能淘汰任务。2015 年再淘汰炼铁 1500 万吨、炼钢 1500 万吨、水泥（熟料及粉磨能力）1 亿吨、平板玻璃 2000 万重量箱。对未按期完成淘汰任务的地区，严格控制国家安排的投资项目，暂停对该地区重点行业建设项目办理审批、核准和备案手续。2016 年、2017 年，各地区要制定范围更宽、标准更高的落后产能淘汰政策，再淘汰一批落后产能。

对布局分散、装备水平低、环保设施差的小型工业企业进行全面排查，制定综合整改方案，实施分类治理。

（六）压缩过剩产能。加大环保、能耗、安全执法处罚力度，建立以节能环保标准促进“两高”行业过剩产能退出的机制。制定财政、土地、金融等扶持政策，支持产能过剩“两高”行业企业退出、转型发展。发挥优强企业对行业发展的主导作用，通过跨地区、跨所有制企业兼并重组，推动过剩产能压缩。严禁核准产能严重过剩行业新增产能项目。

（七）坚决停建产能严重过剩行业违规在建项目。认真清理产能严重过剩行业违规在建项目，对未批先建、边批边建、越权核准的违规项目，尚未开工建设的，不准开工；正在建设的，要停止建设。地方人民政府要加强组织领导和监督检查，坚决遏制产能严重过剩行业盲目扩张。

三、加快企业技术改造，提高科技创新能力

（八）强化科技研发和推广。加强灰霾、臭氧的形成机理、来源解析、迁移规律和监测预警等研究，为污染治理提供科学支撑。加强大气污染与人群健康关系的研究。支持企业技术中心、国家重点实验室、国家工程实验室建设，推进大型大气光化学模拟仓、大型气溶胶模拟仓等科技基础设施建设。

加强脱硫、脱硝、高效除尘、挥发性有机物控制、柴油机（车）排放净化、环境监测，以及新能源汽车、智能电网等方面的技术研发，推进技术成果转化应用。加强大气污染治理先进技术、管理经验等方面的国际交流与合作。

（九）全面推行清洁生产。对钢铁、水泥、化工、石化、有色金属冶炼等重点行业进行清洁生产审核，针对节能减排关键领域和薄弱环节，采用先进适用的技术、工艺和装备，实施清洁生产技术改造；到 2017 年，重点行业排污强度比 2012 年下降 30％以上。推进非有机溶剂型涂料和农药等产品创新，减少生产和使用过程中挥发性有机物排放。积极开发缓释肥料新品种，减少化肥施用过程中氨的排放。

（十）大力发展循环经济。鼓励产业集聚发展，实施园区循环化改造，推进能源梯级利用、水资源循环利用、废物交换利用、土地节约集约利用，促进企业循环式生产、园区循环式发展、产业循环式组合，构建循环型工业体系。推动水泥、钢铁等工业窑炉、高炉实施废物协同处置。大力发展机电产品再制造，推进资源再生利用产业发展。到 2017 年，单位工业增加值能耗比2012 年降低 20％左右，在 50％以上的各类国家级园区和 30％以上的各类省级园区实施循环化改造，主要有色金属品种以及钢铁的循环再生比重达到 40％左右。

（十一）大力培育节能环保产业。着力把大气污染治理的政策要求有效转化为节能环保产业发展的市场需求，促进重大环保技术装备、产品的创新开发与产业化应用。扩大国内消费市场，积极支持新业态、新模式，培育一批具有国际竞争力的大型节能环保企业，大幅增加大气污染治理装备、产品、服务产业产值，有效推动节能环保、新能源等战略性新兴产业发展。鼓励外商投资节能环保产业。

四、加快调整能源结构，增加清洁能源供应

（十二）控制煤炭消费总量。制定国家煤炭消费总量中长期控制目标，实行目标责任管理。到2017年，煤炭占能源消费总量比重降低到65%以下。京津冀、长三角、珠三角等区域力争实现煤炭消费总量负增长，通过逐步提高接受外输电比例、增加天然气供应、加大非化石能源利用强度等措施替代燃煤。

京津冀、长三角、珠三角等区域新建项目禁止配套建设自备燃煤电站。耗煤项目要实行煤炭减量替代。除热电联产外，禁止审批新建燃煤发电项目；现有多台燃煤机组装机容量合计达到30万千瓦以上的，可按照煤炭等量替代的原则建设为大容量燃煤机组。

（十三）加快清洁能源替代利用。加大天然气、煤制天然气、煤层气供应。到2015年，新增天然气干线管输能力1500亿立方米以上，覆盖京津冀、长三角、珠三角等区域。优化天然气使用方式，新增天然气应优先保障居民生活或用于替代燃煤；鼓励发展天然气分布式能源等高效利用项目，限制发展天然气化工项目；有序发展天然气调峰电站，原则上不再新建天然气发电项目。

制定煤制天然气发展规划，在满足最严格的环保要求和保障水资源供应的前提下，加快煤制天然气产业化和规模化步伐。

积极有序发展水电，开发利用地热能、风能、太阳能、生物质能，安全高效发展核电。到2017年，运行核电机组装机容量达到5000万千瓦，非化石能源消费比重提高到13%。

京津冀区域城市建成区、长三角城市群、珠三角区域要加快现有工业企业燃煤设施天然气替代步伐；到 2017 年，基本完成燃煤锅炉、工业窑炉、自备燃煤电站的天然气替代改造任务。

（十四）推进煤炭清洁利用。提高煤炭洗选比例，新建煤矿应同步建设煤炭洗选设施，现有煤矿要加快建设与改造；到 2017 年，原煤入选率达到 70%以上。禁止进口高灰分、高硫分的劣质煤炭，研究出台煤炭质量管理办法。限制高硫石油焦的进口。

扩大城市高污染燃料禁燃区范围，逐步由城市建成区扩展到近郊。结合城中村、城乡结合部、棚户区改造，通过政策补偿和实施峰谷电价、季节性电价、阶梯电价、调峰电价等措施，逐步推行以天然气或电替代煤炭。鼓励北方农村地区建设洁净煤配送中心，推广使用洁净煤和型煤。

（十五）提高能源使用效率。严格落实节能评估审查制度。新建高耗能项目单位产品（产值）能耗要达到国内先进水平，用能设备达到一级能效标准。京津冀、长三角、珠三角等区域，新建高耗能项目单位产品（产值）能耗要达到国际先进水平。

积极发展绿色建筑，政府投资的公共建筑、保障性住房等要率先执行绿色建筑标准。新建建筑要严格执行强制性节能标准，推广使用太阳能热水系统、地源热泵、空气源热泵、光伏建筑一体化、“热-电-冷”三联供等技术和装备。

推进供热计量改革，加快北方采暖地区既有居住建筑供热计量和节能改造；新建建筑和完成供热计量改造的既有建筑逐步实行供热计量收费。加快热力管网建设与改造。

五、严格节能环保准入，优化产业空间布局

（十六）调整产业布局。按照主体功能区规划要求，合理确定重点产业发展布局、结构和规模，重大项目原则上布局在优化开发区和重点开发区。所有新、改、扩建项目，必须全部进行环境影响评价；未通过环境影响评价审批的，一律不准开工建设；违规建设的，要依法进行处罚。加强产业政策在产业转移过程中的引导与约束作用，严格限制在生态脆弱或环境敏感地区建设“两高”行业项目。加强对各类产业发展规划的环境影响评价。

在东部、中部和西部地区实施差别化的产业政策，对京津冀、长三角、珠三角等区域提出更高的节能环保要求。强化环境监管，严禁落后产能转移。

（十七）强化节能环保指标约束。提高节能环保准入门槛，健全重点行业准入条件，公布符合准入条件的企业名单并实施动态管理。严格实施污染物排放总量控制，将二氧化硫、氮氧化物、烟粉尘和挥发性有机物排放是否符合总量控制要求作为建设项目环境影响评价审批的前置条件。

京津冀、长三角、珠三角区域以及辽宁中部、山东、武汉及其周边、长株潭、成渝、海峡西岸、山西中北部、陕西关中、甘宁、乌鲁木齐城市群等“三区十群”中的47个城市，新建火电、钢铁、石化、水泥、有色、化工等企业以及燃煤锅炉项目要执行大气污染物特别排放限值。各地区可根据环境质量改善的需要，扩大特别排放限值实施的范围。

对未通过能评、环评审查的项目，有关部门不得审批、核准、备案，不得提供土地，不得批准开工建设，不得发放生产许可证、安全生产许可证、排污许可证，金融机构不得提供任何形式的新增授信支持，有关单位不得供电、供水。

（十八）优化空间格局。科学制定并严格实施城市规划，强化城市空间管制要求和绿地控制要求，规范各类产业园区和城市新城、新区设立和布局，禁止随意调整和修改城市规划，形成有利于大气污染物扩散的城市和区域空间格局。研究开展城市环境总体规划试点工作。

结合化解过剩产能、节能减排和企业兼并重组，有序推进位于城市主城区的钢铁、石化、化工、有色金属冶炼、水泥、平板玻璃等重污染企业环保搬迁、改造，到 2017 年基本完成。

六、发挥市场机制作用，完善环境经济政策

（十九）发挥市场机制调节作用。本着“谁污染、谁负责，多排放、多负担，节能减排得收益、获补偿”的原则，积极推行激励与约束并举的节能减排新机制。

分行业、分地区对水、电等资源类产品制定企业消耗定额。建立企业“领跑者”制度，对能效、排污强度达到更高标准的先进企业给予鼓励。

全面落实“合同能源管理”的财税优惠政策，完善促进环境服务业发展的扶持政策，推行污染治理设施投资、建设、运行一体化特许经营。完善绿色信贷和绿色证券政策，将企业环境信息纳入征信系统。严格限制环境违法企业贷款和上市融资。推进排污权有偿使用和交易试点。

（二十）完善价格税收政策。根据脱硝成本，结合调整销售电价，完善脱硝电价政策。现有火电机组采用新技术进行除尘设施改造的，要给予价格政策支持。实行阶梯式电价。

推进天然气价格形成机制改革，理顺天然气与可替代能源的比价关系。

按照合理补偿成本、优质优价和污染者付费的原则合理确定成品油价格，完善对部分困难群体和公益性行业成品油价格改革补贴政策。

加大排污费征收力度，做到应收尽收。适时提高排污收费标准，将挥发性有机物纳入排污费征收范围。

研究将部分“两高”行业产品纳入消费税征收范围。完善“两高”行业产品出口退税政策和资源综合利用税收政策。积极推进煤炭等资源税从价计征改革。符合税收法律法规规定，使用专用设备或建设环境保护项目的企业以及高新技术企业，可以享受企业所得税优惠。

（二十一）拓宽投融资渠道。深化节能环保投融资体制改革，鼓励民间资本和社会资本进入大气污染防治领域。引导银行业金融机构加大对大气污

染防治项目的信贷支持。探索排污权抵押融资模式，拓展节能环保设施融资、租赁业务。

地方人民政府要对涉及民生的“煤改气”项目、黄标车和老旧车辆淘汰、轻型载货车替代低速货车等加大政策支持力度，对重点行业清洁生产示范工程给予引导性资金支持。要将空气质量监测站点建设及其运行和监管经费纳入各级财政预算予以保障。

在环境执法到位、价格机制理顺的基础上，中央财政统筹整合主要污染物减排等专项，设立大气污染防治专项资金，对重点区域按治理成效实施“以奖代补”；中央基本建设投资也要加大对重点区域大气污染防治的支持力度。

七、健全法律法规体系，严格依法监督管理

（二十二）完善法律法规标准。加快大气污染防治法修订步伐，重点健全总量控制、排污许可、应急预警、法律责任等方面的制度，研究增加对恶意排污、造成重大污染危害的企业及其相关负责人追究刑事责任的内容，加大对违法行为的处罚力度。建立健全环境公益诉讼制度。研究起草环境税法草案，加快修改环境保护法，尽快出台机动车污染防治条例和排污许可证管理条例。各地区可结合实际，出台地方性大气污染防治法规、规章。

加快制（修）订重点行业排放标准以及汽车燃料消耗量标准、油品标准、供热计量标准等，完善行业污染防治技术政策和清洁生产评价指标体系。

（二十三）提高环境监管能力。完善国家监察、地方监管、单位负责的环境监管体制，加强对地方人民政府执行环境法律法规和政策的监督。加大环境监测、信息、应急、监察等能力建设力度，达到标准化建设要求。

建设城市站、背景站、区域站统一布局的国家空气质量监测网络，加强监测数据质量管理，客观反映空气质量状况。加强重点污染源在线监控体系建设，推进环境卫星应用。建设国家、省、市三级机动车排污监管平台。到2015年，地级及以上城市全部建成细颗粒物监测点和国家直管的监测点。

（二十四）加大环保执法力度。推进联合执法、区域执法、交叉执法等执法机制创新，明确重点，加大力度，严厉打击环境违法行为。对偷排偷放、屡查屡犯的违法企业，要依法停产关闭。对涉嫌环境犯罪的，要依法追究刑事责任。落实执法责任，对监督缺位、执法不力、徇私枉法等行为，监察机关要依法追究有关部门和人员的责任。

（二十五）实行环境信息公开。国家每月公布空气质量最差的10个城市和最好的10个城市的名单。各省（区、市）要公布本行政区域内地级及以上城市空气质量排名。地级及以上城市要在当地主要媒体及时发布空气质量监测信息。

各级环保部门和企业要主动公开新建项目环境影响评价、企业污染物排放、治污设施运行情况等环境信息，接受社会监督。涉及群众利益的建设项目，应充分听取公众意见。建立重污染行业企业环境信息强制公开制度。

八、建立区域协作机制，统筹区域环境治理

（二十六）建立区域协作机制。建立京津冀、长三角区域大气污染防治协作机制，由区域内省级人民政府和国务院有关部门参加，协调解决区域突出环境问题，组织实施环评会商、联合执法、信息共享、预警应急等大气污染防治措施，通报区域大气污染防治工作进展，研究确定阶段性工作要求、工作重点和主要任务。

（二十七）分解目标任务。国务院与各省（区、市）人民政府签订大气污染防治目标责任书，将目标任务分解落实到地方人民政府和企业。将重点区域的细颗粒物指标、非重点地区的可吸入颗粒物指标作为经济社会发展的约束性指标，构建以环境质量改善为核心的目标责任考核体系。

国务院制定考核办法，每年初对各省（区、市）上年度治理任务完成情况进行考核；2015 年进行中期评估，并依据评估情况调整治理任务；2017 年对行动计划实施情况进行终期考核。考核和评估结果经国务院同意后，向社会公布，并交由干部主管部门，按照《关于建立促进科学发展的党政领导班子和领导干部考核评价机制的意见》《地方党政领导班子和领导干部综合考核评价办法（试行）》《关于开展政府绩效管理试点工作的意见》等规定，作为对领导班子和领导干部综合考核评价的重要依据。

（二十八）实行严格责任追究。对未通过年度考核的，由环保部门会同组织部门、监察机关等部门约谈省级人民政府及其相关部门有关负责人，提出整改意见，予以督促。

对因工作不力、履职缺位等导致未能有效应对重污染天气的，以及干预、伪造监测数据和没有完成年度目标任务的，监察机关要依法依纪追究有关单位和人员的责任，环保部门要对有关地区和企业实施建设项目环评限批，取消国家授予的环境保护荣誉称号。

九、建立监测预警应急体系，妥善应对重污染天气

（二十九）建立监测预警体系。环保部门要加强与气象部门的合作，建立重污染天气监测预警体系。到 2014 年，京津冀、长三角、珠三角区域要完成区域、省、市级重污染天气监测预警系统建设；其他省（区、市）、副省级市、省会城市于 2015 年底前完成。要做好重污染天气过程的趋势分析，完善会商研判机制，提高监测预警的准确度，及时发布监测预警信息。

（三十）制定完善应急预案。空气质量未达到规定标准的城市应制定和完善重污染天气应急预案并向社会公布；要落实责任主体，明确应急组织机构及其职责、预警预报及响应程序、应急处置及保障措施等内容，按不同污染等级确定企业限产停产、机动车和扬尘管控、中小学校停课以及可行的气象干预等应对措施。开展重污染天气应急演练。

京津冀、长三角、珠三角等区域要建立健全区域、省、市联动的重污染天气应急响应体系。区域内各省（区、市）的应急预案，应于 2013 年底前报环境保护部备案。

（三十一）及时采取应急措施。将重污染天气应急响应纳入地方人民政府突发事件应急管理体系，实行政府主要负责人负责制。要依据重污染天气的预警等级，迅速启动应急预案，引导公众做好卫生防护。

十、明确政府企业和社会的责任，动员全民参与环境保护

（三十二）明确地方政府统领责任。地方各级人民政府对本行政区域内的大气环境质量负总责，要根据国家的总体部署及控制目标，制定本地区的实施细则，确定工作重点任务和年度控制指标，完善政策措施，并向社会公开；要不断加大监管力度，确保任务明确、项目清晰、资金保障。

（三十三）加强部门协调联动。各有关部门要密切配合、协调力量、统一行动，形成大气污染防治的强大合力。环境保护部要加强指导、协调和监督，有关部门要制定有利于大气污染防治的投资、财政、税收、金融、价格、贸易、科技等政策，依法做好各自领域的相关工作。

（三十四）强化企业施治。企业是大气污染治理的责任主体，要按照环保规范要求，加强内部管理，增加资金投入，采用先进的生产工艺和治理技术，确保达标排放，甚至达到“零排放”；要自觉履行环境保护的社会责任，接受社会监督。

（三十五）广泛动员社会参与。环境治理，人人有责。要积极开展多种形式的宣传教育，普及大气污染防治的科学知识。加强大气环境管理专业人才培养。倡导文明、节约、绿色的消费方式和生活习惯，引导公众从自身做起、从点滴做起、从身边的小事做起，在全社会树立起“同呼吸、共奋斗”

的行为准则，共同改善空气质量。

我国仍然处于社会主义初级阶段，大气污染防治任务繁重艰巨，要坚定信心、综合治理，突出重点、逐步推进，重在落实、务求实效。各地区、各有关部门和企业要按照本行动计划的要求，紧密结合实际，狠抓贯彻落实，确保空气质量改善目标如期实现。

附件 3

关于印发《煤电节能减排升级与改造行动计划（2014—2020 年）》的通知

（发改能源〔2014〕2093 号）

各省、自治区、直辖市、新疆生产建设兵团发展改革委（经信委、经委、工信厅）、环保厅、能源局，国家电网公司、南方电网公司，华能、大唐、华电、国电、中电投集团公司，神华集团、中煤集团、国投公司、华润集团，中国国际工程咨询公司、电力规划设计总院：

为贯彻中央财经领导小组第六次会议和国家能源委员会第一次会议精神，落实《国务院办公厅关于印发能源发展战略行动计划（2014—2020 年）的通知》（国办发〔2014〕31 号）要求，加快推动能源生产和消费革命，进一步提升煤电高效清洁发展水平，特制定了《煤电节能减排升级与改造行动计划（2014—2020 年）》，现印发你们，请按照执行。

附件：《煤电节能减排升级与改造行动计划（2014—2020 年）》

国家发展改革委
环境保护部
国家能源局
2014 年 9 月 12 日

煤电节能减排升级与改造行动计划
（2014—2020年）

为贯彻中央财经领导小组第六次会议和国家能源委员会第一次会议精神，落实《国务院办公厅关于印发能源发展战略行动计划（2014—2020年）的通知》（国办发〔2014〕31号）要求，加快推动能源生产和消费革命，进一步提升煤电高效清洁发展水平，制订本行动计划。

一、指导思想和行动目标

（一）指导思想。全面落实“节约、清洁、安全”的能源战略方针，推行更严格能效环保标准，加快燃煤发电升级与改造，努力实现供电煤耗、污染排放、煤炭占能源消费比重“三降低”和安全运行质量、技术装备水平、电煤占煤炭消费比重“三提高”，打造高效清洁可持续发展的煤电产业“升级版”，为国家能源发展和战略安全夯实基础。

（二）行动目标。全国新建燃煤发电机组平均供电煤耗低于300克标准煤/千瓦时（以下简称“克/千瓦时”）；东部地区新建燃煤发电机组大气污染物排放浓度基本达到燃气轮机组排放限值，中部地区新建机组原则上接近或达到燃气轮机组排放限值，鼓励西部地区新建机组接近或达到燃气轮机组排放限值。

到2020年，现役燃煤发电机组改造后平均供电煤耗低于310克/千瓦时，其中现役60万千瓦及以上机组（除空冷机组外）改造后平均供电煤耗低于300克/千瓦时。东部地区现役30万千瓦及以上公用燃煤发电机组、10万千瓦及以上自备燃煤发电机组以及其他有条件的燃煤发电机组，改造后大气污染物排放浓度基本达到燃气轮机组排放限值。

在执行更严格能效环保标准的前提下，到2020年，力争使煤炭占一次能源消费比重下降到62%以内，电煤占煤炭消费比重提高到60%以上。

二、加强新建机组准入控制

（三）严格能效准入门槛。新建燃煤发电项目（含已纳入国家火电建设规划且具备变更机组选型条件的项目）原则上采用60万千瓦及以上超超临界机组，100万千瓦级湿冷、空冷机组设计供电煤耗分别不高于282、299克/千瓦时，60万千瓦级湿冷、空冷机组分别不高于285、302克/千瓦时。

30万千瓦及以上供热机组和30万千瓦及以上循环流化床低热值煤发电机组原则上采用超临界参数。对循环流化床低热值煤发电机组，30万千瓦级湿冷、空冷机组设计供电煤耗分别不高于310、327克/千瓦时，60万千瓦级湿冷、空冷机组分别不高于303、320克/千瓦时。

（四）严控大气污染物排放。新建燃煤发电机组（含在建和项目已纳入国家火电建设规划的机组）应同步建设先进高效脱硫、脱硝和除尘设施，不得设置烟气旁路通道。东部地区（辽宁、北京、天津、河北、山东、上海、江苏、浙江、福建、广东、海南11省市）新建燃煤发电机组大气污染物排放浓度基本达到燃气轮机组排放限值（即在基准氧含量6%条件下，烟尘、二氧化硫、氮氧化物排放浓度分别不高于10、35、50毫克/立方米），中部地区（黑龙江、吉林、山西、安徽、湖北、湖南、河南、江西8省）新建机组原则上接近或达到燃气轮机组排放限值，鼓励西部地区新建机组接近或达到燃气轮机组排放限值。支持同步开展大气污染物联合协同脱除，减少三氧化硫、汞、砷等污染物排放。

（五）优化区域煤电布局。严格按照能效、环保准入标准布局新建燃煤发电项目。京津冀、长三角、珠三角等区域新建项目禁止配套建设自备燃煤电站。耗煤项目要实行煤炭减量替代。除热电联产外，禁止审批新建燃煤发电项目；现有多台燃煤机组装机容量合计达到30万千瓦以上的，可按照煤炭等量替代的原则建设为大容量燃煤机组。

统筹资源环境等因素，严格落实节能、节水和环保措施，科学推进西部地区锡盟、鄂尔多斯、晋北、晋中、晋东、陕北、宁东、哈密、准东等大型煤电基地开发，继续扩大西部煤电东送规模。中部及其他地区适度建设路口电站及负荷中心支撑电源。

（六）积极发展热电联产。坚持“以热定电”，严格落实热负荷，科学制定热电联产规划，建设高效燃煤热电机组，同步完善配套供热管网，对集中供热范围内的分散燃煤小锅炉实施替代和限期淘汰。到2020年，燃煤热电机组装机容量占煤电总装机容量比重力争达到28%。

在符合条件的大中型城市，适度建设大型热电机组，鼓励建设背压式热电机组；在中小型城市和热负荷集中的工业园区，优先建设背压式热电机组；鼓励发展热电冷多联供。

（七）有序发展低热值煤发电。严格落实低热值煤发电产业政策，重点在主要煤炭生产省区和大型煤炭矿区规划建设低热值煤发电项目，原则上立足本地消纳，合理规划建设规模和建设时序。禁止以低热值煤发电名义建设常规燃煤发电项目。

根据煤矸石、煤泥和洗中煤等低热值煤资源的利用价值，选择最佳途径实现综合利用，用于发电的煤矸石热值不低于5020千焦（1200千卡）/千克。以煤矸石为主要燃料的，入炉燃料收到基热值不高于14 640千焦（3500千卡）/千克，具备条件的地区原则上采用30万千瓦级及以上超临界循环流化床机组。低热值煤发电项目应尽可能兼顾周边工业企业和居民集中用热需求。

三、加快现役机组改造升级

（八）深入淘汰落后产能。完善火电行业淘汰落后产能后续政策，加快淘汰以下火电机组：单机容量5万千瓦及以下的常规小火电机组；以发电为主的燃油锅炉及发电机组；大电网覆盖范围内，单机容量10万千瓦级及以下的常规燃煤火电机组、单机容量20万千瓦级及以下设计寿命期满和不实施供热改造的常规燃煤火电机组；污染物排放不符合国家最新环保标准且不实施环保改造的燃煤火电机组。鼓励具备条件的地区通过建设背压式热电机组、高效清洁大型热电机组等方式，对能耗高、污染重的落后燃煤小热电机组实施替代。2020 年前，力争淘汰落后火电机组 1000 万千瓦以上。

（九）实施综合节能改造。因厂制宜采用汽轮机通流部分改造、锅炉烟气余热回收利用、电机变频、供热改造等成熟适用的节能改造技术，重点对 30 万千瓦和 60 万千瓦等级亚临界、超临界机组实施综合性、系统性节能改造，改造后供电煤耗力争达到同类型机组先进水平。20 万千瓦级及以下纯凝机组重点实施供热改造，优先改造为背压式供热机组。力争 2015 年前完成改造机组容量 1.5 亿千瓦，“十三五”期间完成 3.5 亿千瓦。

（十）推进环保设施改造。重点推进现役燃煤发电机组大气污染物达标排放环保改造，燃煤发电机组必须安装高效脱硫、脱硝和除尘设施，未达标排放的要加快实施环保设施改造升级，确保满足最低技术出力以上全负荷、全时段稳定达标排放要求。稳步推进东部地区现役 30 万千瓦及以上公用燃煤发电机组和有条件的 30 万千瓦以下公用燃煤发电机组实施大气污染物排放浓度基本达到燃气轮机组排放限值的环保改造，2014 年启动 800 万千瓦机组改造示范项目，2020 年前力争完成改造机组容量 1.5 亿千瓦以上。鼓励其他地区现役燃煤发电机组实施大气污染物排放浓度达到或接近燃气轮机组排放限值的环保改造。

因厂制宜采用成熟适用的环保改造技术，除尘可采用低（低）温静电除尘器、电袋除尘器、布袋除尘器等装置，鼓励加装湿式静电除尘装置；脱硫可实施脱硫装置增容改造，必要时采用单塔双循环、双塔双循环等更高效率脱硫设施；脱硝可采用低氮燃烧、高效率 SCR（选择性催化还原法）脱硝装置等技术。

（十一）强化自备机组节能减排。对企业自备电厂火电机组，符合第

（八）条淘汰条件的，企业应实施自主淘汰；供电煤耗高于同类型机组平均水平5 克/千瓦时及以上的自备燃煤发电机组，应加快实施节能改造；未实现大气污染物达标排放的自备燃煤发电机组要加快实施环保设施改造升级；东部地区 10 万千瓦及以上自备燃煤发电机组要逐步实施大气污染物排放浓度基本达到燃气轮机组排放限值的环保改造。

在气源有保障的条件下，京津冀区域城市建成区、长三角城市群、珠三角区域到 2017 年基本完成自备燃煤电站的天然气替代改造任务。

四、提升机组负荷率和运行质量

（十二）优化电力运行调度方式。完善调度规程规范，加强调峰调频管理，优先采用有调节能力的水电调峰，充分发挥抽水蓄能电站、天然气发电等调峰电源作用，探索应用储能调峰等技术。

合理确定燃煤发电机组调峰顺序和深度，积极推行轮停调峰，探索应用启停调峰方式，提高高效环保燃煤发电机组负荷率。完善调峰调频辅助服务补偿机制，探索开展辅助服务市场交易，对承担调峰任务的燃煤发电机组适当给予补偿。

完善电网备用容量管理办法，在区域电网内统筹安排系统备用容量，充分发挥电力跨省区互济、电量短时互补能力。合理安排各类发电机组开机方式，在确保电网安全的前提下，最大限度降低电网旋转备用容量。支持有条件的地区试点实行由“分机组调度”调整为“分厂调度”。

（十三）推进机组运行优化。加强燃煤发电机组综合诊断，积极开展运行优化试验，科学制定优化运行方案，合理确定运行方式和参数，使机组在各种负荷范围内保持最佳运行状态。扎实做好燃煤发电机组设备和环保设施运行维护，提高机组安全健康水平和设备可用率，确保环保设施正常运行。

（十四）加强电煤质量和计量控制。发电企业要加强燃煤采购管理，鼓励通过“煤电一体化”、签订长期合同等方式固定主要煤源，保障煤质与设计煤种相符，鼓励采用低硫分低灰分优质燃煤；加强入炉煤计量和检质，严格控制采制化偏差，保证煤耗指标真实可信。

限制高硫分高灰分煤炭的开采和异地利用，禁止进口劣质煤炭用于发电。煤炭企业要积极实施动力煤优质化工程，按要求加快建设煤炭洗选设施，积极采用筛分、配煤等措施，着力提升动力煤供应质量。

（十五）促进网源协调发展。加快推进“西电东送”输电通道建设，强化区域主干电网，加强区域电网内省间电网互联，提升跨省区电力输送和互济能力。完善电网结构，实现各电压等级电网协调匹配，保证各类机组发电可靠上网和送出。积极推进电网智能化发展。

（十六）加强电力需求侧管理。健全电力需求侧管理体制机制，完善峰谷电价政策，鼓励电力用户利用低谷电力。积极采用移峰、错峰等措施，减少电网调峰需求。引导电力用户积极采用节电技术产品，优化用电方式，提高电能利用效率。

五、推进技术创新和集成应用

（十七）提升技术装备水平。进一步加大对煤电节能减排重大关键技术和设备研发支持力度，通过引进与自主开发相结合，掌握最先进的燃煤发电除尘、脱硫、脱硝和节能、节水、节地等技术。

以高温材料为重点，全面掌握拥有自主知识产权的600℃超超临界机组设计、制造技术，加快研发700℃超超临界发电技术。推进二次再热超超临界发电技术示范工程建设。扩大整体煤气化联合循环（IGCC）技术示范应用，提高国产化水平和经济性。适时开展超超临界循环流化床机组技术研究。推进亚临界机组改造为超（超）临界机组的技术研发。进一步提高电站辅机制造水平，推进关键配套设备国产化。深入研究碳捕集与封存（CCS）技术，适时开展应用示范。

（十八）促进工程设计优化。制（修）订燃煤发电产业政策、行业标准和技术规程，规范和指导燃煤发电项目工程设计。支持地方制定严于国家标准的火电厂大气污染物排放地方标准。强化燃煤发电项目后评价，加强工程设计和建设运营经验反馈，提高工程设计优化水平。积极推行循环经济设计理念，加强粉煤灰等资源综合利用。

（十九）推进技术集成应用。加强企业技术创新体系建设，推动产学研联合，支持电力企业与高校、科研机构开展煤电节能减排先进技术创新。积极推进煤电节能减排先进技术集成应用示范项目建设，创建一批重大技术攻关示范基地，以工程项目为依托，推进科研创新成果产业化。积极开展先进技术经验交流，实现技术共享。

六、完善配套政策措施

（二十）促进节能环保发电。兼顾能效和环保水平，分配上网电量应充分考虑机组大气污染物排放水平，适当提高能效和环保指标领先机组的利用小时数。对大气污染物排放浓度接近或达到燃气轮机组排放限值的燃煤发电机组，可在一定期限内增加其发电利用小时数。对按要求应实施节能环保改造但未按期完成的，可适当降低其发电利用小时数。

（二十一）实行煤电节能减排与新建项目挂钩。能效和环保指标先进的新建燃煤发电项目应优先纳入各省（区、市）年度火电建设方案。对燃煤发电能效和环保指标先进、积极实施煤电节能减排升级与改造并取得显著成效的企业，各省级能源主管部门应优先支持其新建项目建设；对燃煤发电能效和环保指标落后、煤电节能减排升级与改造任务完成较差的企业，可限批其新建项目。

对按煤炭等量替代原则建设的燃煤发电项目，同地区现役燃煤发电机组节能改造形成的节能量（按标准煤量计算）可作为煤炭替代来源。现役燃煤发电机组按照接近或达到燃气轮机组排放限值实施环保改造后，腾出的大气污染物排放总量指标优先用于本企业在同地区的新建燃煤发电项目。

（二十二）完善价格税费政策。完善燃煤发电机组环保电价政策，研究对大气污染物排放浓度接近或达到燃气轮机组排放限值的燃煤发电机组电价支持政策。鼓励各地因地制宜制定背压式热电机组税费支持政策，加大支持力度。

对大气污染物排放浓度接近或达到燃气轮机组排放限值的燃煤发电机组，各地可因地制宜制定税收优惠政策。支持有条件的地区实行差别化排污收费政策。

（二十三）拓宽投融资渠道。统筹运用相关资金，对煤电节能减排重大技术研发和示范项目建设适当给予资金补贴。鼓励民间资本和社会资本进入煤电节能减排领域。引导银行业金融机构加大对煤电节能减排项目的信贷支持。

支持发电企业与有关技术服务机构合作，通过合同能源管理等方式推进燃煤发电机组节能环保改造。对已开展排污权、碳排放、节能量交易的地区，积极支持发电企业通过交易筹集改造资金。

七、抓好任务落实和监管

（二十四）明确政府部门责任。国家发展改革委、环境保护部、国家能源局会同有关部门负责全国煤电节能减排升级与改造工作的总体指导、协调和监管监督，分类明确各省（区、市）、中央发电企业煤电节能减排升级与改造目标任务。国家发展改革委、国家能源局重点加强对燃煤发电节能工作的指导、协调和监管，环境保护部、国家能源局重点加强对燃煤发电污染物减排工作的指导、协调和监督。

各省（区、市）有关主管部门，要及时制定本省（区、市）行动计划，组织各地方和电厂制定具体实施方案，完善政策措施，加强督促检查。国家能源局派出机构会同省级节能主管部门、环保部门等单位负责对各地区、各企业煤电节能减排升级与改造工作实施监管。各级有关部门要密切配合、加强协调、齐抓共管，形成工作合力。

（二十五）强化企业主体责任。各发电企业是本企业煤电节能减排升级与改造工作的责任主体，要按照国家和省级有关部门要求，细化制订本企业行动计划，加强内部管理，加大资金投入，确保完成目标任务。中央发电企业要积极发挥表率作用，及时将国家明确的目标任务分解落实到具体地方和电厂，力争提前完成，确保燃煤发电机组能效环保指标达到先进水平。

各级电网企业要切实做好优化电力调度、完善电网结构、加强电力需求侧管理、落实有关配套政策等工作，积极创造有利条件，保障各地区、各发电企业煤电节能减排升级与改造工作顺利实施。

（二十六）实行严格检测评估。新建燃煤发电机组建成后，企业应按规程及时进行机组性能验收试验，并将验收试验报告等相关资料报送国家能源局派出机构和所在省（区、市）有关部门。现役燃煤发电机组节能改造实施前，电厂应制定具体改造方案，改造完成后由所在省（区、市）有关部门组织有资质的中介机构进行现场评估并确认节能量，评估报告同时抄送国家能源局派出机构。省（区、市）有关部门可视情况进行现场抽查。

新建燃煤发电机组建成投运和现役机组实施环保改造后，环保部门应及时组织环保专项验收，检测大气污染物排放水平，确保检测数据科学准确，并对实施改造的机组进行污染物减排量确认。

（二十七）严格目标任务考核。国家发展改革委、环境保护部、国家能源局会同有关部门制定考核办法，每年对各省（区、市）、中央发电企业上年度煤电节能减排升级与改造目标任务完成情况进行考核，考核结果及时向社会公布。对目标任务完成较差的省（区、市）和中央发电企业，将予以通报并约谈其有关负责人。各省（区、市）有关部门可因地制宜制定对各地方、各企业的考核办法。

（二十八）实施有效监管检查。国家发展改革委、环境保护部、国家能源局会同有关部门开展煤电节能减排升级与改造专项监管和现场检查，形成专项报告向社会公布。省级环保部门、国家能源局派出机构要加强对燃煤发电机组烟气排放连续监测系统（CEMS）建设与运行情况及主要污染物排放指标的监管。各级环保部门要加大环保执法检查力度。对存在弄虚作假、擅自停运环保设施等重大问题的，要约谈其主要负责人，限期整改并追缴其违规所得；存在违法行为的，要依法查处并追究相关人员责任。对存在节能环保发电调度实施不力、安排调频调峰和备用容量不合理、未充分发挥抽水蓄能电站等调峰电源作用、未有效实施电力需求侧管理等问题的电网企业，要约谈其主要负责人并限期整改。

（二十九）积极推进信息公开。国家能源局会同有关部门、行业协会等单位，建立健全煤电节能减排信息平台，制定信息公开办法。对新建燃煤发电项目，负责审批的节能主管部门、环保部门要主动公开其节能评估和环境影响评价信息，接受社会监督。

（三十）发挥社会监督作用。充分利用 12398 能源监管投诉举报电话，畅通投诉举报渠道，发挥社会监督作用促进煤电节能减排升级与改造工作顺利开展。国家能源局各派出机构要依据职责和有关规定，及时受理、处理群众投诉举报事项，及时通报有关情况；对违规违法行为，要及时移交稽查，依法处理。

附件：

1. 典型常规燃煤发电机组供电煤耗参考值。

2. 燃煤电厂节能减排主要参考技术。

附件 1

典型常规燃煤发电机组供电煤耗参考值

g/kWh

机组类型		新建机组设计供电煤耗	现役机组生产供电煤耗	
			平均水平	先进水平
100万kW级超超临界	湿冷	282	290	285
	空冷	299	317	302
60万kW级超超临界	湿冷	285	298	290
	空冷	302	315	307
60万kW级超临界	湿冷	303（循环流化床）	306	297
	空冷	320（循环流化床）	325	317
60万kW级亚临界	湿冷	—	320	315
	空冷	—	337	332
30万kW级超临界	湿冷	310（循环流化床）	318	313
	空冷	327（循环流化床）	338	335
30万kW级亚临界	湿冷	—	330	320
	空冷	—	347	337

注 不含燃用无烟煤的W火焰锅炉机组。

附件 2

燃煤电厂节能减排主要参考技术

序号	技术名称	技术原理及特点	节能减排效果	成熟程度及适用范围
一	新建机组设计优化和先进发电技术			
1	提高蒸汽参数	常规超临界机组汽轮机典型参数为24.2MPa/566℃/566℃，常规超超临界机组典型参数为25－26.25MPa/600℃/600℃。提高汽轮机进汽参数可直接提高机组效率，综合经济性、安全性与工程实际应用情况，主蒸汽压力提高至27～28MPa，主蒸汽温度受主蒸汽压力提高与材料制约一般维持在600℃，热再热蒸汽温度提高至610℃或620℃，可进一步提高机组效率	主蒸汽压力大于27MPa时，每提高1MPa进汽压力，降低汽轮机热耗0.1%左右。热再热蒸汽温度每提高10℃，可降低热耗0.15%。预计相比常规超超临界机组可降低供电煤耗1.5～2.5g/kWh	技术较成熟。适用于66、100万kW超超临界机组设计优化
2	二次再热	在常规一次再热的基础上，汽轮机排汽二次进入锅炉进行再热。汽轮机增加超高压缸，超高压缸排汽为冷一次再热，其经过锅炉一次再热器加热后进入高压缸，高压缸排汽为冷二次再热，其经过锅炉二次再热器加热后进入中压缸	比一次再热机组热效率高出2%～3%，可降低供电煤耗8～10g/kWh	技术较成熟。美国、德国、日本、丹麦等国家部分30万kW以上机组已有应用。国内有100万kW二次再热技术示范工程
3	管道系统优化	通过适当增大管径、减少弯头、尽量采用弯管和斜三通等低阻力连接件等措施，降低主蒸汽、再热、给水等管道阻力	机组热效率提高0.1%～0.2%，可降低供电煤耗0.3～0.6g/kWh	技术成熟。适于各级容量机组
4	外置蒸汽冷却器	超超临界机组高压加热器抽汽由于抽汽温度高，往往具有较大过热度，通过设置独立外置蒸汽冷却器，充分利用抽汽过热焓，提高回热系统热效率	预计可降低供电煤耗约0.5g/kWh	技术较成熟。适用于66、100万kW超超临界机组
5	低温省煤器	在除尘器入口或脱硫塔入口设置1级或2级串联低温省煤器，采用温度范围合适的部分凝结水回收烟气余热，降低烟气温度从而降低体积流量，提高机组热效率，降低引风机电耗	预计可降低供电煤耗1.4～1.8g/kWh	技术成熟。适用于30万～100万kW各类型机组

续表

序号	技术名称	技术原理及特点	节能减排效果	成熟程度及适用范围
6	700℃超超临界	在新的镍基耐高温材料研发成功后，蒸汽参数可提高至700℃，大幅提高机组热效率	供电煤耗预计可达到246g/kWh	技术研发阶段
二	现役机组节能改造技术			
7	汽轮机通流部分改造	对于13.5、20万kW汽轮机和2000年前投运的30万kW和60万kW亚临界汽轮机，通流效率低，热耗高。采用全三维技术优化设计汽轮机通流部分，采用新型高效叶片和新型汽封技术改造汽轮机，节能增效效果明显	预计可降低供电煤耗10～20g/kWh	技术成熟。适用于13.5万～60万kW各类型机组
8	汽轮机间隙调整及汽封改造	部分汽轮机普遍存在汽缸运行效率较低、高压缸效率随运行时间增加不断下降的问题，主要原因是汽轮机通流部分不完善、汽封间隙大、汽轮机内缸接合面漏汽严重、存在级间漏汽和蒸汽短路现象。通过汽轮机本体技术改造，提高运行缸效率，节能增效效果显著	预计可降低供电煤耗2～4g/kWh	技术成熟。适用于30万～60万kW各类型机组
9	汽轮机主汽滤网结构型式优化研究	为减少主再热蒸汽固体颗粒和异物对汽轮机通流部分的损伤，主再热蒸汽阀门均装有滤网。常见滤网孔径均为$\phi 7$，已开有倒角。但滤网结构及孔径大小需进一步研究	可减少蒸汽压降和热耗，暂无降低供电煤耗估算值	技术成熟。适于各级容量机组
10	锅炉排烟余热回收利用	在空气预热器之后、脱硫塔之前烟道的合适位置通过加装烟气冷却器，用来加热凝结水、锅炉送风或城市热网低温回水，回收部分热量，从而达到节能增效、节水效果	采用低压省煤器技术，若排烟温度降低30℃，机组供电煤耗可降低1.8g/kWh，脱硫系统耗水量减少70%	技术成熟。适用于排烟温度比设计值偏高20℃以上的机组
11	锅炉本体受热面及风机改造	锅炉普遍存在排烟温度高、风机耗电高，通过改造，可降低排烟温度和风机电耗。具体措施包括：一次风机、引风机、增压风机叶轮改造或变频改造；锅炉受热面或省煤器改造	预计可降低煤耗1.0～2.0g/kWh	技术成熟。适用于30万kW亚临界机组、60万kW亚临界机组和超临界机组

续表

序号	技术名称	技术原理及特点	节能减排效果	成熟程度及适用范围
12	锅炉运行优化调整	电厂实际燃用煤种与设计煤种差异较大时，对锅炉燃烧造成很大影响。开展锅炉燃烧及制粉系统优化试验，确定合理的风量、风粉比、煤粉细度等，有利于电厂优化运行	预计可降低供电煤耗 0.5～1.5g/kWh	技术成熟。现役各级容量机组可普遍采用
13	电除尘器改造及运行优化	根据典型煤种，选取不同负荷，结合吹灰情况等，在保证烟尘排放浓度达标的情况下，试验确定最佳的供电控制方式（除尘器耗电率最小）及相应的控制参数。通过电除尘器节电改造及运行优化调整，节电效果明显	预计可降低供电煤耗约 2～3g/kWh	技术成熟。适用于现役 30 万 kW 亚临界机组、60 万 kW 亚临界机组和超临界机组
14	热力及疏水系统改进	改进热力及疏水系统，可简化热力系统，减少阀门数量，治理阀门泄漏，取得良好节能增效效果	预计可降低供电煤耗 2～3g/kWh	技术成熟。适用于各级容量机组
15	汽轮机阀门管理优化	通过对汽轮机不同顺序开启规律下配汽不平衡汽流力的计算，以及机组轴承承载情况的综合分析，采用阀门开启顺序重组及优化技术，解决机组在投入顺序阀运行时的瓦温升高、振动异常问题，使机组能顺利投入顺序阀运行，从而提高机组的运行效率	预计可降低供电煤耗 2～3g/kWh	技术成熟。适用于 20 万 kW 以上机组
16	汽轮机冷端系统改进及运行优化	汽轮机冷端性能差，表现为机组真空低。通过采取技术改造措施，提高机组运行真空，可取得很好的节能增效效果	预计可降低供电煤耗 0.5～1.0g/kWh	技术成熟。适用于 30 万 kW 亚临界机组、60 万 kW 亚临界机组和超临界机组
17	高压除氧器乏汽回收	将高压除氧器排氧阀排出的乏汽通过表面式换热器提高化学除盐水温度，温度升高后的化学除盐水补入凝汽器，可以降低过冷度，一定程度提高热效率	预计可降低供电煤耗约 0.5～1g/kWh	技术成熟。适用于 10 万～30 万 kW 机组

续表

序号	技术名称	技术原理及特点	节能减排效果	成熟程度及适用范围
18	取较深海水作为电厂冷却水	直流供水系统取、排水口的位置和型式应考虑水源特点、利于吸取冷水、温排水对环境的影响、泥沙冲淤和工程施工等因素。有条件时，宜取较深处水温较低的水。但取水水深和取排水口布置受航道、码头等因素影响较大	采用直流供水系统时，循环水温每降低1℃，供电煤耗降低约1g/kWh	技术成熟。适于沿海电厂
19	脱硫系统运行优化	具体措施包括： （1）吸收系统（浆液循环泵、pH值运行优化、氧化风量、吸收塔液位、石灰石粒径等）运行优化。 （2）烟气系统运行优化。 （3）公用系统（制浆、脱水等）运行优化。 （4）采用脱硫添加剂。可提高脱硫效率、减少系统故障、降低系统能耗和运行成本、提高对煤种硫分的适应性	预计可降低供电煤耗约0.5g/kWh	技术成熟。适用于30万kW亚临界机组、60万kW亚临界机组和超临界机组
20	凝结水泵变频改造	高压凝结水泵电动机采用变频装置，在机组调峰运行可降低节流损失，达到提效节能效果	预计可降低供电煤耗约0.5g/kWh	技术成熟。在大量30万～60万kW机组上得到推广应用
21	空气预热器密封改造	回转式空气预热器通常存在密封不良、低温腐蚀、积灰堵塞等问题，造成漏风率与烟风阻力增大，风机耗电增加。可采用先进的密封技术进行改造，使空气预热器漏风率控制在6%以内	预计可降低供电煤耗0.2～0.5g/kWh	技术成熟。各级容量机组
22	电除尘器高频电源改造	将电除尘器工频电源改造为高频电源。由于高频电源在纯直流供电方式时，电压波动小，电晕电压高，电晕电流大，从而增加了电晕功率。同时，在烟尘带有足够电荷的前提下，大幅度减小了电除尘器电场供电能耗，达到了提效节能的目的	可降低电除尘器电耗	技术成熟。适用于30万～100万kW机组

续表

序号	技术名称	技术原理及特点	节能减排效果	成熟程度及适用范围
23	加强管道和阀门保温	管道及阀门保温技术直接影响电厂能效，降低保温外表面温度设计值有利于降低蒸汽损耗。但会对保温材料厚度、管道布置、支吊架结构产生影响	暂无降低供电煤耗估算值	技术成熟。适于各级容量机组
24	电厂照明节能方法	从光源、镇流器、灯具等方面综合考虑电厂照明，选用节能、安全、耐用的照明器具	可以一定程度减少电厂自用电量，对降低煤耗影响较小	技术成熟。适用于各类电厂
25	凝汽式汽轮机供热改造	对纯凝汽式汽轮机组蒸汽系统适当环节进行改造，接出抽汽管道和阀门，分流部分蒸汽，使纯凝汽式汽轮机组具备纯凝发电和热电联产两用功能	大幅度降低供电煤耗，一般可达到 10g/kWh 以上	技术成熟。适用于 12.5 万～60 万 kW 纯凝汽式汽轮机组
26	亚临界机组改造为超（超）临界机组	将亚临界老机组改造为超（超）临界机组，对汽轮机、锅炉和主辅机设备做相应改造	大幅提升机组热力循环效率	技术研发阶段
三	污染物排放控制技术			
27	低（低）温静电除尘	在静电除尘器前设置换热装置，将烟气温度降低到接近或低于酸露点温度，降低飞灰比电阻，减小烟气量，有效防止电除尘器发生反电晕，提高除尘效率	除尘效率最高可达 99.9%	低温静电除尘技术较成熟，国内已有较多运行业绩。低低温静电除尘技术在日本有运行业绩，国内正在试点应用，防腐问题国内尚未有实例验证
28	布袋除尘	含尘烟气通过滤袋，烟尘被黏附在滤袋表面，当烟尘在滤袋表面黏附到一定程度时，清灰系统抖落附在滤袋表面的积灰，积灰落入储灰斗，以达到过滤烟气的目的	烟尘排放浓度可以长期稳定在 20mg/m³（标准状态）以下，基本不受灰分含量高低和成分影响	技术较成熟。适于各级容量机组
29	电袋除尘	综合静电除尘和布袋除尘优势，前级采用静电除尘收集 80%～90%粉尘，后级采用布袋除尘收集细粒粉尘	除尘器出口排放浓度可以长期稳定在 20mg/m³（标准状态）以下，甚至可达到 5 mg/m³（标准状态），基本不受灰分含量高低和成分影响	技术较成熟。适于各级容量机组

续表

序号	技术名称	技术原理及特点	节能减排效果	成熟程度及适用范围
30	旋转电极除尘	将静电除尘器末级电场的阳极板分割成若干长方形极板，用链条连接并旋转移动，利用旋转刷连续清除阳极板上粉尘，可消除二次扬尘，防止反电晕现象，提高除尘效率	烟尘排放浓度可以稳定在 30mg/m^3（标准状态）以下，节省电耗	技术较成熟。适用于 30 万～100 万 kW 机组
31	湿式静电除尘	将粉尘颗粒通过电场力作用吸附到集尘极上，通过喷水将极板上的粉尘冲刷到灰斗中排出。同时，喷到烟道中的水雾既能捕获微小烟尘又能降电阻率，利于微尘向极板移动	通常设置在脱硫系统后端，除尘效率可达到 70%～80%，可有效除去 $PM_{2.5}$ 细颗粒物和石膏雨微液滴	技术较成熟。国内有多种湿式静电除尘技术，正在试点应用
32	双循环脱硫	与常规单循环脱硫原理基本相同，不同在于将吸收塔循环浆液分为两个独立的反应罐和形成两个循环回路，每条循环回路在不同 pH 值下运行，使脱硫反应在较为理想的条件下进行。可采用单塔双循环或双塔双循环	双循环脱硫效率可达 98.5% 或更高	技术较成熟。适于各级容量机组
33	低氮燃烧	采用先进的低氮燃烧器技术，大幅降低氮氧化物生成浓度	炉膛出口氮氧化物浓度可控制在 200mg/m^3（标准状态）以下	技术较成熟。适于各类烟煤锅炉

附件 4

关于印发《全面实施燃煤电厂超低排放和节能改造工作方案》的通知

（环发〔2015〕164 号）

各省、自治区、直辖市环境保护厅（局）、发展改革委（经信委、经委、工信厅）、能源局，新疆生产建设兵团环境保护局、发展改革委、能源局，国家电网公司，南方电网公司，华能、大唐、华电、国电、国电投、神华集团公司：

为贯彻落实第 114 次国务院常务会议精神，我们制定了《全面实施燃煤电厂超低排放和节能改造工作方案》，现印发给你们，请认真贯彻执行，并将有关事项通知如下：

一、全面实施燃煤电厂超低排放和节能改造是一项重要的国家专项行动，既有利于节能减排、促进绿色发展、增添民生福祉，也有利于扩大投资、促进煤电产业转型升级、相关装备制造业走出去。各有关部门、地方及企业应高度重视此项工作，尽快制订专项实施计划，做好与本方案的衔接。

二、各相关部门要加大扶持力度，完善政策措施，充分调动地方和企业积极性，同时强化对项目改造和运行的监督管理。

三、煤电企业是实施主体，应主动承担社会责任，积极采用环境污染第三方治理和合同能源管理模式，加快超低排放和节能改造项目实施，确保改造工程按期建成并稳定运行。

四、装备制造企业、电网公司、节能服务公司和环保专业公司应努力保障并优先满足超低排放和节能改造项目的需求。通过各方共同努力，确保超低排放和节能改造目标按期完成。

特此通知。

附件：全面实施燃煤电厂超低排放和节能改造工作方案

环境保护部
发展改革委
能源局
2015年12月11日

抄送：国务院办公厅，各省、自治区、直辖市人民政府办公厅，新疆生产建设兵团办公厅，科技部，工业和信息化部，财政部，国资委，国家开发银行。

环境保护部办公厅2015年12月11日印发

全面实施燃煤电厂超低排放和节能改造工作方案

全面实施燃煤电厂超低排放和节能改造，是推进煤炭清洁化利用、改善大气环境质量、缓解资源约束的重要举措。《煤电节能减排升级与改造行动计划（2014—2020 年）》（以下简称《行动计划》）实施以来，各地大力实施超低排放和节能改造重点工程，取得了积极成效。根据国务院第 114 次常务会议精神，为加快能源技术创新，建设清洁低碳、安全高效的现代能源体系，实现稳增长、调结构、促减排、惠民生，推动《行动计划》"提速扩围"，特制订本方案。

一、指导思想与目标

（一）指导思想

全面贯彻党的十八届五中全会精神，牢固树立绿色发展理念，全面实施煤电行业节能减排升级改造，在全国范围内推广燃煤电厂超低排放要求和新的能耗标准，建成世界上最大的清洁高效煤电体系。

（二）主要目标

到 2020 年，全国所有具备改造条件的燃煤电厂力争实现超低排放（即在基准氧含量 6%条件下，烟尘、二氧化硫、氮氧化物排放浓度分别不高于 10、35、50 毫克/立方米）。全国有条件的新建燃煤发电机组达到超低排放水平。加快现役燃煤发电机组超低排放改造步伐，将东部地区原计划 2020 年前完成的超低排放改造任务提前至 2017 年前总体完成；将对东部地区的要求逐步扩展至全国有条件地区，其中，中部地区力争在 2018 年前基本完成，西部地区在 2020 年前完成。

全国新建燃煤发电项目原则上要采用 60 万千瓦及以上超超临界机组，平均供电煤耗低于 300 克标准煤/千瓦时（以下简称克/千瓦时），到 2020 年，现役燃煤发电机组改造后平均供电煤耗低于 310 克/千瓦时。

二、重点任务

（一）具备条件的燃煤机组要实施超低排放改造。在确保供电安全前提下，将东部地区（北京、天津、河北、辽宁、上海、江苏、浙江、福建、山东、广东、海南 11 省市）原计划 2020 年前完成的超低排放改造任务提前至 2017 年前总体完成，要求 30 万千瓦及以上公用燃煤发电机组、10 万千瓦及以上自备燃煤发电机组（暂不含 W 型火焰锅炉和循环流化床锅炉）实施超低排放改造。

将对东部地区的要求逐步扩展至全国有条件地区，要求 30 万千瓦及以上燃煤发电机组（暂不含 W 型火焰锅炉和循环流化床锅炉）实施超低排放改造。其中，中部地区（山西、吉林、黑龙江、安徽、江西、河南、湖北、湖南 8 省）力争在 2018 年前基本完成；西部地区（内蒙古、广西、重庆、四川、贵州、云南、西藏、陕西、甘肃、青海、宁夏、新疆 12 省区市及新疆生产建设兵团）在 2020 年前完成。力争 2020 年前完成改造 5.8 亿千瓦。

（二）不具备改造条件的机组要实施达标排放治理。燃煤机组必须安装高效脱硫脱硝除尘设施，推动实施烟气脱硝全工况运行。各地要加大执法监管力度，推动企业进行限期治理，一厂一策，逐一明确时间表和路线图，做到稳定达标，改造机组容量约 1.1 亿千瓦。

（三）落后产能和不符合相关强制性标准要求的机组要实施淘汰。进一步提高小火电机组淘汰标准，对经整改仍不符合能耗、环保、质量、安全等要求的，由地方政府予以淘汰关停。优先淘汰改造后仍不符合能效、环保等标准的 30 万千瓦以下机组，特别是运行满 20 年的纯凝机组和运行满 25 年的抽凝热电机组。列入淘汰方案的机组不再要求实施改造。力争“十三五”期间淘汰落后火电机组规模超过 2000 万千瓦。

（四）要统筹节能与超低排放改造。在推进超低排放改造同时，协同安排节能改造，东部、中部地区现役煤电机组平均供电煤耗力争在 2017 年、2018 年实现达标，西部地区现役煤电机组平均供电煤耗到 2020 年前达标。企业尽可能安排在同一检修期内同步实施超低排放和节能改造，降低改造成本和对电网的影响。2016—2020 年全国实施节能改造 3.4 亿千瓦。

三、政策措施

（一）落实电价补贴政策

对达到超低排放水平的燃煤发电机组，按照《关于实行燃煤电厂超低排放电价支持政策有关问题的通知》（发改价格〔2015〕2835 号）要求，给予电价补贴。2016 年 1 月 1 日前已经并网运行的现役机组，对其统购上网电量每千瓦时加价 1 分钱；2016 年 1 月 1 日后并网运行的新建机组，对其统购上网电量每千瓦时加价 0.5 分钱。2016 年 6 月底前，发展改革委、环境保护部等制定燃煤发电机组超低排放环保电价及环保设施运行监管办法。

（二）给予发电量奖励

综合考虑煤电机组排放和能效水平，适当增加超低排放机组发电利用小时数，原则上奖励 200 小时左右，具体数量由各地确定。落实电力体制改革配套文件《关于有序放开发用电计划的实施意见》要求，将达到超低排放的燃煤机组列为二类优先发电机组予以保障。2016 年，发展改革委、国家能源局研究制定推行节能低碳调度工作方案，提高高效清洁煤电机组负荷率。

（三）落实排污费激励政策

督促各地在提高排污费征收标准（二氧化硫、氮氧化物不低于每当量 1.2 元）同时，对污染物排放浓度低于国家或地方规定的污染物排放限值 50%以上的，切实落实减半征收排污费政策，激励企业加大超低排放改造力度。

（四）给予财政支持

中央财政已有的大气污染防治专项资金，向节能减排效果好的省（区、市）适度倾斜。

（五）信贷融资支持

开发银行对燃煤电厂超低排放和节能改造项目落实已有政策，继续给予优惠信贷；鼓励其他金融机构给予优惠信贷支持。支持符合条件的燃煤电力企业发行企业债券直接融资，募集资金用于超低排放和节能改造。

（六）推行排污权交易

对企业通过超低排放改造产生的富余排污权，地方政府可予以收购；企业也可用于新建项目建设或自行上市交易。

（七）推广应用先进技术

制定燃煤电厂超低排放环境监测评估技术规范，修订煤电机组能效标准和能效最低限值标准，指导各地和各发电企业开展改造工作。再授予一批煤电节能减排示范电站，搭建煤电节能减排交流平台，促进成熟先进技术推广应用。

四、组织保障

（一）加强组织领导

环境保护部、发展改革委、国家能源局会同有关部门共同组织实施本方案，加强部际协调，各司其职、各负其责、密切配合。国家能源局、环境保护部、发展改革委确定年度燃煤电厂节能和超低排放改造重点项目，并按照职责分工，分别建立节能改造和能效水平、机组淘汰、超低排放改造、达标排放治理管理台账，及时协调解决推进过程中出现的困难和问题。

各地和电力集团公司是燃煤电厂超低排放和节能改造的责任主体，要充分考虑电力区域分布、电网调度等因素编制改造计划方案，于 2016 年 3 月底前完成，报国家能源局、环境保护部和发展改革委。发电企业要按照《行动计划》相关要求，切实履行责任，落实项目和资金，积极采用环境污染第三方治理和合同能源管理模式，确保改造工程按期建成并稳定运行。中央企业要起到模范带动作用。地方政府和电网公司要统筹协调区域电力调度，有序安排机组停机检修，制定并落实有序用电方案，保障电力企业按期完成环保和节能改造。

（二）强化监督管理

各地要加强日常督查和执法检查，防止企业弄虚作假，对不达标企业依法严肃处理；对已享受超低排放优惠政策但实际运行效果未稳定达到的，向社会通报，视情节取消相关优惠政策，并予以处罚。省级节能主管部门会同国家能源局派出机构，对各地区、各企业节能改造工作实施监管。

（三）严格评价考核

环境保护部、发展改革委、国家能源局会同有关部门，严格按照各省（区、市）、中央电力集团公司燃煤电厂超低排放改造计划方案，每年对上年度燃煤电厂超低排放和节能改造情况进行评价考核。

附件 5

国家发展改革委　环境保护部　国家能源局关于实行燃煤电厂超低排放电价支持政策有关问题的通知

（发改价格〔2015〕2835 号）

各省、自治区、直辖市发展改革委、物价局、环保厅、能源局，国家电网公司、南方电网公司、华能、大唐、华电、国电、国家电投集团公司：

为贯彻落实 2015 年《政府工作报告》关于“推动燃煤电厂超低排放改造”的要求，推进煤炭清洁高效利用，促进节能减排和大气污染治理，决定对燃煤电厂超低排放实行电价支持政策。现就有关事项通知如下：

一、明确电价支持标准

超低排放是指燃煤发电机组大气污染物排放浓度基本符合燃气机组排放限值（以下简称“超低限值”）要求，即在基准含氧量 6% 条件下，烟尘、二氧化硫、氮氧化物排放浓度分别不高于 10、35、50mg/m³（标准状态）。为鼓励引导超低排放，对经所在地省级环保部门验收合格并符合上述超低限值要求的燃煤发电企业给予适当的上网电价支持。其中，对2016年1月1日以前已经并网运行的现役机组，对其统购上网电量加价每千瓦时1分钱（含税）；对2016年1月1日之后并网运行的新建机组，对其统购上网电量加价每千瓦时0.5分钱（含税）。省级能源主管部门负责确认适用上网电价支持政策的机组类型。超低排放电价政策增加的购电支出在销售电价调整时疏导。上述电价加价标准暂定执行到2017年底，2018年以后逐步统一和降低标准。地方制定更严格超低排放标准的，鼓励地方出台相关支持奖励政策措施。

二、实行事后兑付政策

超低排放电价支持政策实行事后兑付、季度结算，并与超低排放情况挂钩。省级环保部门于每一季度开始之日起15个工作日内对上一季度燃煤机组超低排放情况进行核查并形成监测报告，同时抄送省级价格主管部门。电网企业自收到环保部门出具的监测报告之日起10个工作日内向燃煤电厂兑现电价加价资金。对符合超低限值的时间比率达到或高于99%的机组，该季度加价电量按其上网电量的100%执行；对符合超低限值的时间比率低于99%但达到或超过80%的机组，该季度加价电量按其上网电量乘以符合超低限值的时间比率扣减10%的比例计算；对符合超低限值的时间比率低于80%的机组，该季度不享受电价加价政策。其中，烟尘、二氧化硫、氮氧化物排放中有一项不符合超低排放标准的，即视为该时段不符合超低排放标准。燃煤电厂弄虚作假篡改超低排放数据的，自篡改数据的季度起三个季度内不得享受加价政策。

三、政策执行时间

上述规定自2016年1月1日起执行，此前完成超低排放建设并经省级环保部门验收合格的，无论是否已经开始享受电价加价政策，自2016年1月1日起均按照新规定的加价政策执行。

国家发展改革委
环境保护部
国家能源局
2015年12月2日

附件 6

关于印发《京津冀及周边地区 2017 年大气污染防治工作方案》的通知

京津冀及周边地区大气污染防治协作小组各成员单位，中国石油天然气集团公司、中国石油化工集团公司、中国海洋石油总公司、国家电网公司、中国华能集团公司、中国大唐集团公司、中国华电集团公司、中国国电集团公司、国家电力投资集团公司、神华集团有限责任公司：

为深入实施《大气污染防治行动计划》，切实加大京津冀及周边地区大气污染治理力度，确保完成《大气污染防治行动计划》确定的 2017 年各项目标任务，环境保护部会同京津冀及周边地区大气污染防治协作小组及有关单位制定《京津冀及周边地区 2017 年大气污染防治工作方案》（以下简称《工作方案》）。现印发执行，并就有关事项通知如下：

（1）制定方案细化措施。北京、天津、河北、山西、山东、河南省（市）按照《工作方案》要求，组织制定本地 2017 年达到空气质量目标细化方案，切实落实党委政府环保“党政同责”“一岗双责”，将任务分解到乡镇、街道、社区，明确责任人和完成时限。中石油、中石化、中海油、国家电网公司要与各省（市）人民政府对接，统筹以气代煤、以电代煤工程的规划和实施工作，制定工作方案，加大气源、电源保障力度。中石油、中石化、中海油、华能、大唐、华电、国电、国电投、神华集团要梳理《工作方案》规定的治理任务和所涉及的企业名单，制定具体措施，明确完成时限。

（2）加强指导落实责任。各相关部门严格按照职责分工，指导有关地方政府落实《工作方案》任务要求，加大扶持力度，完善政策措施，充分调动地方和企业积极性，同时强化监督与管理。企业是污染治理的实施主体，应主动承担社会责任，按照各地细化方案要求制定实施措施，着力降低污染排放。

（3）加强调度强化考核。环境保护部建立月调度、季考核机制，每月调度各地区、各部门工作进展情况，量化各项任务进度和完成比例，会同发展改革委、财政部、国家能源局定期上报国务院。

（4）请各省（市）明确一名联系人和联系方式，于2017年2月28日前报环境保护部备案，并从2017年3月起，每月8日前（遇节假日顺延）报送上月工作进展情况。

环境保护部　　发展改革委

财政部　　能源局

北京市人民政府　天津市人民政府

河北省人民政府　山西省人民政府

山东省人民政府　河南省人民政府

2017年2月17日

京津冀及周边地区 2017 年大气污染防治工作方案

为确保完成《大气污染防治行动计划》确定的 2017 年各项目标任务，切实改善京津冀及周边地区环境空气质量，进一步加大京津冀大气污染传输通道治理力度，现制定 2017 年工作方案。

一、实施范围

京津冀大气污染传输通道包括北京市，天津市，河北省石家庄、唐山、廊坊、保定、沧州、衡水、邢台、邯郸市，山西省太原、阳泉、长治、晋城市，山东省济南、淄博、济宁、德州、聊城、滨州、菏泽市，河南省郑州、开封、安阳、鹤壁、新乡、焦作、濮阳市（以下简称“2＋26”城市）。

二、主要任务

以改善区域环境空气质量为核心，以减少重污染天气为重点，多措并举强化冬季大气污染防治，全面降低区域污染排放负荷。

（一）产业结构调整要取得实质性进展

（1）加大化解过剩产能力度。“2＋26”城市要提前完成化解钢铁过剩产能任务，其中，廊坊市和保定市是重中之重。

（2）10 月底前完成违法“小散乱污”企业取缔工作。相关地方各级政府对不符合产业政策、当地产业布局规划，污染物排放不达标，以及土地、环保、工商、质监等手续不全的“小散乱污”企业，依法依规开展专项取缔行动，采取拆除生产设施、断水断电等措施，确保“小散乱污”企业整改到位。各地于 3 月底前完成排查工作，建立管理台账。北京、天津、石家庄、唐山、廊坊、保定、沧州、衡水、邢台、邯郸、郑州、安阳、焦作等城市，10 月底前基本完成违法“小散乱污”企业依法取缔工作；其他城市 10 月底前取缔一半以上。相关地方各级政府要实行网格化管理，建立由乡、镇、街道党政主要领导为“网格长”的监管制度，明确网格督查员，落实“小散乱污”企业排查、取缔责任。对排查、取缔工作落实不到位、监管严重失职的，追究“网格长”及相关人员责任。“小散乱污”企业整治情况纳入环境保护部信息平台和执法监管平台。

“小散乱污”企业重点是有色金属熔炼加工、橡胶生产、制革、化工、陶瓷烧制、铸造、丝网加工、轧钢、耐火材料、炭素生产、石灰窑、砖瓦窑、水泥粉磨站、废塑料加工，以及涉及涂料、油墨、胶黏剂、有机溶剂等使用的印刷、家具等小型制造加工企业。

（二）全面推进冬季清洁取暖

(3) 实施冬季清洁取暖重点工程。将“2＋26”城市列为北方地区冬季清洁取暖规划首批实施范围。全面加强城中村、城乡结合部和农村地区散煤治理，北京、天津、廊坊、保定市10月底前完成“禁煤区”建设任务，并进一步扩大实施范围，实现冬季清洁取暖。传输通道其他城市于10月底前，按照宜气则气、宜电则电的原则，每个城市完成5万～10万户以气代煤或以电代煤工程。加大工业低品位余热、地热能等利用。

(4) 10月底前完成小燃煤锅炉“清零”工作。10月底前，北京、天津、石家庄、廊坊、保定、济南、郑州行政区域内基本淘汰10蒸吨及以下燃煤锅炉，以及茶炉大灶、经营性小煤炉。其他城市建成区及县城全面淘汰10蒸吨及以下燃煤锅炉。燃煤窑炉加快电炉、气炉改造进度。

(5)“2＋26”城市实现煤炭消费总量负增长。新建用煤项目实行煤炭减量替代。以电、天然气等清洁能源替代的散煤量，可纳入新上热电联产项目煤炭减量平衡方案。20万人口以上县城基本实现集中供热或清洁能源供热全覆盖。新增居民建筑采暖要以电力、天然气、地热能、空气能等采暖方式为主，不得配套建设燃煤锅炉。

（三）加强工业大气污染综合治理

（6）实施特别排放限值。9 月底前，“2＋26”城市行政区域内所有钢铁、燃煤锅炉排放的二氧化硫、氮氧化物和颗粒物大气污染物执行特别排放限值。重点排污单位全面安装大气污染源自动监控设施，并与环保部门联网，实时监控污染物排放情况。依法查处超标排放行为。

（7）全面推进排污许可管理。“2＋26”城市要率先完成重点行业排污许可证发放工作，推进重点行业治污升级改造，6 月底前，完成火电行业排污许可证发放工作；10 月底前，完成钢铁、水泥行业排污许可证发放工作。各地结合污染排放特征和地方排放标准实施要求，在全国率先开展医药、农药、包装印刷、工业涂装等行业排污许可证核发工作。

率先实施全面达标排放行动计划。全面加强低效大气治污设施和未安装自动监控设施企业监督检查频次和力度，纳入环保重点监管范围，督促企业安装自动监控设施。建立企业排污台账，从严处罚违法排污行为。

（8）实施挥发性有机物（VOCS）综合治理。各地根据本地污染特征，因地制宜开展重点行业 VOCS 综合整治。全面推进石油化工，医药、农药等化工类，汽车制造、机械设备制造、家具制造等工业涂装类，包装印刷等 VOCS 治理，10 月底前基本完成整治工作。

大力推广使用低 VOCS 含量涂料、有机溶剂、胶黏剂、油墨等原辅材料，配套改进生产工艺；全面实施泄漏检测与修复（LDAR），建立完善管理制度；严格控制储存、装卸损失排放，优先采用压力罐、低温罐、高效密封浮顶罐，有机液体装卸采取全密闭、下部装载、液下装载等方式，并实施高效油气回收措施（不含柴油），配备具有油气回收接口的车船；强化无组织排放废气收集，采取密闭措施，安装高效集气装置；加强有组织废气治理，配套安装焚烧等高效治理设施；非正常工况排放的有机废气应送火炬系统处理。

（四）实施工业企业采暖季错峰生产

各地要加大采暖季工业企业生产调控力度，按照基本抵消冬季取暖新增污染物排放量的原则，制定企业错峰生产计划，依法合规落实到企业排污许可证和应急预案中。

（9）水泥、铸造等行业继续全面实施错峰生产。水泥（含粉磨站）、铸造（不含电炉、天然气炉）、砖瓦窑等行业，除承担居民供暖、协同处置城市垃圾和危险废物等保民生任务外，采暖季全部实施错峰生产。承担保民生任务的，要根据承担任务核定最大允许生产负荷，9月底前报地市级政府备案。10月底前，燃煤发电机组（含自备电厂）未达到超低排放的全部停产。

（10）重点城市加大钢铁企业限产力度。各地实施钢铁企业分类管理，按照污染排放绩效水平，制定错峰限停产方案。石家庄、唐山、邯郸、安阳等重点城市，采暖季钢铁产能限产50%，以高炉生产能力计，采用企业实际用电量核实。

（11）实施电解铝、化工类企业生产调控。各地采暖季电解铝厂限产30%以上，以停产的电解槽数量计；氧化铝企业限产30%左右，以生产线计；炭素企业达不到特别排放限值的，全部停产，达到特别排放限值的，限产50%以上，以生产线计。涉及原料药生产的医药企业VOCS排放工序、生产过程中使用有机溶剂的农药企业VOCS排放工序，在采暖季原则上实施停产，由于民生等需求存在特殊情况确需生产的，应报省级政府批准。

（五）严格控制机动车排放

（12）天津港不再接收公路运输煤炭。大幅提升区域内铁路货运比例，加快推进港铁联运煤炭。充分利用张唐等铁路运力，大幅降低柴油车辆长途运输煤炭造成的大气污染。7月底前，天津港不再接收柴油货车运输的集港煤炭。9月底前，天津、河北及环渤海所有集疏港煤炭主要由铁路运输，禁止环渤海港口接收柴油货车运输的集疏港煤炭。

（13）全面加强机动车排污监控能力。12 月底前，“2＋26”城市均要安装 10 台（套）左右固定垂直式遥感监测设备、2 台（套）移动式遥感监测设备，覆盖高排放车辆通行的主要道口，重点筛查柴油货车和高排放汽油车。北京市进京主要道口安装遥感监测设备。加快推进京津冀地区电子标识试点，加快遥感监测设备国家、省、市三级联网，12 月底前完成。及时汇总分析排放情况，向社会公开超标严重的车型信息。建设国家、省、市三级机动车环境执法监管专业队伍，提高现场执法能力水平。环境保护部建立机动车污染控制实验室，提高管理政策制定的技术支撑能力。

（14）协同加强柴油车管控。实施重型柴油车在北京市六环路（含）管控措施，引导外埠过境重型柴油车绕行北京。强化对营运车辆的环保监管，积极推进柴油车辆加装颗粒物捕集器（DPF）和具备实时诊断功能的车载远程通讯终端，并作为对在用营运柴油车排放检验的重要内容。环境保护部建立机动车环保违法信息平台，与公安交管、交通运输、发展改革、保监等部门共享。9 月底前，将机动车环保违法信息纳入企业征信系统，支持保险公司提高超标排放车辆保险费率，实现超标排放车辆异地处罚。查处一批篡改车载诊断系统（OBD）限扭要求、不添加车用尿素的典型违法案件，严厉处罚各类违法行为并向社会曝光。

（15）加强油品质量和车用尿素监督管理。“2＋26”城市率先完成城市车用柴油和普通柴油并轨，9 月底前，全部供应符合国六标准的车用汽柴油，禁止销售普通柴油。各地借鉴河南做法开展专项行动，严厉打击生产、销售假劣油品行为，取缔黑加油站点，追究违法者责任。6 月底前，区域内高速公路、国道和省道沿线的加油站点均须销售符合产品质量要求的车用尿素。6 月底前，销售汽油的加油站全部安装油气回收设施，年销售汽油量大于 5000 吨及其他具备条件的加油站，要加快安装油气回收在线监测设备。北京市新增出租车应全部更换为电动车，其他城市积极推进出租车更换为电动车或新能源车。各地督促在用燃油和燃气出租车定期更换三元催化器。

（六）提高城市管理水平

（16）严格控制扬尘排放。制定扬尘治理专项方案，实行网格化管理。明确网格街道保洁工作负责人，并公布名单。北京、廊坊、保定市以平均降尘量小于9吨/（月·平方公里）作为控制指标，纳入区县党政领导干部考核问责范围。9月底前，“2＋26”城市规模以上土石方建筑工地全部安装在线监测和视频监控，做到围挡、苫盖、喷淋、运输车辆清洗和路面硬化五个百分百。不断提高装配式建筑占新建建筑的比例。渣土运输车辆全部安装密闭装置并确保正常使用，未符合要求上路行驶的，一经查处按本地管理规定进行上限处罚并取消渣土运输资格。

（17）全面落实禁烧限放要求。全面禁止秸秆、枯枝落叶、垃圾等露天焚烧。北京、廊坊、保定市建成区全面禁止露天烧烤，室内烧烤必须配备油烟净化设备。制定烟花爆竹禁限放严控方案，明确烟花爆竹禁限放要求。

（七）强化重污染天气应对

（18）提高重污染天气预测预报能力。完善区域空气质量预测预报会商机制，全面提高环境空气质量预测预报能力。6月底前，完成京津冀及周边地区颗粒物组分和光化学监测网能力建设，确保稳定运行。开展环境空气质量预测预报人员培训、预报准确率评估工作，提高整体预测预报水平。京津冀及周边地区省级空气质量预测预报单位具备3天精细化预报、7天潜势预报能力。“2＋26”城市开展大气污染物源排放清单编制和源解析工作。

（19）加快重污染天气应急预案修订工作。环境保护部指导各地修订重污染天气应急预案，统一预警分级标准、不同级别减排比例要求，实施区域应急联动，提前启动应急预案。8月底前，“2＋26”城市完成新预案修订工作，夯实各级别应急减排措施，细化到具体企业、工地和单位生产工序，并落实到企业排污许可证中，确保措施可统计、可监测、可核查。环境保护部组织专家团队，对“2＋26”城市重污染天气应急预案有效性、可操作性和减排措施进行量化评估。

三、保障措施

（1）分解落实任务。以北京、天津、河北、山西、山东、河南省（市）政府为责任主体，京津冀及周边地区大气污染防治协作小组协调推进，分解任务，落实责任。各有关部门严格按照职责分工落实任务要求。环境保护部每季度调度各地区和相关单位工作任务落实情况，会同发展改革委、财政部、国家能源局上报国务院，采暖季每月调度。

（2）完善经济政策。加大中央大气污染防治专项资金支持力度，优化使用方式，向任务量较大的省份和城市倾斜。相关地方各级政府全面加大本级大气污染防治资金支持力度，重点用于燃煤锅炉替代、散煤治理、高排放车淘汰、工业污染治理等领域。各地根据本地区实际，研究对化工及汽车、集装箱、家具制造等工业涂装类VOCS排放征收排污费。

出台有利于清洁取暖的经济政策机制。出台一揽子经济激励政策，支持“2＋26”城市冬季清洁取暖工作。将民生供暖电能替代、燃气替代项目列入中央基建投资计划，优先支持清洁能源替代项目使用中央基建投资，给予替代项目部分设备投资支持。将电供暖电量统一打包通过电力交易平台，向低谷时段发电企业直接招标。居民“煤改气”气价按居民用气定价。发挥政策性和开发性金融机构引导作用，鼓励其加大对京津冀及周边地区产业升级、冬季清洁取暖和大气污染治理等领域的信贷投放，加大对节能环保项目的资金支持力度。

（3）加大气源、电源保障力度。加大天然气保供力度，中石油于10月底前确保完成陕京四线建设，中石油、中石化、中海油等确保给予区域内城市提供持续稳定气源保障。相关地方各级政府应积极主动开拓气源，支持管道气、液化天然气（LNG）、压缩天然气（CNG）等多种方式、多种主体供应。完善应急调峰设施建设，中石油、中石化、中海油等加快推进地下储气库、沿海LNG

应急调峰站等设施建设，城市燃气必须具备一定的储气能力。

国家电网公司与相关城市统筹“煤改电”工程的规划和实施，制定工作方案，相关地方省级、市级政府对配套电网工程给予补贴，承担配套输变电工程的征地拆迁前期工作和费用，统筹协调“煤改气”“煤改电”用地指标。电网公司按照工业企业错峰生产要求，严格落实电力供应。

（4）建立舆论引导工作协调机制。增强大气环境管理决策的科技支撑，加大科研经费支持力度，加快国家大气污染健康综合监测网络建设与研究，充分利用研究成果及时准确为群众解疑释惑。统筹安排重污染天气信息发布内容、时机和形式，切实做好大气污染防治宣传报道和舆论引导工作。定期开展舆情分析研判，及时发布权威声音回应公众关注的热点问题。严格按照《大气污染防治法》规定，由环境保护部会同气象局建立会商机制，统一发布重污染天气预报预警信息。

（5）严格考核问责。环境保护部对“2＋26”城市空气质量改善情况实施按月排名，按季度考核，北京、天津、廊坊、保定市以区县为单位参与排名，考核和排名结果交由干部主管部门，作为对领导班子和领导干部综合考核评价的重要依据。

环境保护部等有关部门要强化监管，组织开展采暖季大气污染防治专项执法行动，按季度调度各地“小散乱污”企业整治情况，公布一批不能达标的企业名单，依法实施挂牌督办、限期整改，涉及环境犯罪的，依法移送公安机关。

附件 7

2016
中国环境状况公报

中华人民共和国环境保护部

根据《中华人民共和国环境保护法》规定，现予公布2016年《中国环境状况公报》。

中华人民共和国环境保护部

二〇一七年五月三十一日

目 录

CONTENTS

2016 年 1 月 18 日，省部级主要领导干部学习贯彻十八届五中全会精神专题研讨班在中央党校开班。中共中央总书记、国家主席、中央军委主席习近平在开班式上发表重要讲话。习近平强调，要坚定推进绿色发展，推动自然资本大量增值，让良好生态环境成为人民生活的增长点、成为展现我国良好形象的发力点，让老百姓呼吸上新鲜的空气、喝上干净的水、吃上放心的食物、生活在宜居的环境中、切实感受到经济发展带来的实实在在的环境效益，让中华大地天更蓝、山更绿、水更清、环境更优美，走向生态文明新时代。

文字摘自习近平在省部级主要领导干部学习贯彻十八届五中全会精神专题研讨班开班式上的重要讲话，图片由新华社记者摄

2016 年 3 月 5 日，第十二届全国人民代表大会第四次会议在北京人民大会堂开幕。国务院总理李克强作政府工作报告。报告指出，加大环境治理力度，推动绿色发展取得新突破。治理污染、保护环境，事关人民群众健康和可持续发展，必须强力推进，下决心走出一条经济发展与环境改善双赢之路。

文字摘自 2016 年国务院《政府工作报告》，图片由新华社记者摄

综　述

环境保护

2016 年是全面建成小康社会决胜阶段的开局之年，是推进结构性改革的攻坚之年。各地区、各部门认真落实党中央、国务院决策部署，紧紧围绕统筹推进“五位一体”总体布局和协调推进“四个全面”战略布局，贯彻落实新发展理念，以改善环境质量为核心，以解决突出环境问题为重点，扎实推进环境保护工作，取得积极进展。

一是全力打好污染防治三大战役。深入实施《大气污染防治行动计划》。发布实施《京津冀地区大气污染防治强化措施（2016—2017 年）》。推动能源结构优化调整，实施以电代煤、以气代煤，加快淘汰每小时 10 蒸吨及以下的燃煤锅炉。全国燃煤机组累计完成超低排放改造 4.4 亿千瓦，占煤电总装机容量的 47%。制定重点行业挥发性有机物削减行动计划，围绕石油化工等 11 个重点行业实施清洁生产技术改造。进一步明确水泥错峰生产措施。全国淘汰黄标车和老旧车 404.58 万辆，超额完成全年任务。发布轻型汽车第六阶段排放标准，船舶发动机第一、二阶段排放标准。自 2017 年 1 月 1 日起，全国全面供应国五标准清洁油品。推进船舶排放控制区建设。加强重污染天气监测预警评估体系建设，统一京津冀区域重污染天气预警分级标准，及时组织空气质量预测预报会商，强化应急响应措施，加强督查督导，实施重污染天气区域应急联动。全面落实《水污染防治行动计划》。与各省（区、市）政府签订水污染防治目标责任书，建立相关工作协作机制。落实长江经济带大保护工作，出台《长江经济带沿江取水口、排污口和应急水源布局规划》，编制《长江经济带生态环境保护规划》。开展沿江饮用水水源地环保执法专项行动，完成11省（市）126个地级及以上城市全部319个集中式饮用水水源保护区划定。考核重点流域水污染防治“十二五”规划实施情况，规划考核断面达标率为75.4%。评估3300多个城镇集中式水源，抽样调查3800多个农村水源环境状况。实施农村饮水安全巩固提升工程。城乡饮用水水质监测基本覆盖全国所有地市县和80%的乡镇。制定加强地下水污染防治工作方案，实施国家地下水监测工程。推进黑臭水体整治，全国地级及以上城市开工1285个黑臭水体整治项目，占黑臭水体总数的62.4%。启动水资源消耗总量和强度双控行动，开展水效领跑者引领行动和合同节水管理。实施《土壤污染防治行动计划》。国务院印发《土壤污染防治行动计划》，同意开展全国土壤污染状况详查，明确25项拟出台配套政策措施。31个省（区、市）编制完成土壤污染防治工作方案，13个部门制定重点工作实施方案。出台《污染地块土壤环境管理办法》，推进土壤污染综合防治先行区建设，认真实施土壤污染治理与修复试点项目。加强重金属污染防控重点区域综合治理。开展农产品产地土壤重金属污染监测，研究建立农产品产地分级管理制度。推进生活垃圾焚烧处理设施建设，开展非正规垃圾堆放点排查整治。

二是健全环境预防体系。扎实推进供给侧结构性改革，积极构建绿色制造体系，加快淘汰落后产能，化解钢铁过剩产能超过6500万吨、煤炭产能超过2.9亿吨。出台能源生产和消费革命战略，非化石能源消费比重进一步上升，煤炭消费比重继续下降。新增部分地方纳入国家重点生态功能区，严格实施产业准入负面清单制度。深入推进京津冀、长三角和珠三角地区战略环评。环境保护部对84个重大项目环评文件进行批复，涉及总投资9108亿元，对11个不符合环境准入要求的项目不予审批，涉及总投资970亿元。31个省

（区、市）、新疆生产建设兵团和 420 个地市级的环保部门与环境保护部实现环评审批信息每周联网报送。全国环保系统 358 家环评机构全部完成脱钩。发布 59 项国家环境保护标准，现行有效的环境保护标准达 1732 项。

三是深化生态环保领域改革。开展 16 个省（区）中央环境保护督察工作，共受理群众举报 3.3 万件，约谈 6307 人，问责 6454 人，有力落实地方党委和政府以及有关部门环境保护责任。中共中央办公厅、国务院办公厅印发《关于省以下环保机构监测监察执法垂直管理制度改革试点工作的指导意见》，河北、重庆率先实施垂直管理制度改革试点。中央全面深化改革领导小组审议通过《关于划定并严守生态保护红线的若干意见》，31 个省（区、市）均已启动生态保护红线划定工作。国务院办公厅印发《控制污染物排放许可制实施方案》，启动火电、造纸行业排污许可证申请与核发。全面完成 1436 个国控环境空气质量监测站事权上收任务，建成由 2767 个监测断面组成的国家地表水监测网，初步建成国家土壤环境监测网。印发《培育发展农业面源污染治理、农村污水垃圾处理市场主体方案》《“十三五”环境影响评价改革实施方案》，出台《生态环境损害鉴定评估技术指导指南总纲》等技术规范，在吉林等 7 省（市）开展生态环境损害赔偿制度改革试点，试点工作实施方案经中央全面深化改革领导小组会议审议通过后由 7 省（市）印发实施。印发《关于构建绿色金融体系的指导意见》。

四是强化环境执法监管和风险应对。完成环境保护税法、环境影响评价法、海洋环境保护法等法律制修订，修订《最高人民法院最高人民检察院关于办理环境污染刑事案件适用法律若干问题的解释》。持续开展环境保护法实施年活动。环境保护部对环境质量恶化趋势明显的 8 个市政府主要负责同志公开约谈。环境执法力度明显加大，各级环境保护部门下达行政处罚决定 12.4 万余份，罚款 66.3

亿元，比2015年分别增长28%和56%；全国实施按日连续处罚、查封扣押、限产停产、移送行政拘留、移送涉嫌环境污染犯罪案件共22730件，同比增长93%。加快建立实时在线环境监控系统，建成由352个监控中心、10257个国家重点监控企业组成的污染源监控体系。修订《国家危险废物名录》，开展打击涉危险废物环境违法犯罪行为专项行动。环境保护部直接调度处置突发环境事件60起，有力维护环境安全和群众合法权益。严格核与辐射安全监管，圆满完成第四、五次朝核试验辐射环境应急任务。

五是加大生态保护和农村环境治理力度。国务院批准新建18个、调整5个国家级自然保护区。对446个国家级自然保护区人类活动开展遥感监测，对5个国家级自然保护区进行公开约谈。开展生物多样性观测试点，建立以鸟类、两栖动物、哺乳动物、蝴蝶为指示生物类群的观测样区400余个。启动首批山水林田湖生态保护工程试点。重点生态功能区财政转移支付资金规模达570亿元，补助范围涉及725个重点生态县域和全部国家级禁止开发区域。推动海洋生态修复，实施18个“蓝色海湾”项目和10处“生态岛礁”工程。中央财政安排资金60亿元，推动农村环境综合整治。

六是强化各项保障措施。国务院印发《“十三五”生态环境保护规划》。中央财政分别安排大气、水、土壤污染防治专项资金112亿元、140亿元、91亿元。发挥政府与社会资本合作（PPP）示范项目引领作用，生态环境保护领域入库项目630多个、总投资额6500多亿元。推进水体污染控制与治理科技重大专项，实施“大气污染成因与控制技术研究”“典型脆弱生态修复与保护研究”等重点专项研究。积极推进生态环境大数据工程建设，数据资源整合和应用取得积极进展。开通“环保部发布”官方微博微信公众号，及时做好信息发布和解读。建立例行新闻发布制度。

环境状况

2016年，全国338个地级及以上城市中，有84个城市环境空气质量达标，占全部城市数的24.9%；254个城市环境空气质量超标，占75.1%。338个地级及以上城市平均优良天数比例为78.8%，比2015年上升2.1个百分点；平均超标天数比例为21.2%。474个城市（区、县）开展了降水监测，酸雨城市比例为19.8%，酸雨频率平均为12.7%，酸雨类型总体仍为硫酸型，酸雨污染主要分布在长江以南-云贵高原以东地区。

全国地表水1940个评价、考核、排名断面（点位）中，Ⅰ类、Ⅱ类、Ⅲ类、Ⅳ类、Ⅴ类和劣Ⅴ类分别占2.4%、37.5%、27.9%、16.8%、6.9%和8.6%。6124个地下水水质监测点中，水质为优良级、良好级、较好级、较差级和极差级的监测点分别占10.1%、25.4%、4.4%、45.4%和14.7%。地级及以上城市897个在用集中式生活饮用水水源监测断面（点位）中，有811个全年均达标，占90.4%。春季和夏季，符合第一类海水水质标准的海域面积均占中国管辖海域面积的95%。近岸海域417个点位中，一类、二类、三类、四类和劣四类分别占32.4%、41.0%、10.3%、3.1%和13.2%。

322个进行昼间区域声环境监测的地级及以上城市，区域声环境等效声级平均值为54.0分贝；320个进行昼间道路交通声环境监测的地级及以上城市，道路交通等效声级平均值为66.8分贝；309个开展功能区声环境监测的地级及以上城市，昼间监测点次达标率为

92.2%，夜间监测点次达标率为74.0%。

全国环境电离辐射水平处于本底涨落范围内，环境电磁辐射水平低于国家规定的相应限值。

全国现有森林面积2.08亿公顷，森林覆盖率21.63%；草原面积近4亿公顷，约占国土面积的41.7%。全国共建立各种类型、不同级别的自然保护区2750个，其中陆地面积约占全国陆地面积的14.88%；国家级自然保护区446个，其中陆地面积约占全国陆地面积的9.97%。

生态环境质量“优”和“良”的县域主要分布在秦岭淮河以南、东北大小兴安岭和长白山地区，“一般”的县域主要分布在华北平原、东北平原中西部、内蒙古中部、青藏高原中部和新疆北部等地区，“较差”和“差”的县域主要分布在内蒙古西部、甘肃西北部、青藏高原北部和新疆大部。

大 气

空气质量

地级及以上城市 2016年，全国338个地级及以上城市*（以下简称338城市）中，有84个城市环境空气质量达标**，占全部城市数的24.9%；254个城市环境空气质量超标，占75.1%。

338城市平均优良天数***比例为78.8%，比2015年上升2.1个百分点；平均超标天数****比例为21.2%。8个城市的优良天数比例为100%，169个城市的优良天数比例在80%～100%之间，137个城市的优良天数比例在50%～80%之间，24个城市的城市优良天数比例低于50%。

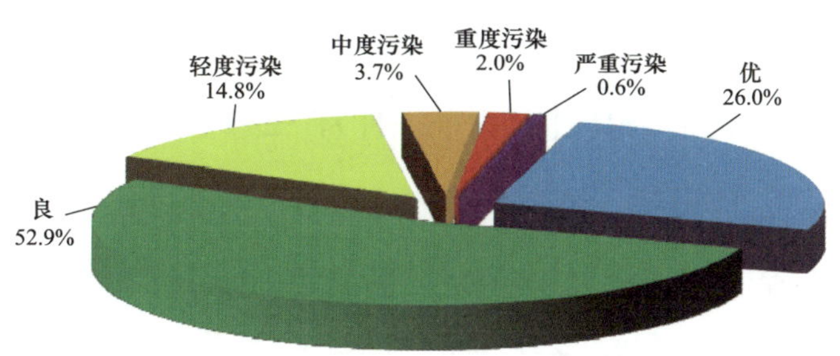

2016年338城市环境空气质量级别比例

* 地级及以上城市：含直辖市、地级市、地区、自治州和盟。

** 空气质量达标：参与评价的污染物浓度均达标，即为环境空气质量达标。

*** 优良天数：空气质量指数（AQI）在0～100之间的天数为优良天数，又称达标天数。

**** 超标天数：空气质量指数（AQI）大于100的天数为超标天数。其中，101～150之间为轻度污染，151～200之间为中度污染，201～300之间为重度污染，大于300为严重污染。

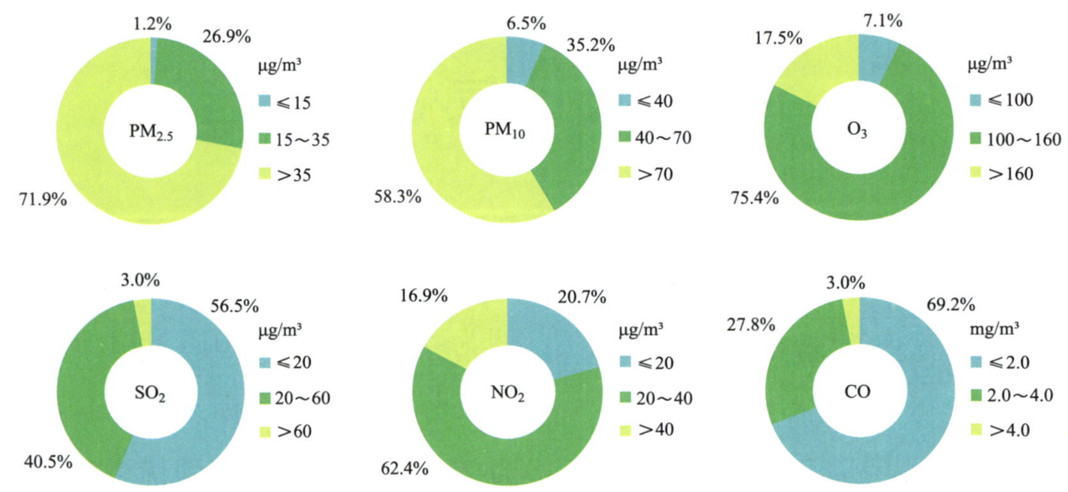

2016 年 338 城市六项污染指标不同浓度区间城市比例

338 城市发生重度污染 2464 天次、严重污染 784 天次，以 $PM_{2.5}$ 为首要污染物* 的天数占重度及以上污染天数的 80.3%，以 PM_{10} 为首要污染物的占 20.4%，以 O_3 为首要污染物的占 0.9%。其中，有 32 个城市重度及以上污染天数超过 30 天，分布在新疆（部分城市受沙尘影响）、河北、山西、山东、河南、北京和陕西。

各指标分析表明，$PM_{2.5}$ 浓度范围为 12～158μg/m³，平均为 47μg/m³，比 2015 年下降 6.0%；超标天数比例为 14.7%，比 2015 年下降 2.8 个百分点。PM_{10} 浓度范围为 22～436μg/m³，平均为 82μg/m³，比 2015 年下降 5.7%；超标天数比例为 10.4%，比 2015 年下降 1.7 个百分点。O_3 日最大 8 小时平均第 90 百分位数浓度** 范围为 73～

* 首要污染物：空气质量指数（AQI）大于 50 时，空气质量分指数最大的污染物为首要污染物。

** 百分位数浓度：按照《环境空气质量评价技术规范（试行）》（HJ 663—2013），将日历年内有效的 O_3 日最大 8 小时平均值、CO 24 小时平均值按数值从小到大排序，取第 90% 位置的 O_3 日最大 8 小时平均值与国家标准日最大 8 小时平均浓度限值比较，判断臭氧达标情况；取第 95% 位置的 CO 24 小时平均值与 CO 24 小时标准浓度限值比较，判断 CO 达标情况。

$200\mu g/m^3$，平均为 $138\mu g/m^3$，比 2015 年上升 3.0%；超标天数比例为 5.2%，比 2015 年上升 0.6 个百分点。SO_2浓度范围为 $3\sim88\mu g/m^3$，平均为 $22\mu g/m^3$，比 2015 年下降 12.0%；超标天数比例为 0.5%，比 2015 年下降 0.2 个百分点。NO_2浓度范围为 $9\sim61\mu g/m^3$，平均为 $30\mu g/m^3$，与 2015 年持平；超标天数比例为 1.6%，与 2015 年持平。CO 日均值第 95 百分位数浓度范围为 $0.8\sim5.0mg/m^3$，平均为 $1.9mg/m^3$，比 2015 年下降 9.5%；超标天数比例为 0.4%，比 2015 年下降 0.1 个百分点。

新标准第一阶段监测实施城市

2016 年，74 个新标准第一阶段监测实施城市（包括京津冀、长三角、珠三角等重点区域地级城市及直辖市、省会城市和计划单列市，以下简称 74 城市）平均优良天数比例为 74.2%，比 2015 年上升 3.0 个百分点；平均超标天数比例为 25.8%。26 个城市的优良天数比例在 80%～100%之间，42 个城市的优良天数比例在 50%～80%之间，6 个城市的优良天数比例低于 50%。以 $PM_{2.5}$为首要污染物的天数占污染总天数的 57.5%，以 O_3为首要污染物的占 30.8%，以 PM_{10}为首要污染物的占 10.5%，以 NO_2为首要污染物的占 1.6%，以 SO_2为首要污染物的占 0.1%。

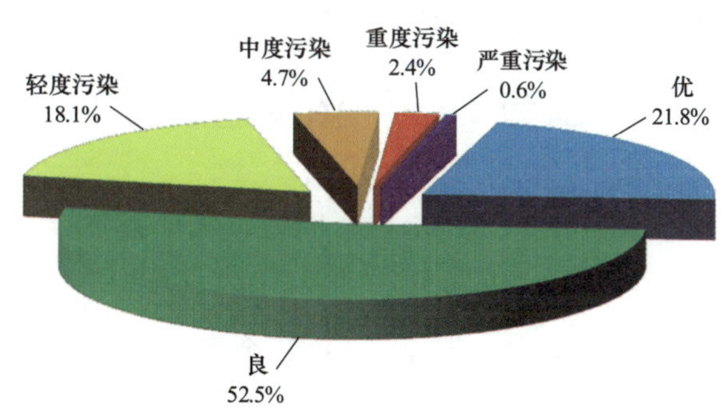

2016 年 74 城市环境空气质量级别比例

按照环境空气质量综合指数*评价，74城市环境空气质量相对较差的10个城市（从第74名到第65名）依次是衡水、石家庄、保定、邢台、邯郸、唐山、郑州、西安、济南和太原，空气质量相对较好的10个城市（从第1名到第10名）依次是海口、舟山、惠州、厦门、福州、深圳、丽水、珠海、昆明和台州。

各指标分析表明，$PM_{2.5}$浓度范围为21～99μg/m³，平均为50μg/m³，比2015年下降9.1%；超标天数比例为16.7%，比2015年下降4.1个百分点。2个城市$PM_{2.5}$浓度达到一级标准，占2.7%；12个城市达到二级标准，占16.2%；60个城市超二级标准，占81.1%。PM_{10}浓度范围为39～164μg/m³，平均为85μg/m³，比2015年下降8.6%；超标天数比例为11.5%，比2015年下降2.8个百分点。1个城市PM_{10}浓度达到一级标准，占1.4%；27个城市达到二级标准，占36.5%；46个城市超二级标准，占62.2%。O_3日最大8小时平均第90百分位数浓度范围为102～199μg/m³，平均为154μg/m³，比2015年上升2.7%；超标天数比例为8.6%，比2015年上升0.4个百分点。46个城市达到二级标准，占62.2%；28个城市超二级标准，占37.8%。SO_2浓度范围为6～68μg/m³，平均为21μg/m³，比2015年下降16.0%；超标天数比例为0.3%，比2015年下降0.6个百分点。48个城市SO_2浓度达到一级标准，占64.9%；25个城市达到二级标准，占33.8%；1个城市SO_2浓度超二级标准，占1.4%。NO_2浓度范围为16～61μg/m³，平均为39μg/m³，与2015年持平；超标天数比例为4.2%，比2015年上升0.1个百分点。40个城市NO_2浓度

* 空气质量综合指数：评价时段内，六项污染物浓度与对应的二级标准值之商的总和即为该城市该时段的空气质量综合指数，用于城市环境空气质量的排名。

达到一级标准（与二级标准值相同），占 54.1%；34 个城市超二级标准，占 45.9%。CO 日均值第 95 百分位数浓度范围为 0.9～4.4mg/m³，平均为 1.9mg/m³，比 2015 年下降 9.5%；超标天数比例为 0.6%，比 2015 年下降 0.2 个百分点。71 个城市 CO 浓度达到一级标准（与二级标准值相同），占 95.9%；3 个城市超二级标准，占 4.1%。

2016 年 74 城市环境空气质量综合指数及主要污染物

序号	城市	综合指数	最大指数	主要污染物	序号	城市	综合指数	最大指数	主要污染物
1	海口	2.55	0.67	O_3	23	温州	4.52	1.09	$PM_{2.5}$
2	舟山	3.05	0.86	O_3	24	盐城	4.53	1.23	$PM_{2.5}$
3	惠州	3.25	0.83	O_3	25	大连	4.60	1.11	$PM_{2.5}$
4	厦门	3.29	0.80	$PM_{2.5}$	26	金华	4.61	1.31	$PM_{2.5}$
5	福州	3.35	0.77	$PM_{2.5}$	27	南昌	4.70	1.23	$PM_{2.5}$
6	深圳	3.44	0.84	O_3	28	绍兴	4.76	1.31	$PM_{2.5}$
7	丽水	3.46	0.94	$PM_{2.5}$	29	上海	4.80	1.29	$PM_{2.5}$
8	珠海	3.47	0.90	O_3	30	嘉兴	4.85	1.26	$PM_{2.5}$
9	昆明	3.71	0.80	$PM_{2.5}$	31	湖州	5.02	1.31	$PM_{2.5}$
10	台州	3.81	1.03	$PM_{2.5}$	32	南通	5.04	1.31	$PM_{2.5}$
11	中山	3.83	0.96	O_3	33	长沙	5.06	1.51	$PM_{2.5}$
12	拉萨	3.86	1.14	PM_{10}	34	青岛	5.09	1.31	$PM_{2.5}$
13	南宁	3.95	1.03	$PM_{2.5}$	35	连云港	5.11	1.31	$PM_{2.5}$
14	贵阳	4.00	1.06	$PM_{2.5}$	36	长春	5.17	1.31	$PM_{2.5}$
15	东莞	4.09	1.04	O_3	37	承德	5.17	1.16	PM_{10}
16	江门	4.14	1.01	O_3	38	哈尔滨	5.22	1.49	$PM_{2.5}$
17	肇庆	4.23	1.06	$PM_{2.5}$	39	淮安	5.22	1.51	$PM_{2.5}$
18	衢州	4.35	1.20	$PM_{2.5}$	40	重庆	5.24	1.54	$PM_{2.5}$
19	宁波	4.41	1.09	$PM_{2.5}$	41	杭州	5.24	1.40	$PM_{2.5}$
20	佛山	4.45	1.09	$PM_{2.5}$	42	镇江	5.28	1.43	$PM_{2.5}$
21	广州	4.47	1.15	NO_2	43	扬州	5.30	1.46	$PM_{2.5}$
22	张家口	4.50	1.19	PM_{10}	44	苏州	5.32	1.31	$PM_{2.5}$

续表

序号	城市	综合指数	最大指数	主要污染物	序号	城市	综合指数	最大指数	主要污染物
45	泰州	5.40	1.57	$PM_{2.5}$	60	兰州	6.79	1.89	PM_{10}
46	宿迁	5.45	1.60	$PM_{2.5}$	61	北京	6.81	2.09	$PM_{2.5}$
47	合肥	5.56	1.63	$PM_{2.5}$	62	乌鲁木齐	6.95	2.11	$PM_{2.5}$
48	南京	5.58	1.37	$PM_{2.5}$	63	廊坊	7.11	1.89	$PM_{2.5}$
49	呼和浩特	5.67	1.36	PM_{10}	64	沧州	7.13	1.97	$PM_{2.5}$
50	武汉	5.69	1.63	$PM_{2.5}$	65	太原	7.66	1.89	$PM_{2.5}$
51	常州	5.71	1.51	$PM_{2.5}$	66	济南	7.77	2.17	$PM_{2.5}$
52	无锡	5.79	1.51	$PM_{2.5}$	67	西安	7.82	2.17	$PM_{2.5}$
53	秦皇岛	5.87	1.31	$PM_{2.5}$	68	郑州	7.96	2.23	$PM_{2.5}$
54	沈阳	6.09	1.54	$PM_{2.5}$	69	唐山	8.27	2.11	$PM_{2.5}$
55	西宁	6.18	1.61	PM_{10}	70	邯郸	8.56	2.34	$PM_{2.5}$
56	成都	6.38	1.80	$PM_{2.5}$	71	邢台	8.85	2.49	$PM_{2.5}$
57	徐州	6.54	1.71	$PM_{2.5}$	72	保定	9.05	2.66	$PM_{2.5}$
58	银川	6.63	1.60	$PM_{2.5}$	73	石家庄	9.30	2.83	$PM_{2.5}$
59	天津	6.65	1.97	$PM_{2.5}$	74	衡水	10.44	3.43	$PM_{2.5}$

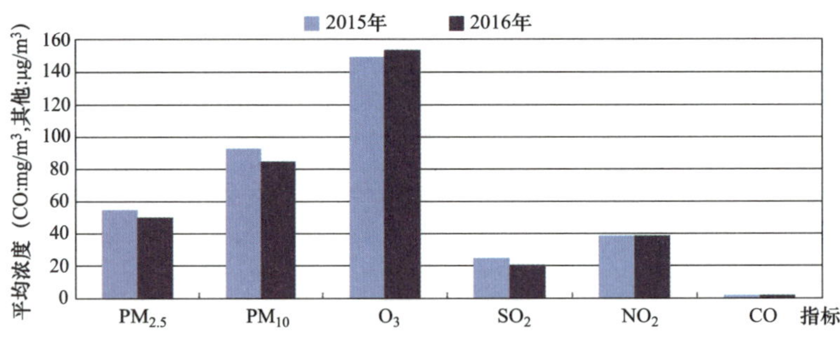

2016 年 74 城市六项污染指标浓度年际比较

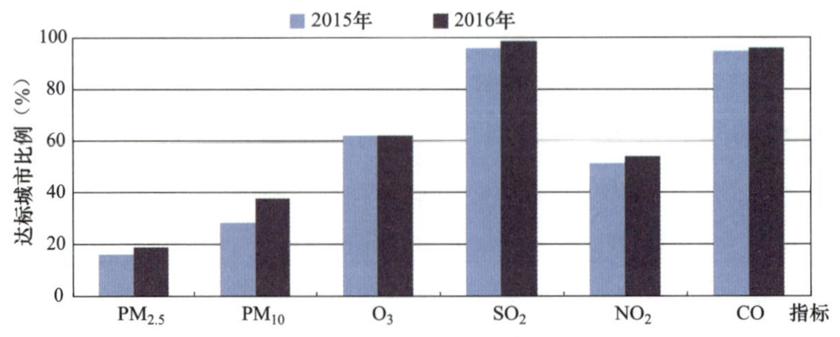

2016 年 74 城市六项污染指标达标城市比例年际比较

京津冀地区 13个城市优良天数比例范围为35.8%～78.7%，平均为56.8%，比2015年上升4.3个百分点；平均超标天数比例为43.2%，其中轻度污染为25.3%，中度污染为8.8%，重度污染为7.0%，严重污染为2.2%。9个城市的优良天数比例在50%～80%之间，4个城市的优良天数比例低于50%。超标天数中，以$PM_{2.5}$、O_3、PM_{10}、NO_2和CO为首要污染物的天数分别占污染总天数的63.1%、26.3%、10.8%、0.3%和0.1%，未出现以SO_2为首要污染物的污染天。

北京优良天数比例为54.1%，比2015年上升3.1个百分点。出现重度污染30天，严重污染9天，重度及以上污染天数比2015年减少7天。超标天数中，以$PM_{2.5}$为首要污染物的天数最多，其次是O_3。

长三角地区 25个城市优良天数比例范围为65.0%～95.4%，平均为76.1%，比2015年上升4.0个百分点；平均超标天数比例为

2016年京津冀地区污染物浓度变化

区域	指标	平均浓度（CO：mg/m^3，其他：$\mu g/m^3$）	比2015年变化
京津冀	$PM_{2.5}$	71	−7.8%
	PM_{10}	119	−9.8%
	O_3	172	6.2%
	SO_2	31	−18.4%
	NO_2	49	6.5%
	CO	3.2	−13.5%
北京	$PM_{2.5}$	73	−9.9%
	PM_{10}	92	−9.8%
	O_3	199	−2.0%
	SO_2	10	−28.6%
	NO_2	48	−4.0%
	CO	3.2	−11.1%

23.9%，其中轻度污染为19.0%，中度污染为3.9%，重度污染为0.9%，无严重污染。7个城市的优良天数比例在80%～100%之间，18个城市的优良天数比例在50%～80%之间。超标天数中以$PM_{2.5}$、O_3、PM_{10}和NO_2为首要污染物的天数分别占污染总天数的55.3%、39.8%、3.4%和2.1%，未出现以SO_2和CO为首要污染物的污染天。

上海优良天数比例为75.4%，比2015年上升5.2个百分点。出现重度污染2天，未出现严重污染，重度及以上污染天数比2015年减少6天。超标天数中，以$PM_{2.5}$为首要污染物的天数最多，其次为O_3。

2016年长三角地区污染物浓度变化

区域	指标	平均浓度（CO：mg/m^3，其他：$\mu g/m^3$）	比2015年变化
长三角	$PM_{2.5}$	46	−13.2%
	PM_{10}	75	−9.6%
	O_3	159	−2.5%
	SO_2	17	−19.0%
	NO_2	36	−2.7%
	CO	1.5	0
上海	$PM_{2.5}$	45	−15.1%
	PM_{10}	59	−14.5%
	O_3	164	1.9%
	SO_2	15	−11.8%
	NO_2	43	−6.5%
	CO	1.3	−13.3%

珠三角地区 9个城市优良天数比例范围为84.4%～96.7%，平均为89.5%，比2015年上升0.3个百分点；平均超标天数比例为10.5%，其中轻度污染为8.9%，中度污染为1.4%，重度污染为0.2%，未出现严重污染。9个城市的优良天数比例均在80%～100%之间。超标天数中，以O_3、$PM_{2.5}$和NO_2为首要污染物的天数分别占

污染总天数的 70.3%、19.6% 和 10.4%，未出现以 PM_{10}、SO_2 和 CO 为首要污染物的污染天。

广州优良天数比例为 84.7%，比 2015 年下降 0.8 个百分点。出现重度污染 1 天，未出现严重污染，重度及以上污染天数比 2015 年增加 1 天。

2016 年珠三角地区污染物浓度变化

区域	指标	平均浓度（CO：mg/m^3，其他：$\mu g/m^3$）	比 2015 年变化
珠三角	$PM_{2.5}$	32	−5.9%
	PM_{10}	49	−7.5%
	O_3	151	4.1%
	SO_2	11	−15.4%
	NO_2	35	6.1%
	CO	1.3	−7.1%
广州	$PM_{2.5}$	36	−7.7%
	PM_{10}	56	−5.1%
	O_3	155	6.9%
	SO_2	12	−7.7%
	NO_2	46	−2.1%
	CO	1.3	−7.1%

酸雨

酸雨频率 2016 年，474 个监测降水的城市（区、县）中，酸雨频率平均值为 12.7%。出现酸雨的城市比例为 38.8%，比 2015 年下降 1.6 个百分点；酸雨频率在 25% 以上的城市比例为 20.3%，比 2015 年下降 0.5 个百分点；酸雨频率在 50%以上的城市比例为 10.1%，比 2015 年下降 2.6 个百分点；酸雨频率在 75%以上的城市比例为 3.8%，比 2015 年下降 1.2 个百分点。

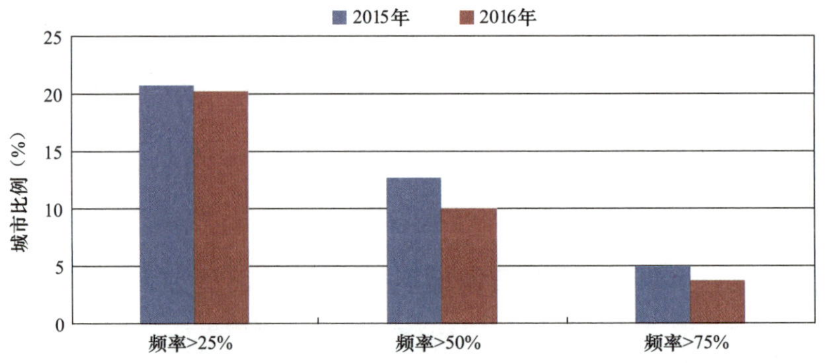

2016 年不同酸雨频率的城市比例年际比较

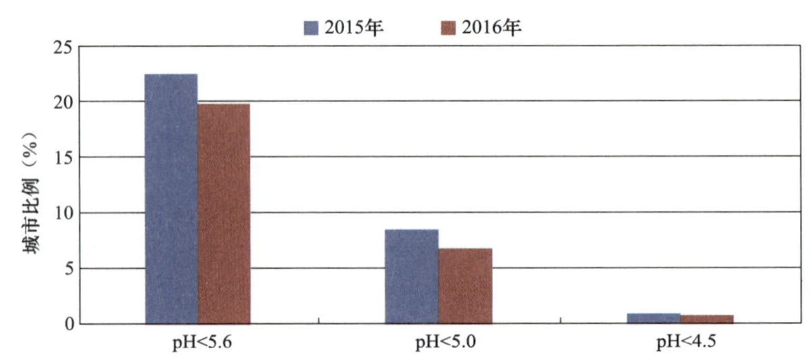

2016 年不同降水 pH 年均值的城市比例年际比较

降水酸度 全国降水 pH 年均值范围在 4.1（湖南株洲）～8.1（新疆库尔勒）之间。其中，酸雨（降水 pH 年均值低于 5.6）、较重酸雨（降水 pH 年均值低于 5.0）和重酸雨（降水 pH 年均值低于 4.5）的城市比例分别为 19.8%、6.8%和 0.8%，分别比 2015 年下降 2.7 个、1.7 个和 0.2 个百分点。

化学组成 降水中的主要阳离子为钙和铵，分别占离子总当量的 24.0%和 14.5%；主要阴离子为硫酸根，占离子总当量的 22.5%；硝酸根占离子总当量的 8.7%。酸雨类型总体仍为硫酸型。与 2015 年相比，硫酸根、钙离子当量浓度比例有所下降，氟离子、氯离子和钠离子当量浓度比例有所上升，其他离子当量浓度比例保持稳定。

酸雨分布 酸雨区面积约 69

万平方千米，占国土面积的7.2%，比2015年下降0.4个百分点；其中，较重酸雨区和重酸雨区面积占国土面积的比例分别为1.0%和0.03%。酸雨污染主要分布在长江以南—云贵高原以东地区，主要包括浙江、上海、江西、福建的大部分地区，湖南中东部、广东中部、重庆南部、江苏南部和安徽南部的少部分地区。

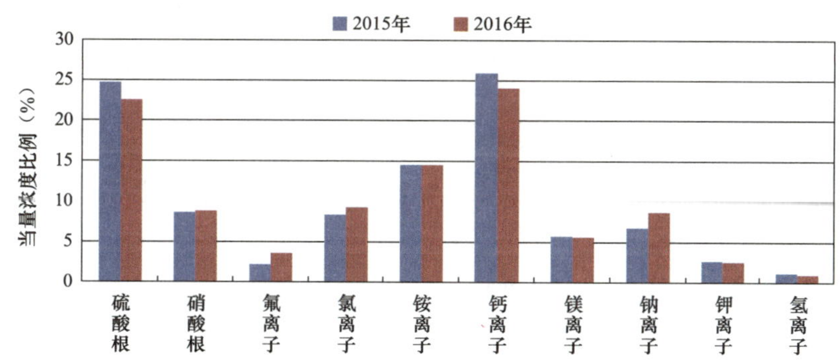

2016年降水中主要离子当量浓度比例年际比较

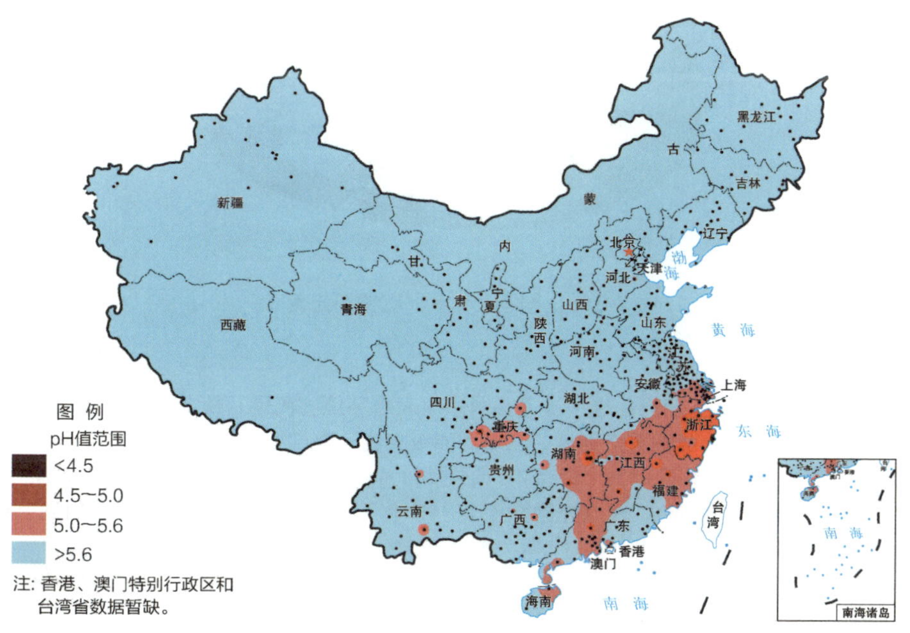

2016年全国降水pH年均值等值线分布示意图

淡　水

全国地表水

2016 年，1940 个国考断面* 中，Ⅰ类 47 个，占 2.4%；Ⅱ类 728 个，占 37.5%；Ⅲ类 541 个，占 27.9%；Ⅳ类 325 个，占 16.8%；Ⅴ类 133 个，占 6.9%；劣Ⅴ类 166 个，占 8.6%**。与 2015 年相比，Ⅰ类水质断面比例上升 0.4 个百分点，Ⅱ类上升 4.1 个百分点，Ⅲ类下降 2.7 个百分点，Ⅳ类下降 1.7 个百分点，Ⅴ类上升 1.1 个百分点，劣Ⅴ类下降 1.1 个百分点。

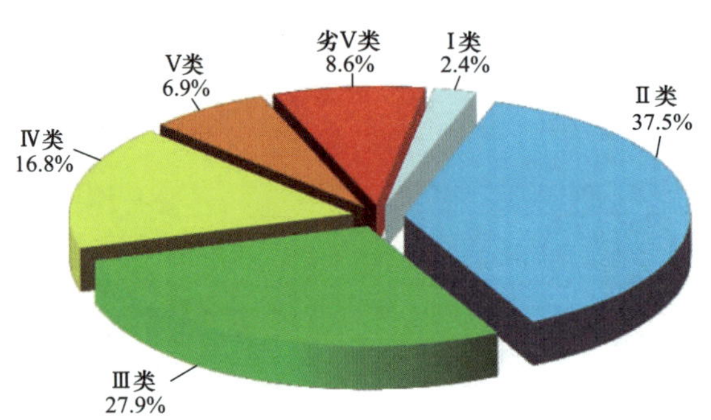

2016 年全国地表水水质类别比例

* 国考断面："十三五"期间，进一步完善国家地表水环境监测网，覆盖全国主要河流干流及重要的一级、二级支流，兼顾重点区域的三级和四级支流，重点湖泊、水库等。共设置国控断面（点位）2767 个（河流断面 2424 个、湖库点位 343 个），其中评价、考核、排名断面（点位）共 1940 个（简称国考断面），入海控制断面共 195 个（其中 85 个同时为评价、考核、排名断面），趋势科研断面共 717 个。

** 《地表水环境质量标准》（GB 3838—2002）表 1 中除水温、总氮、粪大肠菌群外的 21 项指标依据各类标准限值分别评价各项指标水质类别，然后按照单因子方法取水质类别最高者作为断面水质类别。Ⅰ、Ⅱ类水质可用于饮用水源一级保护区、珍稀水生生物栖息地、鱼虾类产卵场、仔稚幼鱼的索饵场等；Ⅲ类水质可用于饮用水源二级保护区、鱼虾类越冬场、洄游通道、水产养殖区、游泳区；Ⅳ类水质可用于一般工业用水和人体非直接接触的娱乐用水；Ⅴ类水质可用于农业用水及一般景观用水；劣Ⅴ类水质除调节局部气候外，几乎无使用功能。

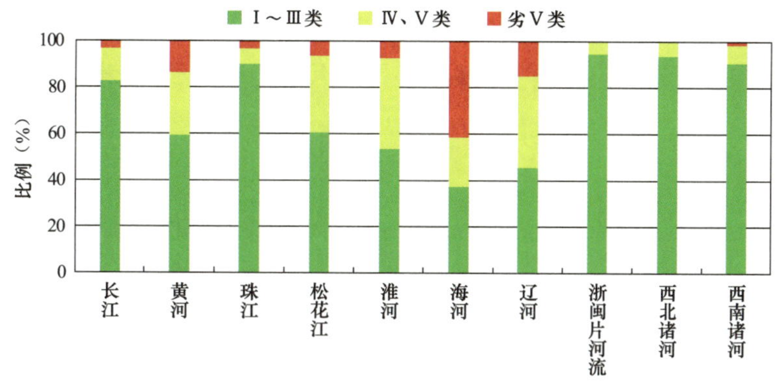

2016 年七大流域和浙闽片河流、西北诸河、西南诸河水质状况

流域

2016 年，长江、黄河、珠江、松花江、淮河、海河、辽河等七大流域和浙闽片河流、西北诸河、西南诸河的 1617 个国考断面中，Ⅰ类 34 个，占 2.1%；Ⅱ类 676 个，占 41.8%；Ⅲ类 441 个，占 27.3%；Ⅳ类 217 个，占 13.4%；Ⅴ类 102 个，占 6.3%；劣Ⅴ类 147 个，占 9.1%。与 2015 年相比，Ⅰ类水质断面比例上升 0.2 个百分点，Ⅱ类上升 5.5 个百分点，Ⅲ类下降 3.5 个百分点，Ⅳ类下降 1.9 个百分点，Ⅴ类上升 0.5 个百分点，劣Ⅴ类下降 0.8 个百分点。主要污染指标为化学需氧量、总磷和五日生化需氧量，断面超标率分别为 17.6%、15.1%和 14.2%。

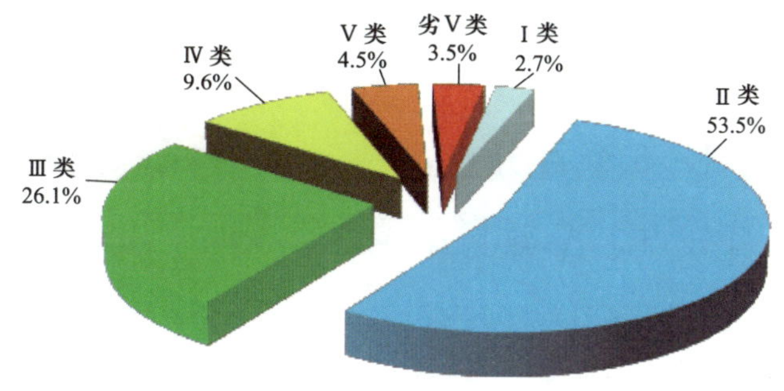

2016 年长江流域水质类别比例

其中，浙闽片河流、西北诸河和西南诸河水质为优，长江和珠江流域水质良好，黄河、松花江、淮河和辽河流域为轻度污染，海河流域为重度污染。

长江流域 水质良好。510个国考断面中，Ⅰ类占2.7%，Ⅱ类占53.5%，Ⅲ类占26.1%，Ⅳ类占9.6%，Ⅴ类占4.5%，劣Ⅴ类占3.5%。与2015年相比，Ⅰ类上升0.5个百分点，Ⅱ类上升7.0个百分点，Ⅲ类下降7.0个百分点，Ⅳ类上升0.2个百分点，Ⅴ类上升1.8个百分点，劣Ⅴ类下降2.6个百分点。

长江干流水质为优。59个国考断面中，Ⅰ类占6.8%，Ⅱ类占50.8%，Ⅲ类占37.3%，Ⅳ类占5.1%，无Ⅴ类和劣Ⅴ类。与2015年相比，Ⅱ类上升18.6个百分点，Ⅲ类下降22.0个百分点，Ⅳ类上升5.1个百分点，Ⅴ类下降1.7个百分点，Ⅰ类和劣Ⅴ类均持平。

长江主要支流水质良好。451个国考断面中，Ⅰ类占2.2%，Ⅱ类占53.9%，Ⅲ类占24.6%，Ⅳ类占10.2%，Ⅴ类占5.1%，劣Ⅴ类占4.0%。与2015年相比，Ⅰ类上升0.6个百分点，Ⅱ类上升5.6个百分点，Ⅲ类下降5.1个百分点，Ⅳ类下降0.4个百分点，Ⅴ类上升2.2个百分点，劣Ⅴ类下降2.9个百分点。

黄河流域 轻度污染，主要污染指标为化学需氧量、氨氮和五日生化需氧量。137个国考断面中，Ⅰ类占2.2%，Ⅱ类占32.1%，Ⅲ类占24.8%，Ⅳ类占20.4%，Ⅴ类占6.6%，劣Ⅴ类占13.9%。与2015年相比，Ⅰ类持平，Ⅱ类上升3.6个百分点，Ⅲ类下降0.7个百

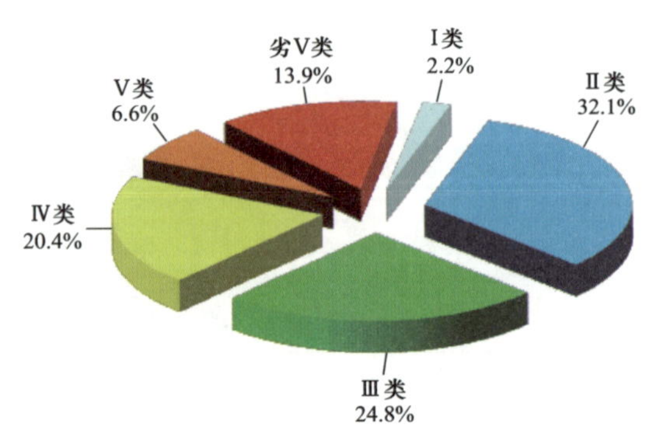

2016年黄河流域水质类别比例

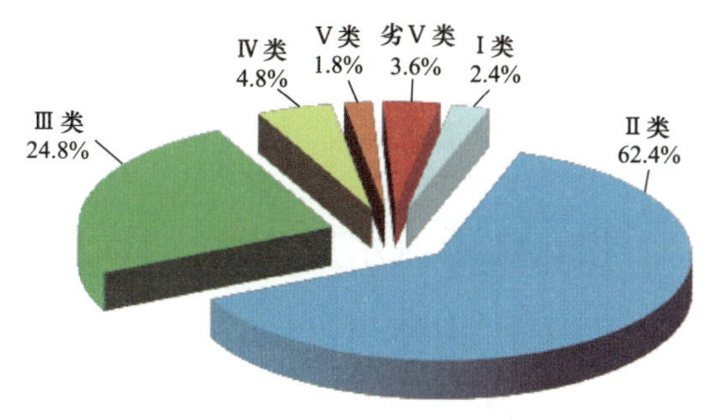

2016 年珠江流域水质类别比例

分点，Ⅳ类上升 2.2 个百分点，Ⅴ类下降 2.2 个百分点，劣Ⅴ类下降 2.9 个百分点。

黄河干流水质为优。31 个国考断面中，Ⅰ类占 6.5%，Ⅱ类占 64.5%，Ⅲ类占 22.6%，Ⅳ类占 6.5%，无Ⅴ类和劣Ⅴ类。与 2015 年相比，Ⅱ类上升 19.4 个百分点，Ⅲ类下降 16.1 个百分点，Ⅳ类下降 3.2 个百分点，Ⅰ类、Ⅴ类和劣Ⅴ类均持平。

黄河主要支流为轻度污染。106 个国考断面中，Ⅰ类占 0.9%，Ⅱ类占 22.6%，Ⅲ类占 25.5%，Ⅳ类占 24.5%，Ⅴ类占 8.5%，劣Ⅴ类占 17.9%。与 2015 年相比，Ⅰ类持平，Ⅱ类下降 0.9 个百分点，Ⅲ类上升 3.8 个百分点，Ⅳ类上升 3.8 个百分点，Ⅴ类下降 2.8 个百分点，劣Ⅴ类下降 3.8 个百分点。

珠江流域 水质良好。165 个国考断面中，Ⅰ类占 2.4%，Ⅱ类占 62.4%，Ⅲ类占 24.8%，Ⅳ类占 4.8%，Ⅴ类占 1.8%，劣Ⅴ类占 3.6%。与 2015 年相比，Ⅰ类上升 0.6 个百分点，Ⅱ类上升 1.2 个百分点，Ⅲ类上升 1.2 个百分点，Ⅳ类下降 3.6 个百分点，Ⅴ类上升 0.6 个百分点，劣Ⅴ类持平。

珠江干流水质良好。50 个国考断面中，Ⅰ类占 4.0%，Ⅱ类占 72.0%，Ⅲ类占 12.0%，Ⅳ类占 10.0%，Ⅴ类占 2.0%，无劣Ⅴ类。与 2015 年相比，Ⅰ类上升 2.0 百分点，Ⅲ类下降 2.0 个百分点，Ⅳ类上升 2.0 个百分点，劣Ⅴ类下降 2.0 个百分点，Ⅱ类和Ⅴ类均持平。

珠江主要支流水质良好。101 个国考断面中，Ⅰ类占 2.0%，Ⅱ类占 56.4%，Ⅲ类占 30.7%，Ⅳ类占 3.0%，Ⅴ类占 2.0%，劣Ⅴ类占

5.9%。与2015年相比，Ⅰ类持平，Ⅱ类上升2.0个百分点，Ⅲ类上升3.0个百分点，Ⅳ类下降6.9个百分点，Ⅴ类上升1.0个百分点，劣Ⅴ类上升0.9个百分点。

海南岛内河流水质为优。14个国考断面中，Ⅱ类占71.4%，Ⅲ类占28.6%，无Ⅰ类、Ⅳ类、Ⅴ类和劣Ⅴ类。与2015年相比，各类水质断面比例均持平。

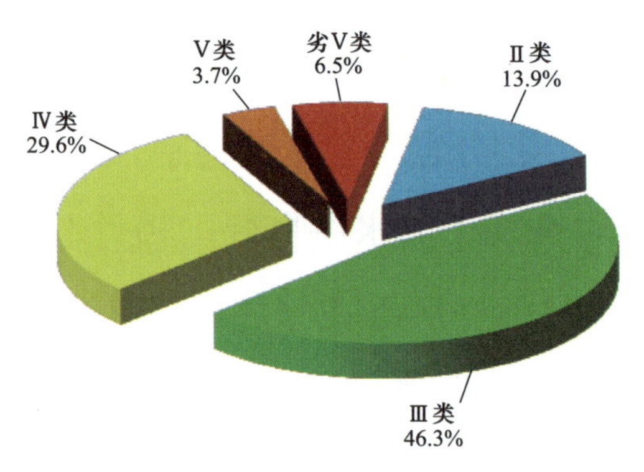

2016年松花江流域水质类别比例

松花江流域 轻度污染，主要污染指标为化学需氧量、高锰酸盐指数和氨氮。108个国考断面中，无Ⅰ类，Ⅱ类占13.9%，Ⅲ类占46.3%，Ⅳ类占29.6%，Ⅴ类占3.7%，劣Ⅴ类占6.5%。与2015年相比，Ⅱ类上升3.7个百分点，Ⅲ类下降7.4个百分点，Ⅴ类上升0.9个百分点，劣Ⅴ类上升2.8个百分点，Ⅰ类和Ⅳ类均持平。

松花江干流水质为优。17个国考断面中，Ⅱ类占23.5%，Ⅲ类占70.6%，Ⅳ类占5.9%，无Ⅰ类、Ⅴ类和劣Ⅴ类。与2015年相比，Ⅱ类下降5.9个百分点，Ⅲ类上升17.6个百分点，Ⅳ类下降11.7个百分点，Ⅰ类、Ⅴ类和劣Ⅴ类均持平。

松花江主要支流为轻度污染。56个国考断面中，无Ⅰ类，Ⅱ类占14.3%，Ⅲ类占39.3%，Ⅳ类占32.1%，Ⅴ类占5.4%，劣Ⅴ类占8.9%。与2015年相比，Ⅰ类持平，Ⅱ类上升3.6个百分点，Ⅲ类下降17.9个百分点，Ⅳ类上升8.9个百分点，Ⅴ类上升3.6个百分点，劣Ⅴ类上升1.8个百分点。

黑龙江水系为轻度污染。18个国考断面中，Ⅱ类占5.6%，Ⅲ类占38.9%，Ⅳ类占50.0%，Ⅴ类占5.6%，无Ⅰ类和劣Ⅴ类。与2015

年相比，Ⅱ类上升 1.9 个百分点，Ⅲ类下降 9.3 个百分点，Ⅳ类上升 5.6 个百分点，Ⅴ类上升 1.9 个百分点，Ⅰ类和劣Ⅴ类均持平。

图们江为轻度污染。7 个国考断面中，无Ⅰ类和Ⅱ类，Ⅲ类占 57.1%，Ⅳ类、Ⅴ类和劣Ⅴ类各占 14.3%。与 2015 年相比，Ⅳ类下降 14.3 个百分点，劣Ⅴ类上升 14.3 个百分点，Ⅰ类、Ⅱ类、Ⅲ类和Ⅴ类均持平。

绥芬河水质良好。1 个国考断面为Ⅲ类水质，与 2015 年相比有所好转。

淮河流域 轻度污染，主要污染指标为化学需氧量、五日生化需氧量和高锰酸盐指数。180 个国考断面中，无Ⅰ类，Ⅱ类占 7.2%，Ⅲ类占 46.1%，Ⅳ类占 23.9%，Ⅴ类占 15.6%，劣Ⅴ类占 7.2%。与 2015 年相比，Ⅰ类持平，Ⅱ类下降 2.8 个百分点，Ⅲ类上升 3.3 个百分点，Ⅳ类上升 0.6 个百分点，Ⅴ类上升 2.2 个百分点，劣Ⅴ类下降 3.3 个百分点。

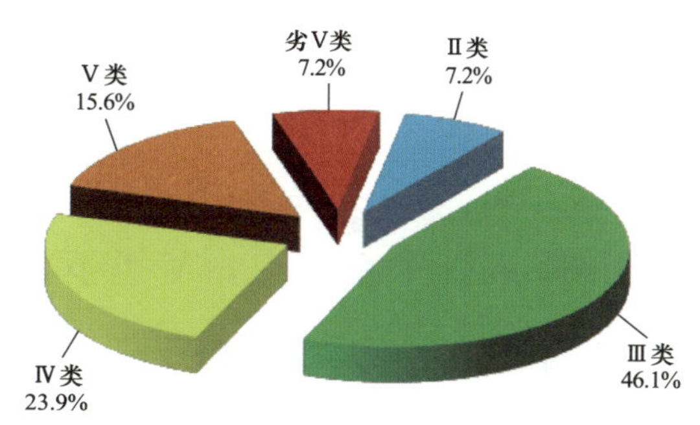

2016 年淮河流域水质类别比例

淮河干流水质为优。10 个国考断面中，Ⅲ类占 90.0%，Ⅳ类占 10.0%，无Ⅰ类、Ⅱ类、Ⅴ类和劣Ⅴ类。与 2015 年相比，Ⅱ类下降 30.0 个百分点，Ⅲ类上升 30.0 个百分点，其他类均持平。

淮河主要支流为轻度污染。101 个国考断面中，无Ⅰ类，Ⅱ类占 9.9%，Ⅲ类占 35.6%，Ⅳ类占 28.7%，Ⅴ类占 18.8%，劣Ⅴ类占 6.9%。与 2015 年相比，Ⅱ类下降 1.0 个百分点，Ⅳ类上升 2.0 个百分点，Ⅴ类上升 4.9 个百分点，劣Ⅴ类下降 6.0 个百分点，Ⅰ类和Ⅲ类均持平。

沂沭泗水系为轻度污染。48 个

国考断面中，无Ⅰ类和Ⅱ类，Ⅲ类占72.9%，Ⅳ类占18.8%，Ⅴ类占2.1%，劣Ⅴ类占6.3%。与2015年相比，Ⅲ类上升6.2个百分点，Ⅳ类下降6.3个百分点，Ⅴ类下降4.1个百分点，劣Ⅴ类上升4.2个百分点，Ⅰ类和Ⅱ类均持平。

山东半岛独流入海河流为轻度污染。21个国考断面中，无Ⅰ类，Ⅱ类占14.3%，Ⅲ类占14.3%，Ⅳ类占19.0%，Ⅴ类占38.1%，劣Ⅴ类占14.3%。与2015年相比，Ⅱ类下降4.8个百分点，Ⅳ类上升9.5个百分点，Ⅴ类上升4.8个百分点，劣Ⅴ类下降9.5个百分点，Ⅰ类和Ⅲ类均持平。

海河流域　重度污染，主要污染指标为化学需氧量、五日生化需氧量和氨氮。161个国考断面中，Ⅰ类占1.9%，Ⅱ类占19.3%，Ⅲ类占16.1%，Ⅳ类占13.0%，Ⅴ类占8.7%，劣Ⅴ类占41.0%。与2015年相比，Ⅰ类下降0.6百分点，Ⅱ类上升3.2个百分点，Ⅲ类下降1.3个百分点，Ⅳ类上升1.2个百分点，Ⅴ类下降5.6个百分点，劣Ⅴ类上升3.1个百分点。

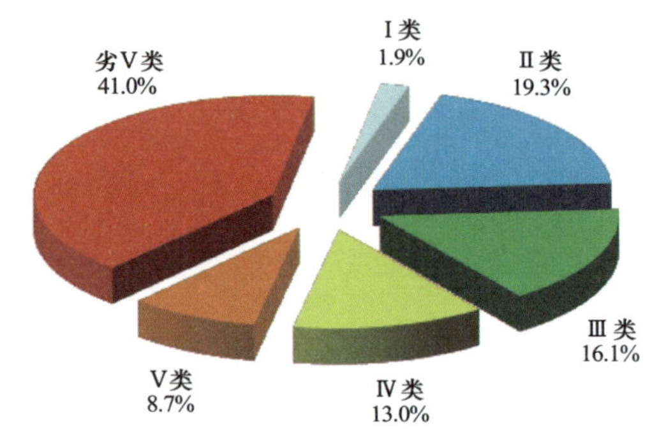

2016年海河流域水质类别比例

海河水系干流2个国考断面，三岔口为Ⅳ类，与2015相比有所好转；海河大闸为劣Ⅴ类，与2015相比无明显变化。

海河水系主要支流为重度污染。125个国考断面中，Ⅰ类占2.4%，Ⅱ类占18.4%，Ⅲ类占12.0%，Ⅳ类占10.4%，Ⅴ类占7.2%，劣Ⅴ类占49.6%。与2015年相比，Ⅰ类下降0.8百分点，Ⅱ类上升3.2个百分点，Ⅲ类下降1.6个百分点，Ⅳ类持平，Ⅴ类下降4.0个百分点，劣Ⅴ类上升3.2个百分点。

滦河水系水质良好。17个国考断面中，Ⅱ类占41.2%，Ⅲ类占47.1%，Ⅳ类占11.8%，无Ⅰ类、Ⅴ类和劣Ⅴ类。与2015年相比，Ⅱ类上升23.6个百分点，Ⅲ类下降23.5个百分点，Ⅰ类、Ⅳ类、Ⅴ类和劣Ⅴ类均持平。

徒骇马颊河水系为中度污染。11个国考断面中，无Ⅰ类，Ⅱ类占9.1%，Ⅲ类占18.2%，Ⅳ类占9.1%，Ⅴ类占36.4%，劣Ⅴ类占27.3%。与2015年相比，Ⅱ类上升9.1个百分点，Ⅴ类下降18.1个百分点，劣Ⅴ类上升9.1个百分点，Ⅰ类、Ⅲ类和Ⅳ类均持平。

冀东沿海诸河水系为轻度污染。6个国考断面中，Ⅲ类占16.7%，Ⅳ类占66.7%，劣Ⅴ类占16.7%，无Ⅰ类、Ⅱ类和Ⅴ类。与2015年相比，Ⅲ类上升16.7个百分点，Ⅴ类下降16.7个百分点，Ⅰ类、Ⅱ类、Ⅳ类和劣Ⅴ类均持平。

辽河流域 轻度污染，主要污染指标为化学需氧量、五日生化需氧量和氨氮。106个国考断面中，Ⅰ类占1.9%，Ⅱ类占31.1%，Ⅲ类占12.3%，Ⅳ类占22.6%，Ⅴ类占17.0%，劣Ⅴ类占15.1%。与2015年相比，Ⅰ类下降0.9百分点，Ⅱ类上升8.5个百分点，Ⅲ类持平，Ⅳ类下降22.7个百分点，Ⅴ类上升10.4个百分点，劣Ⅴ类上升4.7个百分点。

辽河干流为轻度污染。15个国考断面中，Ⅲ类占13.3%，Ⅳ类占46.7%，Ⅴ类占33.3%，劣Ⅴ类占6.7%，无Ⅰ类和Ⅱ类。与2015年相比，Ⅲ类上升6.6个百分点，Ⅳ类下降26.6个百分点，Ⅴ类上升13.3个百分点，劣Ⅴ类上升6.7个百分点，Ⅰ类和Ⅱ类均持平。

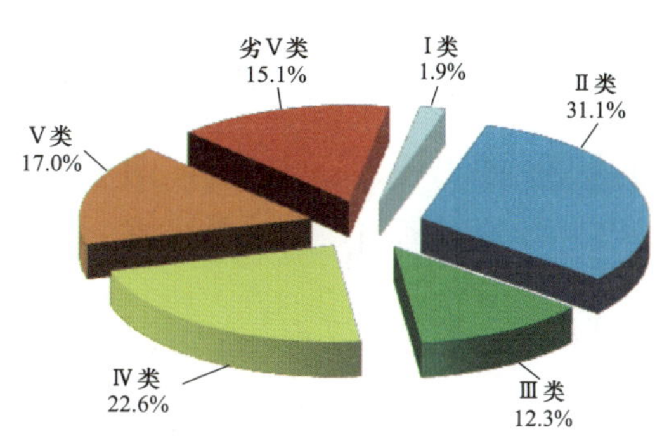

2016年辽河流域水质类别比例

辽河主要支流为中度污染。21个国考断面中，无Ⅰ类，Ⅱ类占9.5%，Ⅲ类占23.8%，Ⅳ类占14.3%，Ⅴ类占23.8%，劣Ⅴ类占28.6%。与2015年相比，Ⅰ类持平，Ⅱ类上升4.7个百分点，Ⅲ类上升23.8个百分点，Ⅳ类下降47.6个百分点，Ⅴ类上升14.3个百分点，劣Ⅴ类上升4.8个百分点。

大辽河水系为轻度污染。28个国考断面中，Ⅱ类占35.7%，Ⅳ类占28.6%，Ⅴ类占17.9%，劣Ⅴ类占17.9%，无Ⅰ类和Ⅲ类。与2015年相比，Ⅰ类下降7.2百分点，Ⅱ类上升21.4个百分点，Ⅲ类下降10.7个百分点，Ⅳ类下降10.7个百分点，Ⅴ类上升10.8个百分点，劣Ⅴ类下降3.5个百分点。

大凌河水系为轻度污染。11个国考断面中，无Ⅰ类，Ⅱ类占45.5%，Ⅲ类占9.1%，Ⅳ类占9.1%，Ⅴ类占27.3%，劣Ⅴ类占9.1%。与2015年相比，Ⅰ类持平，Ⅱ类上升9.1个百分点，Ⅲ类下降18.1个百分点，Ⅳ类下降27.3个百分点，Ⅴ类上升27.3个百分点，劣Ⅴ类上升9.1个百分点。

鸭绿江水系水质为优。13个国考断面中，Ⅰ类占7.7%，Ⅱ类占84.6%，Ⅲ类占7.7%，无Ⅳ类、Ⅴ类和劣Ⅴ类。与2015年相比，Ⅱ类上升7.7个百分点，Ⅳ类下降7.7个百分点，其他类均持平。

浙闽片河流　水质为优。125个国考断面中，Ⅰ类占3.2%，Ⅱ类占53.6%，Ⅲ类占37.6%，Ⅳ类占3.2%，Ⅴ类占2.4%，无劣Ⅴ类。与2015年相比，Ⅰ类上升0.8个百分点，Ⅱ类上升12.8个百分点，Ⅲ类下降6.4个百分点，Ⅳ类下降2.4个百分点，Ⅴ类下降2.4个百分点，劣Ⅴ类下降2.4个百分点。

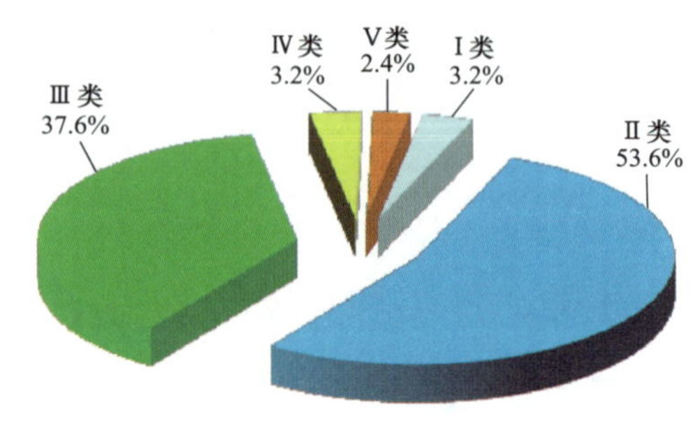

2016年浙闽片河流水质类别比例

西北诸河 水质为优。62 个国考断面中，Ⅰ类占 4.8%，Ⅱ类占 75.8%，Ⅲ类占 12.9%，Ⅳ类占 4.8%，Ⅴ类占 1.6%，无劣Ⅴ类。与 2015 年相比，Ⅰ类下降 1.7 个百分点，Ⅱ类上升 1.6 个百分点，Ⅲ类上升 1.6 个百分点，Ⅴ类下降 1.6 个百分点，Ⅳ类和劣Ⅴ类均持平。

西南诸河 水质为优。63 个国考断面中，Ⅰ类占 1.6%，Ⅱ类占 79.4%，Ⅲ类占 9.5%，Ⅳ类占 7.9%，劣Ⅴ类占 1.6%，无Ⅴ类。与 2015 年相比，Ⅰ类上升 1.6 百分点，Ⅱ类上升 25.4 个百分点，Ⅲ类下降 17.5 个百分点，Ⅳ类下降 7.9 个百分点，Ⅴ类下降 1.6 个百分点，劣Ⅴ类持平。

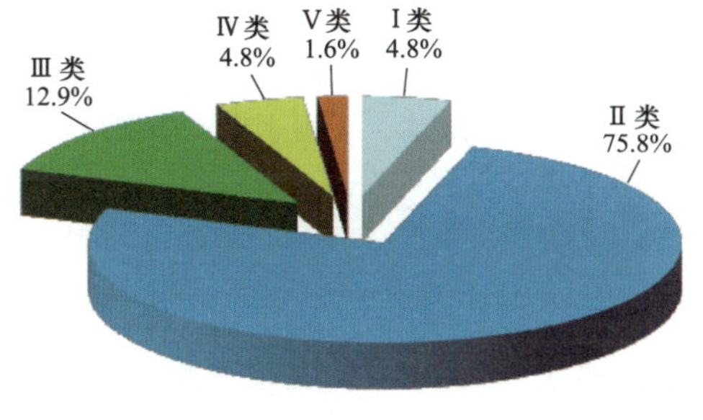

2016 年西北诸河水质类别比例

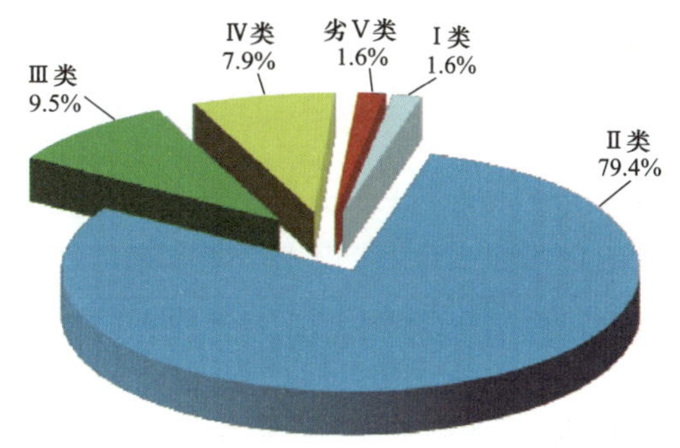

2016 年西南诸河水质类别比例

湖泊（水库）

2016 年，112 个重要湖泊（水库）中，Ⅰ类水质的湖泊（水库）8 个，占 7.1%；Ⅱ类 28 个，占 25.0%；Ⅲ类 38 个，占 33.9%；Ⅳ类 23 个，占 20.5%；Ⅴ类 6 个，占 5.4%；劣Ⅴ类 9 个，占 8.0%。主要污染指标为总磷、化学需氧量和高锰酸盐指数。108 个监测营养状态的湖泊（水库）中，贫营养的 10 个，中营养的 73 个，轻度富营养的 20 个，中度富营养的 5 个。

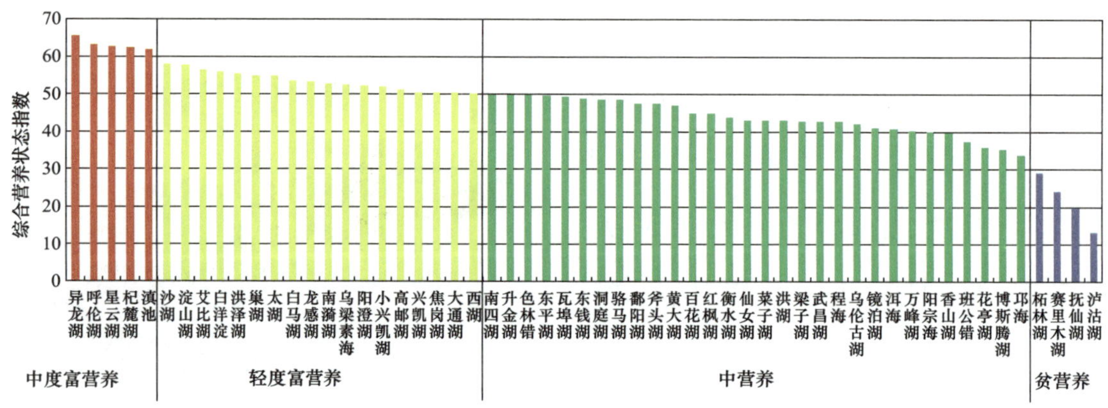

2016 年重要湖泊营养状态比较

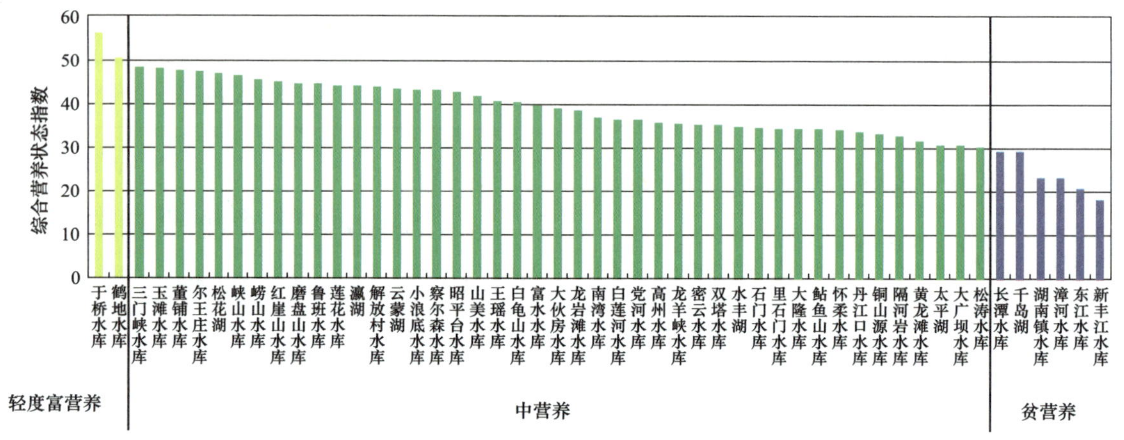

2016 年重要水库营养状态比较

2016 年重要湖泊（水库）水质状况

水质类别	三湖	重要湖泊	重要水库
Ⅰ类、Ⅱ类	—	梁子湖、香山湖、班公错、花亭湖、邛海、柘林湖、赛里木湖、抚仙湖、泸沽湖	崂山水库、瀛湖、解放村水库、云蒙湖、山美水库、白龟山水库、大伙房水库、白莲河水库、党河水库、密云水库、双塔水库、石门水库、里石门水库、大隆水库、怀柔水库、丹江口水库、隔河岩水库、黄龙滩水库、太平湖、大广坝水库、松涛水库、长潭水库、千岛湖、湖南镇水库、漳河水库、东江水库、新丰江水库
Ⅲ类	—	南漪湖、小兴凯湖、高邮湖、兴凯湖、焦岗湖、西湖、南四湖、升金湖、色林错、东平湖、瓦埠湖、骆马湖、斧头湖、衡水湖、菜子湖、武昌湖、镜泊湖、洱海、万峰湖、阳宗海、羊卓雍错	鹤地水库、玉滩水库、董铺水库、尔王庄水库、峡山水库、红崖山水库、磨盘山水库、小浪底水库、昭平台水库、王瑶水库、富水水库、南湾水库、高州水库、龙羊峡水库、鲇鱼山水库、铜山源水库、鸭子荡水库

续表

水质类别	三湖	重要湖泊	重要水库
Ⅳ类	太湖、巢湖	白马湖、龙感湖、阳澄湖、东钱湖、洞庭湖、鄱阳湖、黄大湖、百花湖、红枫湖、仙女湖、洪湖、博斯腾湖、高唐湖	于桥水库、三门峡水库、松花湖、鲁班水库、莲花水库、察尔森水库、龙岩滩水库、水丰湖
Ⅴ类	滇池	杞麓湖、淀山湖、白洋淀、洪泽湖、乌梁素海	—
劣Ⅴ类	—	异龙湖、呼伦湖、星云湖、沙湖、大通湖 程海、乌伦古湖、纳木错、艾比湖（此四个湖泊为天然背景值较高所致）	—

太湖　湖体为轻度污染，主要污染指标为总磷。17个国考点位中，Ⅲ类4个，占23.5%；Ⅳ类12个，占70.6%；Ⅴ类1个，占5.9%；无Ⅰ类、Ⅱ类和劣Ⅴ类。与2015年相比，各类水质点位比例均持平。全湖平均为轻度富营养状态。

环湖河流为轻度污染，主要污染指标为氨氮、总磷和化学需氧量。55个国考断面中，Ⅱ类12个，占21.8%；Ⅲ类26个，占47.3%；Ⅳ类14个，占25.5%；Ⅴ类3个，占5.5%；无Ⅰ类和劣Ⅴ类。与2015年相比，Ⅰ类水质断面比例持平，Ⅱ类上升3.6个百分点，Ⅲ类上升9.1个百分点，Ⅳ类下降12.8个百分点，Ⅴ类上升3.6个百分点，劣Ⅴ类下降3.6个百分点。

巢湖　湖体为轻度污染，主要污染指标为总磷。8个国考点位中，Ⅳ类5个，占62.5%；Ⅴ类3个，占37.5%；无Ⅰ类、Ⅱ类、Ⅲ类和劣Ⅴ类。与2015年相比，各类水质点位比例均持平。全湖平均为轻度富营养状态。

环湖河流为中度污染，主要污染指标为氨氮、总磷和五日生化需氧量。14个国考断面中，Ⅱ

类1个，占7.1%；Ⅲ类9个，占64.3%；劣Ⅴ类4个，占28.6%；无Ⅰ类、Ⅳ类和Ⅴ类。与2015年相比，各类水质断面比例均持平。

滇池　湖体为中度污染，主要污染指标为总磷、化学需氧量和五日生化需氧量。10个国考点位均为Ⅴ类。草海和外海均为中度污染。与2015年相比，Ⅴ类水质断面比例上升90.0个百分点，劣Ⅴ类下降90.0个百分点，其他类均持平。全湖平均为中度富营养状态。

环湖河流为轻度污染，主要污染指标为化学需氧量、五日生化需氧量和总磷。12个国考断面中，Ⅱ类1个，占8.3%；Ⅲ类2个，占16.7%；Ⅳ类7个，占58.3%；劣Ⅴ类2个，占16.7%；无Ⅰ类和Ⅴ类。与2015年相比，Ⅳ类水质断面比例下降8.4个百分点，Ⅴ类下降8.3个百分点，劣Ⅴ类上升16.7个百分点，Ⅰ类、Ⅱ类和Ⅲ类均持平。

地下水

2016年，以地下水含水系统为单元，以潜水为主的浅层地下水和承压水为主的中深层地下水为对象，国土资源部门对全国31个省（区、市）225个地市级行政区的6124个监测点（其中国家级监测点1000个）开展了地下水水质监测。评价结果显示：水质为优良级、良好级、较好级、较差级和极差级的监测点分别占10.1%、25.4%、4.4%、45.4%和14.7%。主要超标指标为锰、铁、总硬度、溶解性总固体、“三氮”（亚硝酸盐氮、硝酸盐氮和氨氮）、硫酸盐、氟化物等，个别监测点存在砷、铅、汞、六价铬、镉等重（类）金属超标现象。

水利部门流域地下水水质监测井主要分布于松辽平原、黄淮海平原、山西及西北地区盆地和平原、江汉平原重点区域，监测对象以浅层地下水为主，基本涵盖了地下水开发利用程度较大、污染较严重的地区。2104 个测站地下水质量综合评价结果* 显示：水质评价结果总体较差。水质优良的测站比例为 2.9%，良好的测站比例为 21.2%，无较好测站，较差的测站比例为 56.2%，极差的测站比例为 19.8%。主要污染指标除总硬度、溶解性总固体、锰、铁和氟化物可能由于水文地质化学背景值偏高外，“三氮”污染情况较重，部分地区存在一定程度的重金属和有毒有机物污染。

2016 年各流域片区地下水水质综合评价结果

流域	测站比例（%）		
	良好以上	较差	极差
松花江	12.9	72.0	15.1
辽河	10.6	60.6	28.8
海河	31.1	52.0	16.9
黄河	25.5	44.1	30.5
淮河	25.1	65.4	9.5
长江	20.0	65.7	14.3
内陆河	26.1	48.6	25.4
全国	24.0	56.2	19.8

全国地级及以上城市集中式饮用水水源

2016 年，338 个地级及以上城市 897 个在用集中式生活饮用水水源监测断面（点位）中，有 811 个全年均达标，占 90.4%。其中地表水水源监测断面（点位）563 个，有 527 个全年均达标，占 93.6%，主要超标指标为总磷、硫酸盐和锰；地下水水源监测断面（点位）334 个，有

* 评价方法采用《地下水质量标准》（GB/T 14848—1993）地下水质量综合评价法，总大肠菌群、细菌总数等微生物指标不参评。

284个全年均达标，占85.0%，主要超标指标为锰、铁和氨氮。

重点水利工程

三峡库区　2016年，三峡库区长江主要支流监测的24个地表水基本项目中，9项指标出现超标，超标率分别为总氮89.5%、总磷79.1%、粪大肠菌群5.7%、化学需氧量4.9%、氨氮1.3%、高锰酸盐指数1.5%、五日生化需氧量0.9%、pH值0.3%、阴离子表面活性剂0.3%。77个监测断面综合营养状态指数范围为14.8～79.2，水体处于富营养状态的断面占监测断面总数的24.0%，中营养状态的占73.8%，贫营养状态的占2.2%。

南水北调（东线）　长江取水口夹江三江营断面为Ⅱ类水质。输水干线京杭运河里运河段、宝应运河段、宿迁运河段、鲁南运河段、韩庄运河段和梁济运河段为Ⅲ类水质。洪泽湖湖体6个点位均为Ⅴ类水质，营养状态为轻度富营养；骆马湖湖体2个点位、南四湖湖体5个点位为Ⅲ类水质，营养状态为中营养；东平湖湖体1个点位为Ⅲ类水质，1个点位为Ⅳ类水质，营养状态为中营养。

南水北调（中线）　取水口陶岔断面为Ⅱ类水质。丹江口水库5个点位为Ⅱ类水质，营养状态为中营养。入丹江口水库的9条支流17个断面中，汉江1个断面为Ⅰ类水质，5个断面为Ⅱ类水质；天河、金钱河、浪河、堵河、老灌河、淇河和丹江的10个断面为Ⅱ类水质；官山河1个断面为Ⅲ类水质。

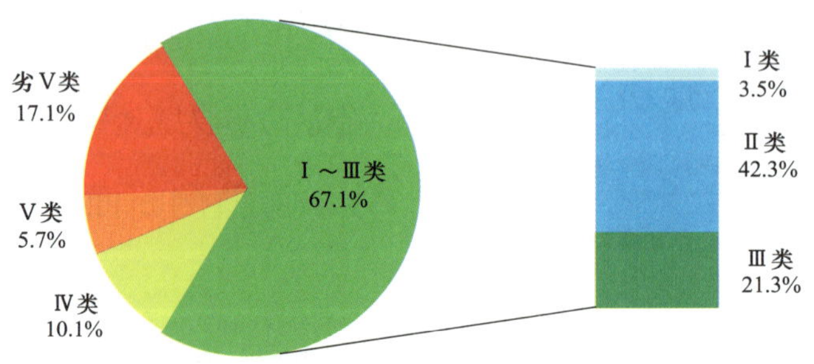

2016年全国省界断面水质类别比例

省界水体

2016 年，监测的 544 个重要省界断面中，Ⅰ类、Ⅱ类、Ⅲ类、Ⅳ类、Ⅴ类和劣Ⅴ类水质断面比例分别为 3.5%、42.3%、21.3%、10.1%、5.7%和 17.1%。主要污染指标为化学需氧量、氨氮和总磷。与 2015 年相比（514 个可比断面），Ⅰ～Ⅲ类水质断面比例上升 2.3 个百分点，劣Ⅴ类下降 0.8 个百分点。

内陆渔业水域

2016 年，全国渔业生态环境监测网对黑龙江流域、黄河流域、长江流域和珠江流域的 80 个重要鱼、虾类的产卵场、索饵场、洄游通道、增养殖区及自然保护区进行了监测，监测水域总面积 187.4 万公顷。江河重要渔业水域主要污染指标为总氮和总磷。总氮、总磷、高锰酸盐指数、非离子氨、铜、挥发性酚和石油类监测浓度优于评价标准的面积占所监测面积的比例分别为 1.0%、47.4%、75.9%、93.8%、97.4%、97.8%和 99.3%。与 2015 年相比，总氮、总磷、高锰酸盐指数和铜超标面积有所增加。湖泊、水库重要渔业水域主要污染指标为总氮、总磷和高锰酸盐指数。总氮、总磷、高锰酸盐指数、铜、石油类和挥发性酚监测浓度优于评价标准的面积占所监测面积的比例分别为 3.4%、23.0%、35.4%、86.1%、91.4%和 99.6%。与 2015 年相比，总氮、总磷、高锰酸盐指数、挥发性酚和铜超标面积均有不同程度增加，其中高锰酸盐指数增幅较大，石油类超标面积有所减小。对 41 个国家级水产种质资源保护区（内陆）进行了监测，监测面积为 371.8 万公顷，主要污染指标为总氮。总氮、石油类、高锰酸盐指数、总磷和铜监测浓度优于评价标准的面积占所监测面积的比例分别为 1.6%、91.4%、94.2%、96.1%和 99.7%。

海　洋

全海域

2016 年春季和夏季，符合第一类海水水质标准的海域面积均占中国管辖海域面积的 95%；劣于第四类海水水质标准的海域面积分别为 42430 和 37420 平方千米，与 2015 年同期相比，分别减少 9310 和 2600 平方千米。

2016 年未达到第一类海水水质标准的各类海域面积

海区	季节	各类海水水质海域面积（平方千米）			
		第二类	第三类	第四类	劣于第四类
渤海	春季	11660	6670	2340	3050
	夏季	9950	5690	3130	5000
黄海	春季	7310	9980	5060	6420
	夏季	12160	7440	3260	2530
东海	春季	19510	17040	8590	27770
	夏季	22740	8070	8060	21950
南海	春季	6780	8730	1840	5190
	夏季	4460	9820	3320	7940
全海域	春季	45260	42420	17830	42430
	夏季	49310	31020	17770	37420

近岸海域

2016 年，全国近岸海域水质基本保持稳定，水质级别为一般。417 个点位中，一类海水比例* 为 32.4%，比 2015 年下降 1.2 个百分点；二类 41.0%，比 2015 年上升

* 海水比例：某一类别的监测站点数与监测站点总数的比值即为某一类别海水比例。

4.1 个百分点；三类 10.3%，比 2015 年上升 2.7 个百分点；四类 3.1%，比 2015 年下降 0.6 个百分点；劣四类 13.2%，比 2015 年下降 5.1 个百分点。主要污染指标为无机氮和活性磷酸盐。

渤海 近岸海域水质一般，与 2015 年持平。一类海水比例为 28.4%，比 2015 年上升 14.1 个百分点；二类为 44.4%，比 2015 年下降 12.7 个百分点；三类为 17.3%，比 2015 年上升 3.0 个百分点；四类为 4.9%，比 2015 年下降 3.3 个百分点；劣四类为 4.9%，比 2015 年下降 1.2 个百分点。主要污染指标为无机氮。

黄海 近岸海域水质良好，与 2015 年持平。一类海水比例为 38.5%，比 2015 年上升 1.5 个百分点；二类为 50.5%，比 2015 年下降 1.4 个百分点；三类为 4.4%，比 2015 年下降 1.2 个百分点；四类为 5.5%，比 2015 年上升 3.6 个百分点；劣四类为 1.1%，比 2015 年下降 2.6 个百分点。主要污染指标为无机氮。

东海 近岸海域水质差，比 2015 年好转。一类海水比例为 12.4%，比 2015 年下降 7.6 个百分点；二类为 31.9%，比 2015 年上升 15.1 个百分点；三类为 15.0%，比 2015 年上升 3.4 个百分点；四类为 3.5%，比 2015 年下降 1.8 个百分点；劣四类为 37.2%，比 2015 年下降 9.1 个百分点。主要污染指标为无机氮和活性磷酸盐。

南海 近岸海域水质良好，与 2015 年持平。一类海水比例为 47.7%，比 2015 年下降 5.7 个百分点；二类为 40.2%，比 2015 年上升 2.3 个百分点；三类为 6.1%，比 2015 年上升 4.2 个百分点；无四类，比 2015 年下降 1.0 个百分点；劣四类为 6.1%，比 2015 年上升 0.3 个百分点。主要污染指标为 pH、无机氮和活性磷酸盐。

重要河口海湾 9 个重要河口海湾中，北部湾水质优，辽东湾、

图例
- 一类海水
- 二类海水
- 三类海水
- 四类海水
- 劣四类海水

注：台湾省数据暂缺。

南海诸岛

2016 年全国近岸海域水质分布示意图

黄河口和胶州湾水质一般，渤海湾和珠江口水质差，长江口、杭州湾和闽江口水质极差。与 2015 年相比，辽东湾和珠江口水质好转，闽江口水质恶化，其他河口海湾水质基本保持稳定。

入海河流 监测的 192 个入海河流断面中，无Ⅰ类；Ⅱ类 26 个，占 13.5%；Ⅲ类 64 个，占 33.3%；Ⅳ类 49 个，占 25.5%；Ⅴ类 20 个，占 10.4%；劣Ⅴ类 33 个，占 17.2%。主要污染指标为化学需氧量、五日生化需氧量和高锰酸盐指数。

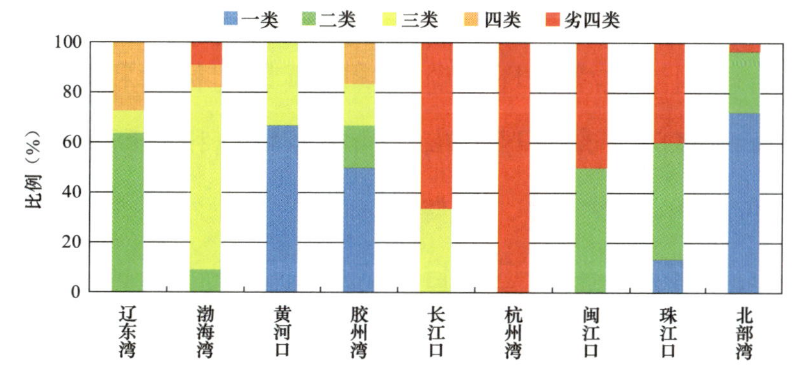

2016 年重要河口海湾近岸海域水质类别比例

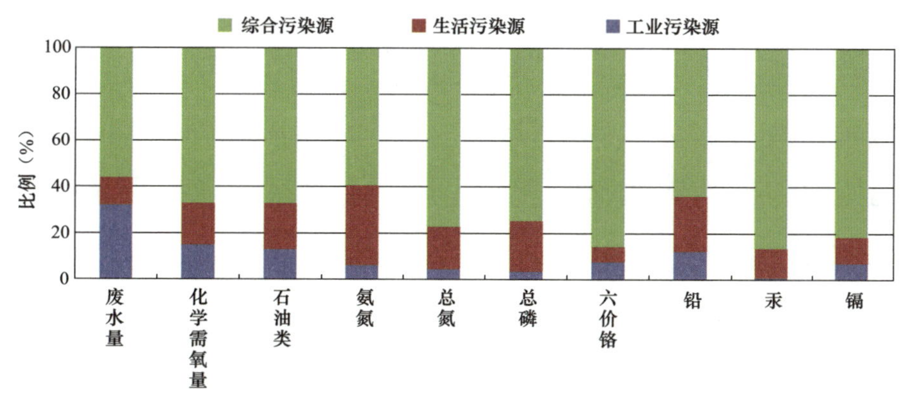

2016 年不同类型直排海污染源主要污染物排放比例

直排海污染源 对 419 个日排污水量大于 100 立方米的直排海工业污染源、生活污染源、综合排污口进行监测。污水排放总量约为

657430 万吨，化学需氧量 198555 吨，石油类 788.2 吨，氨氮 15304 吨，总氮 64466 吨，总磷 2739 吨，部分直排海污染源排放汞、六价铬、铅和镉等污染物。

海洋渔业水域

2016 年，全国渔业生态环境监测网对中国黄渤海区、东海区、南海区的 40 个重要鱼、虾、贝、藻类的产卵场、索饵场、洄游通道、自然保护区及重要增养殖水域进行了监测，监测水域总面积 595.8 万公顷。海洋重要鱼、虾、贝类的产卵场、索饵场、洄游通道及自然保护区主要污染指标为无机氮和活性磷酸盐。无机氮、活性磷酸盐、化学需氧量和石油类监测浓度优于评价标准的面积占所监测面积的比例分别为 14.9％、38.2％、76.4％ 和 94.8％。与 2015 年相比，无机氮、活性磷酸盐和化学需氧量超标面积有所扩大，石油类超标面积有所减小。海水重点增养殖区主要污染指标为无机氮和活性磷酸盐。无机氮、活性磷酸盐、石油类和化学需氧量监测浓度优于评价标准的面积占所监测面积的比例分别为 17.1％、22.8％、60.8％和 74.3％。与 2015 年相比，无机氮、活性磷酸盐和化学需氧量超标面积均明显增加，石油类超标面积有所增加。对 29 个海洋重要渔业水域沉积物的监测结果表明，石油类、铜、镉和砷超标水域比例分别为 8.7％、3.4％、3.4％和 3.4％，锌、铅和汞的平均浓度均优于评价标准。对 8 个国家级水产种质资源保护区（海洋）进行了监测，监测面积为 32.6 万公顷，主要污染指标为无机氮和化学需氧量。无机氮、化学需氧量、活性磷酸盐和石油类监测浓度优于评价标准的面积占所监测面积的比例分别为 23.1％、46.2％、78.8％和 89.0％。

土 地

土地资源及耕地

截至 2015 年末*，全国共有农用地 64545.68 万公顷，其中耕地 13499.87 万公顷，园地 1432.33 万公顷，林地 25299.20 万公顷，牧草地 21942.06 万公顷；建设用地 3859.33 万公顷，含城镇村及工矿用地 3142.98 万公顷。2015 年，全国因建设占用、灾毁、生态退耕、农业结构调整等原因减少耕地面积 30.17 万公顷，通过土地整治、农业结构调整等增加耕地面积 24.23 万公顷，年内净减少耕地面积 5.95 万公顷。

2015 年，全国耕地平均质量等级为 5.11 等**。其中，评价为一等至三等的耕地面积为 3658.46 万公顷，占耕地总面积的 27.1％；评价为四等至六等的耕地面积为 6088.44 万公顷，占耕地总面积的 45.1％；评价为七等至十等的耕地面积为 3752.96 万公顷，占耕地总面积的 27.8％。

水土流失

根据第一次全国水利普查水土保持情况普查成果***，中国土壤侵蚀总面积 294.9 万平方千米，占

* 截至本公报发布时，2016 年数据尚在审核中，故采用 2015 年数据。

** 耕地质量等级评定依据《耕地质量等级》（GB/T 33469—2016），划分为十个等级，一等地耕地质量最好，十等地耕地质量最差。一等至三等、四等至六等、七等至十等分别划分为高等地、中等地、低等地。

*** 截至本公报发布时，第一次全国水利普查水土保持情况普查成果仍为最新数据，故沿用。

普查范围总面积的31.1%。其中，水力侵蚀129.3万平方千米，风力侵蚀165.6万平方千米。

荒漠化和沙化

第五次全国荒漠化和沙化监测结果*显示，截至2014年，全国荒漠化土地面积261.16万平方千米，沙化土地面积172.12万平方千米。与2009年相比，5年间荒漠化土地面积净减少12120平方千米，年均减少2424平方千米；沙化土地面积净减少9902平方千米，年均减少1980平方千米。自2004年以来，全国荒漠化和沙化状况连续三个监测期“双缩减”，呈现整体遏制、持续缩减、功能增强、效果明显的良好态势，但防治形势依然严峻。

* 截至本公报发布时，第五次全国荒漠化和沙化监测结果仍为最新数据，故沿用。

自然生态

生态环境质量

2015 年*，2591 个县域中，生态环境质量**为“优”“良”“一般”“较差”和“差”的县域分别有 548 个、1057 个、702 个、267 个和 17 个。“优”和“良”的县域占国土面积的 44.9%，主要分布在秦岭淮河以南、东北大小兴安岭和

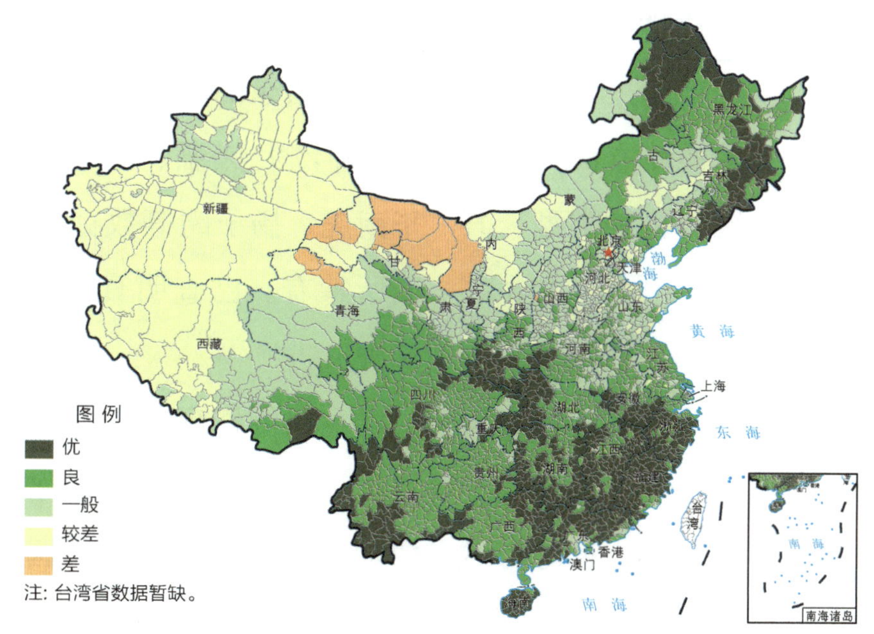

2015 年全国县域生态环境质量分布示意图

* 受数据收集时间所限，生态环境质量评价较其他环境要素滞后一年。

** 生态环境质量：依据《生态环境状况评价技术规范》（HJ 192—2015）评价。生态环境状况指数大于或等于 75 为优，植被覆盖度高，生物多样性丰富，生态系统稳定；55～75 为良，植被覆盖度较高，生物多样性较丰富，适合人类生活；35～55 为一般，植被覆盖度中等，生物多样性一般水平，较适合人类生活，但有不适合人类生活的制约性因子出现；20～35 为较差，植被覆盖较差，严重干旱少雨，物种较少，存在明显限制人类生活的因素；小于 20 为差，条件较恶劣，人类生活受到限制。

长白山地区；“一般”的县域占22.2%，主要分布在华北平原、东北平原中西部、内蒙古中部、青藏高原中部和新疆北部等地区；“较差”和“差”的县域占32.9%，主要分布在内蒙古西部、甘肃西北部、青藏高原北部和新疆大部。

生物多样性

在生态系统多样性方面，具有地球陆地生态系统的各种类型，其中森林类型212类、竹林36类、灌丛113类、草甸77类、荒漠52类。淡水生态系统复杂，自然湿地有沼泽湿地、近海与海岸湿地、河滨湿地和湖泊湿地等4大类。近海海域有黄海、东海、南海和黑潮流域4个大海洋生态系统，分布滨海湿地、红树林、珊瑚礁、河口、海湾、泻湖、岛屿、上升流、海草床等典型海洋生态系统，以及海底古森林、海蚀与海积地貌等自然景观和自然遗迹。还有农田生态系统、人工林生态系统、人工湿地生态系统、人工草地生态系统和城市生态系统等人工生态系统。

在物种多样性方面，已知物种及种下单元数86575种，其中，动物界35905种，植物界41940种，细菌界469种，色素界2239种，真菌界3488种，原生动物界1729种，病毒805种。列入国家重点保护野生动物名录的珍稀濒危野生动物共420种，大熊猫、朱鹮、金丝猴、华南虎、扬子鳄等数百种动物为中国所特有。已查明真菌种类10000多种。

在遗传资源多样性方面，有栽培作物528类1339个栽培种，经济树种达1000种以上，中国原产的观赏植物种类达7000种，家养动物576个品种。

受威胁物种 对全国34450种高等植物的评估结果显示，受威胁的高等植物有3767种，约占评估物种总数的10.9%；属于近危等级

（NT）的有 2723 种；属于数据缺乏等级（DD）的有 3612 种。需要重点关注和保护的高等植物达 10102 种，占评估物种总数的 29.3%。

对全国 4357 种已知脊椎动物（除海洋鱼类）受威胁状况的评估结果显示，受威胁的脊椎动物有 932 种，约占评估物种总数的 21.4%；属于近危等级（NT）的有 598 种；属于数据缺乏等级（DD）的有 941 种。需要重点关注和保护的脊椎动物达 2471 种，占 56.7%。

外来入侵物种 已发现 560 多种外来入侵物种，且呈逐年上升趋势，对中国生态环境、经济发展和人民群众健康已造成严重影响。

自然保护区

截至 2016 年底，全国共建立各种类型、不同级别的自然保护区 2750 个，保护区总面积 14733 万公顷。其中，自然保护区陆地面积约 14288 万公顷，占全国陆地面积的 14.88%。国家级自然保护区 446 个，面积约 9695 万公顷，其中陆地面积占全国陆地面积的 9.97%。

湿地 2016 年，国家湿地公园试点总数达到 836 处，新增国家湿地公园试点 134 处，新增保护面积 23.5 万公顷。实施湿地保护与修复工程、中央财政湿地补贴项目 300 多个，恢复退化湿地 30 万亩，退耕还湿 20 万亩。

海洋国家级自然保护区 监测的 65 个国家级海洋保护区中，36 个保护区开展保护对象监测，54 个保护区开展水质监测。结果表明，大部分保护区的保护对象和水质状况基本保持稳定。开展监测的保护对象中，珊瑚、红树、贝藻类等基本保持稳定；贝壳堤面积有所减少，出露滩面的古树桩多被侵蚀。

2016 年全国不同类型自然保护区情况

类型	数量（个）	面积（公顷）
森林生态	1427	31728927
草原草甸	41	1654155
荒漠生态	31	40054288
内陆湿地	383	31105732
海洋海岸	68	716828
野生动物	529	38770689
野生植物	153	1769717
地质遗迹	85	982564
古生物遗迹	33	549557
合计	2750	147332457

2016 年典型海洋生态系统情况

生态系统类型	生态监控区名称	生态监控区面积（平方千米）	健康状况
河口	双台子河口	3000	亚健康
	滦河口-北戴河	900	亚健康
	黄河口	2600	亚健康
	长江口	13668	亚健康
	珠江口	3980	亚健康
海湾	锦州湾	650	不健康
	渤海湾	3000	亚健康
	莱州湾	3770	亚健康
	杭州湾	5000	不健康
	乐清湾	464	亚健康
	闽东沿岸	5063	亚健康
	大亚湾	1200	亚健康
滩涂湿地	苏北浅滩	15400	亚健康
珊瑚礁	雷州半岛西南沿岸	1150	健康
	广西北海	120	健康
	海南东海岸	3750	亚健康
	西沙珊瑚礁	400	亚健康

续表

生态系统类型	生态监控区名称	生态监控区面积（平方千米）	健康状况
红树林	广西北海	120	健康
	北仑河口	150	健康
海草床	广西北海	120	亚健康
	海南东海岸	3750	健康

典型海洋生态系统 监测的21个典型海洋生态系统中，处于健康、亚健康和不健康状态的海洋生态系统个数分别占生态系统总数的23.8%、66.7%和9.5%。

风景名胜区 截至2016年底，全国共建立国家级风景名胜区225处，总面积约10.36万平方千米，约占全国国土面积的1.08%；省级风景名胜区737处，总面积约9.2万平方千米；全国省级（含）以上风景名胜区面积约占国土面积的2.03%。有40处国家级风景名胜区、9处省级风景名胜区被联合国教科文组织列入《世界遗产名录》。

森林

森林资源 第八次全国森林资源清查（2009—2013年）结果* 显示，全国森林面积2.08亿公顷，森林覆盖率21.63%，活立木总蓄积量164.33亿立方米，森林蓄积151.37亿立方米。森林面积和森林蓄积分别位居世界第5位和第6位，人工林面积居世界首位。

全国森林植被总生物量170.02亿吨，总碳储量达84.27亿吨。年涵养水源量5807亿立方米，年固土量81.91亿吨，年保肥量4.30亿吨，年吸收污染物量0.38亿吨，

* 截至本公报发布时，第八次全国森林资源清查（2009—2013年）结果仍为最新数据，故沿用。

年滞尘量58.45亿吨。

森林生物灾害 2016年，全国林业有害生物发生1186.69万公顷，比2015年下降1.15%。其中，重度发生面积66.03万公顷，比2015年下降17.18%，但仍属于偏重发生状态。虫害发生面积857.04万公顷，比2015年上升1.23%；病害发生面积134.14万公顷，比2015年下降3.53%；鼠（兔）害发生面积195.51万公顷，比2015年下降8.99%。全国完成林业有害生物防治面积795.53万公顷，累计防治作业面积2349.37万公顷次，主要林业有害生物成灾率控制在4.5‰以下，无公害防治率达到85%以上。

入侵中国并造成严重危害的外来林业有害生物有42种，其中松材线虫病、美国白蛾、松突圆蚧、湿地松粉蚧等发生面积为158.88万公顷，严重威胁中国的森林资源安全。

森林火灾 2016年，全国共发生森林火灾2034起，受害森林面积6224公顷，因灾伤亡36人（其中死亡20人），未发生特大森林火灾和重大伤亡事故。与2015年相比，火灾次数下降30.7%，受害森林面积下降51.9%，人员伤亡上升38.5%（死亡人数下降13.0%）。

草原

草原资源 2016年，全国有草原面积近4亿公顷，约占国土面积的41.7%，是全国面积最大的陆地生态系统和生态安全屏障。中国北方和西部是天然草原的主要分布区，西部12省草原面积3.31亿公顷，占全国草原面积的84.2%；内蒙古、新疆、西藏、青海、甘肃和四川六大牧区省份，草原面积共2.93亿公顷，约占全国草原面积的3/4。南方地区草原以草山、草坡为主，大多分布在山地和丘陵，面积约0.67亿公顷。

草原生产力 2016年，全国草原综合植被盖度54.6%，比2015

年提高 0.6 个百分点；全国天然草原鲜草总产量 103864.86 万吨，比 2015 年增加 1.03%；折合干草约 32029.43 万吨，载畜能力约为 25175.59 万羊单位，均比 2015 年增加 0.93%。全国 23 个重点省（区、市）鲜草总产量 96526.13 万吨，占全国总产量的 92.93%，折合干草约 30194.87 万吨，载畜能力约为 23738.25 万羊单位。

草原灾害 2016 年，全国共发生草原火灾 56 起，其中一般草原火灾 53 起，较大草原火灾 2 起，特大草原火灾 1 起。累计受害草原面积 36916.8 公顷，经济损失 607.3 万元，牲畜损失 3075 头（只）。与 2015 年相比，草原火灾发生次数减少 32 起，受害草原面积减少 81200 公顷，经济损失减少 10153.7 万元。全国草原鼠害危害面积 2807 万公顷，比 2015 年减少 3.5%，约占全国草原总面积的 7.1%；全国草原虫害危害面积 1251.5 万公顷，与 2015 年基本持平，约占全国草原总面积的 3.2%。

声

区域声环境

2016年，有322个地级及以上城市开展区域声环境监测，共监测55449个点位，等效声级平均值为54.0分贝。区域昼间声环境监测统计结果为：16个城市评价等级为好（一级），占5.0%；220个城市为较好（二级），占68.3%；84个城市为一般（三级），占26.1%；2个城市为较差（四级），占0.6%；无差（五级）的城市*。

道路交通声环境

2016年，有320个地级及以上城市开展道路交通声环境监测，共监测20981个点位，等效声级平均值为66.8分贝。道路交通昼间声环境监测统计结果为：220个城市评价等级为好（一级），占68.8%；

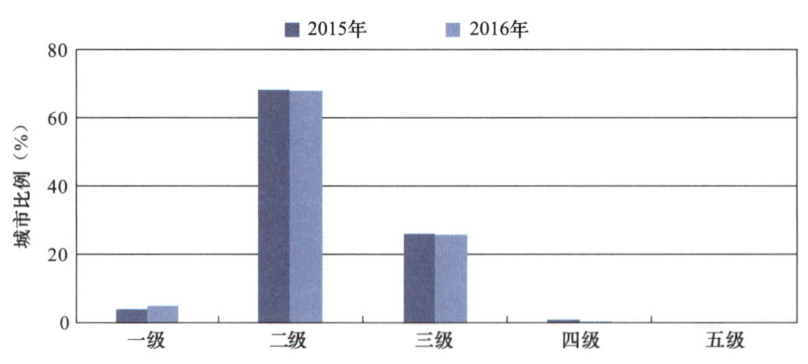

2016年全国城市区域昼间声环境质量各级别城市比例年际比较

* 区域声环境平均等效声级小于或等于50.0分贝为一级，50.1～55.0分贝为二级，55.1～60.0分贝为三级，60.1～65.0分贝为四级，大于65.0分贝为五级。

84 个城市为较好（二级），占 26.2%；11 个城市为一般（三级），占 3.4%；5 个城市为较差（四级），占 1.6%；无差（五级）的城市*。

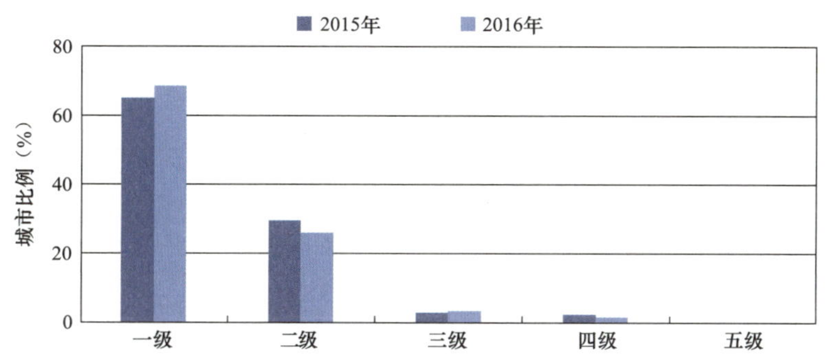

2016 年全国道路交通昼间声环境质量各级别城市比例年际比较

2016 年全国城市各类功能区达标情况年际比较（单位：%）

年份	0 类		1 类		2 类		3 类		4a 类		4b 类	
	昼	夜	昼	夜	昼	夜	昼	夜	昼	夜	昼	夜
2016	78.6	57.3	87.4	72.8	92.5	83.4	97.2	88.3	92.6	50.5	95.3	72.1
2015	80.7	64.9	87.3	74.7	93.0	83.3	97.3	88.1	93.3	50.7	93.8	64.1

城市功能区声环境

2016 年，有 309 个地级及以上城市开展功能区声环境监测，各类功能区** 共监测 21624 点次，昼间、夜间各 10812 点次。各类功能区昼间总达标点次为 9964 个，达标率为 92.2%；夜间总达标点次为 7999 个，达标率为 74.0%。

* 道路交通声环境平均等效声级小于或等于 68.0 分贝为一级，68.1～70.0 分贝为二级，70.1～72.0 分贝为三级，72.1～74.0 分贝为四级，大于 74.0 分贝为五级。

** 0 类功能区指康复疗养区等特别需要安静的区域；1 类功能区指以居民住宅、医疗卫生、文化教育、科研设计、行政办公为主功能，需要保持安静的区域；2 类功能区指以商业金融、集市贸易为主要功能，或者居住、商业、工业混杂，需要维护住宅安静的区域；3 类功能区指以工业生产、仓储物流为主要功能，需要防止工业噪声对周围环境产生严重影响的区域；4a 类功能区指道路交通两侧区域；4b 类功能区指铁路干线两侧区域。

辐　射

环境电离辐射

2016 年，全国环境电离辐射水平处于本底涨落范围内。实时连续空气吸收剂量率和累积剂量处于当地天然本底涨落范围内。空气中天然放射性核素活度浓度处于本底水平，人工放射性核素活度浓度未见异常。长江、黄河、珠江、松花江、淮河、海河、辽河等七大流域和浙闽片河流、西北诸河、西南诸河及重点湖泊（水库）中天然放射性核素活度浓度处于本底水平，人工放射性核素活度浓度未见异常。城市集中式饮用水水源地水及地下

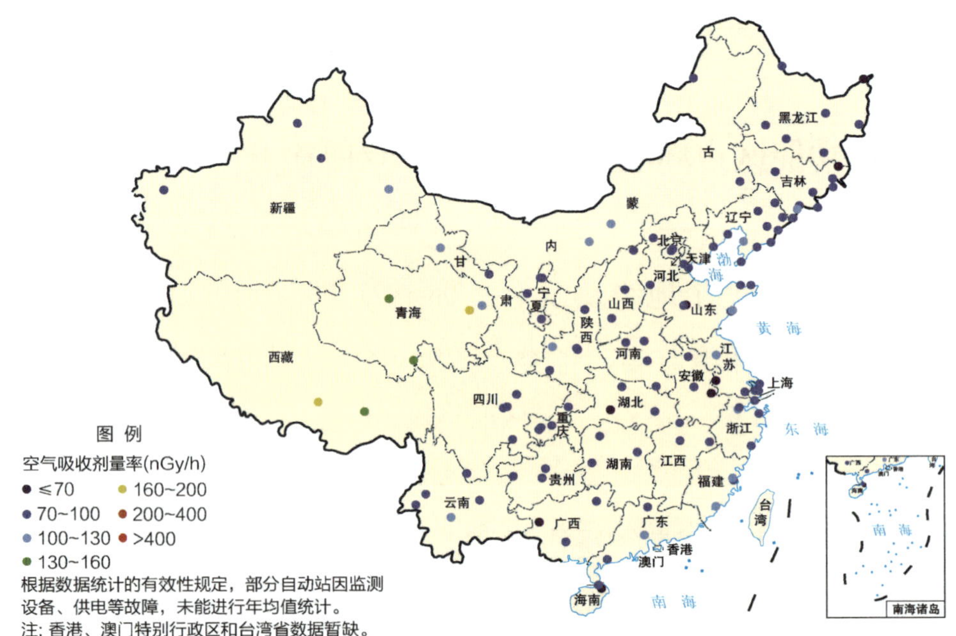

2016 年全国辐射环境自动监测站实时连续空气吸收剂量率分布示意图

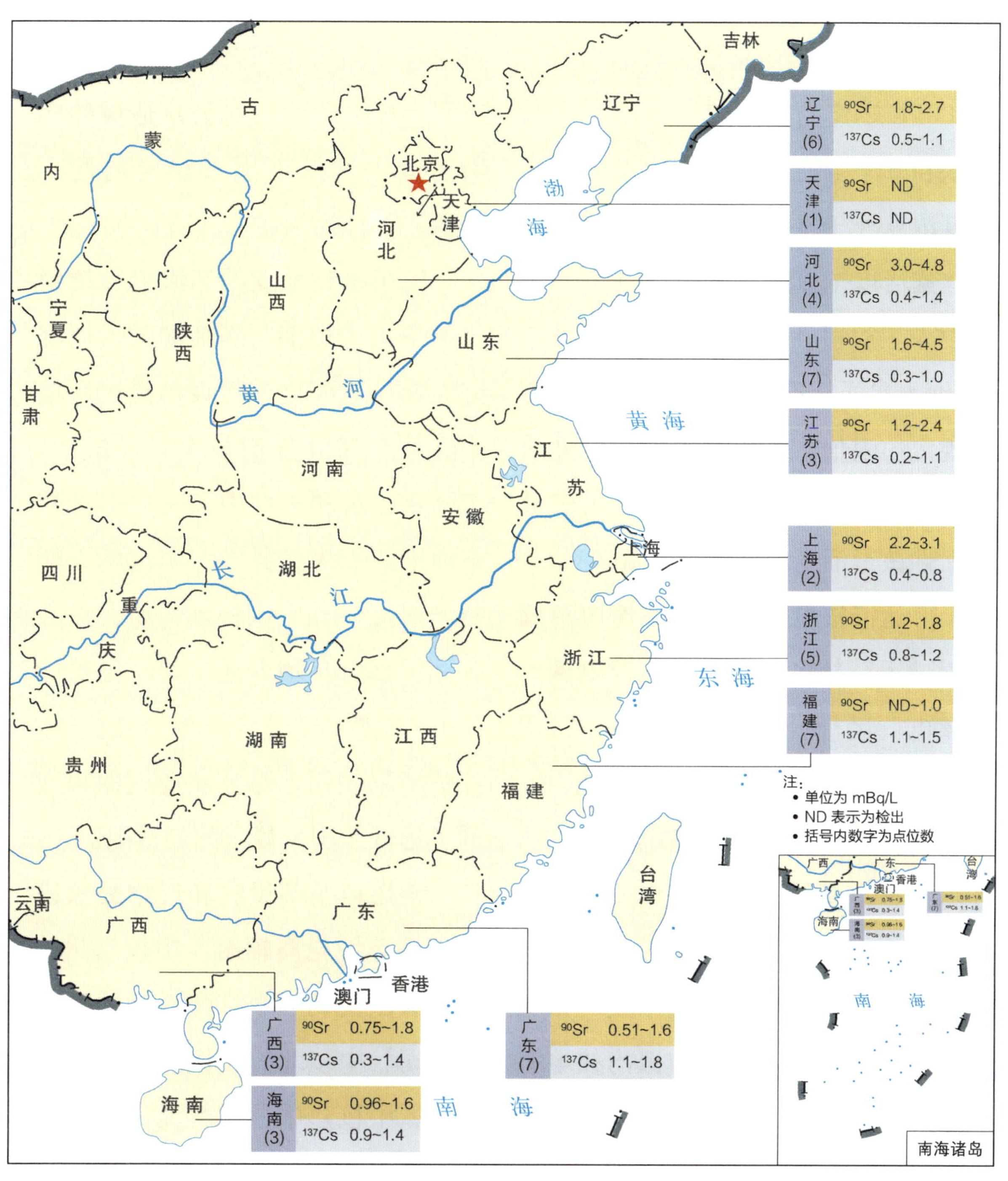

2016 年中国近岸海域海水中锶-90 和铯-137 活度浓度

饮用水中总α和总β活度浓度低于《生活饮用水卫生标准》（GB 5749—2006）规定的指导值。近岸海域海水和海洋生物中天然放射性核素活度浓度处于本底水平，人工放射性核素活度浓度未见异常，其中海水中人工放射性核素活度浓度远低于《海水水质标准》（GB 3097—1997）规定的限值。土壤中天然放射性核素活度浓度处于本底水平，人工放射性核素活度浓度未见异常。

运行核电基地周围环境电离辐射　运行核电基地周围未监测到因核电厂运行引起的实时连续空气吸收剂量率异常。阳江核电基地、红沿河核电基地、福清核电基地、防城港核电基地和昌江核电基地周围空气、水、土壤、生物等环境介质中人工放射性核素活度浓度均未见异常，秦山核电基地和田湾核电基地周围个别气溶胶样品中检出微量的钴-60等人工放射性核素，秦山核电基地、大亚湾核电基地、田湾核电基地和宁德核电基地周围部分环境介质中氚活度浓度与核电厂运行前本底相比有所升高。评估结果表明，核电厂运行对公众造成的辐射剂量均远低于国家规定的剂量限值。

民用研究堆周围环境电离辐射　清华大学核能与新能源技术研究院和深圳大学微堆等设施周围环境γ辐射空气吸收剂量率，气溶胶、沉降物、水和土壤中人工放射性核素活度浓度未见异常。中国原子能科学研究院和中国核动力研究设计院周围部分环境介质中检出微量的钴-60和碘-131等人工放射性核素，评估结果表明，对公众造成的辐射剂量远低于国家规定的剂量限值。

核燃料循环设施和废物处置设施周围环境电离辐射　中核兰州铀浓缩有限公司、中核陕西铀浓缩有限公司、中核北方核燃料元件有限公司、中核建中核燃料元件有限公司和中核四〇四有限公司等核燃料循环设施，以及西北低中放固体废物处置场和广东低中放固体废物北龙处置场周围环境γ辐射空气吸收剂量率处于当地天然本底涨落范围内，环境介质中与上述企业活动相关的放射性核素活度浓度未见异常。

铀矿冶周围环境电离辐射 铀矿冶设施周围辐射环境质量总体稳定。周围环境γ辐射空气吸收剂量率、空气中氡活度浓度、气溶胶中总α活度浓度、地表水中总铀和镭-226浓度与历年处于同一水平，周边饮用水中总铀、铅-210、钋-210和镭-226浓度低于《铀矿冶辐射防护和环境保护规定》（GB 23727—2009）的相应限值。

电磁辐射

2016年，省会城市环境电磁辐射水平远低于《电磁环境控制限值》（GB 8702—2014）规定的公众曝露控制限值12 V/m（频率范围为30～3000 MHz）。监测的大型电磁辐射发射设施、移动通信基站天线周围环境敏感点的电磁辐射水平、输电线和变电站周围环境敏感点工频电场强度和磁感应强度低于《电磁环境控制限值》（GB 8702—2014）规定的公众曝露控制限值。

交通与能源

交通

基础设施 截至2016年底，全国铁路营业里程达12.4万公里，电气化里程达8.0万公里。全国公路总里程469.63万公里，高速公路里程达13.10万公里。全国内河航道通航里程12.71万公里。全国港口拥有生产用码头泊位30388个。全国共有颁证民用航空机场218个。

运输服务 全年完成铁路旅客发送量28.14亿人，旅客周转量12579.29亿人公里，完成货运总发送量33.32亿吨，货运总周转量23792.26亿吨公里。全年完成公路营业性客运量154.28亿人，旅客周转量10228.71亿人公里，完成货运量334.13亿吨，货物周转量61080.10亿吨公里。全年完成水路客运量2.72亿人，旅客周转量72.33亿人公里，完成水路货运量63.82亿吨，货物周转量97338.80亿吨公里，全年完成民航旅客运输量4.88亿人次，旅客周转量8359.54亿人公里，完成货邮运输量666.9万吨，货邮周转量221.13亿吨公里。全年完成城市客运量1285.15亿人，其中公共汽电车完成745.35亿人，运营里程358.32亿公里，轨道交通完成161.51亿人，运营里程4.33亿列公里，巡游出租车完成377.35亿人，运营里程1552.50亿公里，客运轮渡完成0.94亿人。

能源

初步核算，2016年，全国能源

消费总量43.6亿吨标准煤，比2015年增长1.4%。煤炭消费量下降4.7%，原油消费量增长5.5%，天然气消费量增长8.0%，电力消费量增长5.0%。煤炭消费量占能源消费总量的62.0%，水电、风电、核电、天然气等清洁能源消费量占能源消费总量的19.7%。全国万元国内生产总值能耗下降5.0%。

2016年主要能源产品产量及年际比较

产品名称	单位	产量	比2015年变化（%）
一次能源生产总量	亿吨标准煤	34.6	－4.2
原煤	亿吨	34.1	－9.0
原油	万吨	19968.5	－6.9
天然气	亿立方米	1368.7	1.7
发电量	亿千瓦小时	61424.9	5.6
其中：火电	亿千瓦小时	44370.7	3.6
水电	亿千瓦小时	11933.7	5.6
核电	亿千瓦小时	2132.9	24.9

气候与自然灾害

气温

2016年，全国平均气温10.36℃，较常年（9.55℃）偏高0.81℃，为1951年以来第三高，仅次于2015年（10.49℃）和2007年（10.45℃）。四季气温均偏高，其中夏季气温为历史最高；除1月偏低、11月接近常年同期外，其余各月均偏高，其中12月偏高2.6℃，为历史同期最高。

全国31个省（区、市）中，仅黑龙江平均气温较常年偏低0.2℃，其他省（区、市）气温均偏高，其中青海、甘肃、河南和贵州4省均为历史最高。

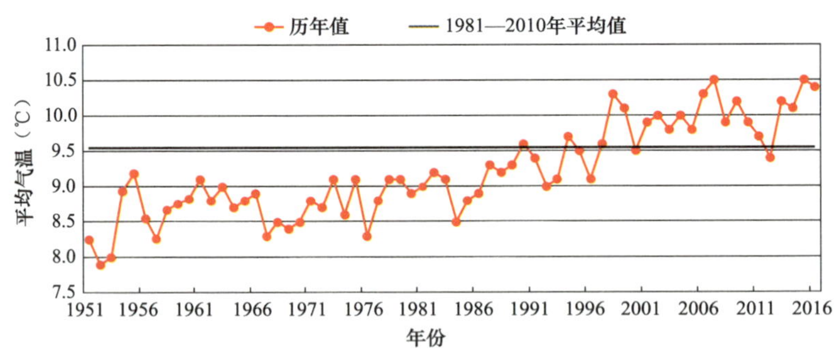

1951—2016年全国年平均气温年际变化

降水

2016年，全国年降水量范围为3.5毫米（新疆托克逊）～3494.4毫米（安徽黄山），全国平均降水量730.0毫米，较常年（629.9毫米）偏多16%，比2015年（648.8

毫米）偏多13%，为1951年以来最多。2月和8月降水偏少，3月接近常年同期，其余各月均偏多，其中1月偏多94%、10月偏多55%，均为历史同期最多。

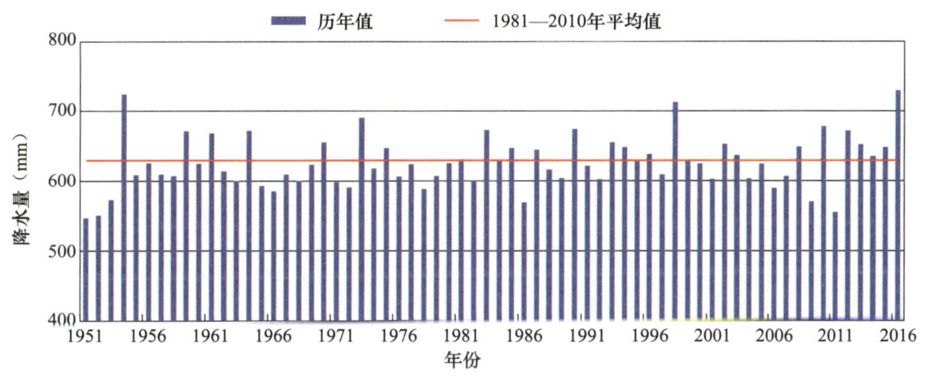

1951—2016年全国平均降水量年际变化

空间分布分析表明，长江中下游及其以南地区、重庆大部、贵州东部、云南南部降水量有1200～2000毫米，其中安徽南部、江西东南部、福建、广东大部、海南等地超过2000毫米；东北、华北、西北东南部、黄淮、江淮北部、江汉北部、四川、云南东部和北部、贵州西部、西藏中东部、青海东南部等地降水量有400～1200毫米，内蒙古大部、宁夏、甘肃中西部、青海中西部、西藏西部、新疆北部等地降水量100～400毫米，新疆南部、甘肃西北部等地降水量不足100毫米。

与常年相比，全国大部地区降水量接近常年或偏多，其中东北中部和东北部、华北西部、长江中下游沿江、江南南部、华南中东部、重庆南部、湖北中南部、新疆大部、甘肃西北部、内蒙古西部、西藏西部等地偏多20%～50%，江苏南部、安徽东南部、福建南部等地偏多50%至1倍。

气象灾害

暴雨洪涝 2016年，入汛较常

年偏早16天，较2015年偏早45天，为近7年最早；全年共出现46次区域性暴雨过程，为1961年以来第四多，全国有四分之三的县市出现暴雨，暴雨日数为1961年以来最多；强降水导致26个省（区、市）近百城市发生内涝。全国有473条河流发生超警戒水位以上洪水，118条超保证水位、51条超历史最高水位。受灾农作物1.39亿亩、人口1.02亿人，倒塌房屋43万间，直接经济损失约3661亿元。与2000年以来均值相比，农作物受灾面积、受灾人口、死亡人口、倒塌房屋分别少14％、27％、49％、57％，直接经济损失偏多150％。

干旱　2016年，没有出现大范围、持续时间长的严重干旱，旱情较常年偏轻，全国干旱受灾面积占气象灾害总受灾面积的37％。东北地区及内蒙古东部出现夏旱，黄淮、江淮及陕西等地发生夏秋连旱，湖北、湖南、贵州、广西等省（区）出现秋旱。全国作物受旱面积3.03亿亩、受灾面积1.48亿亩、成灾面积9196万亩，共有469万人、650万头大牲畜一度出现饮水困难。与2000年以来均值相比，作物受旱面积、受灾面积、人饮困难数量分别少31％、51％和80％。

台风　2016年，西北太平洋和南海共有26个台风（中心附近最大风力≥8级）生成，接近常年（25.5个）；8个台风登陆中国，较常年（7.2个）偏多0.8个；强度偏强，登陆台风中有6个达到强台风或以上级，其比例为历史最高，平均登陆强度为1973年以来第3强。初台“尼伯特”登陆为历史第二晚但强度大，是1949年以来最强初台，也是2016年造成人员伤亡最多的台风；“莫兰蒂”是2016年登陆中国大陆的最强台风，造成的经济损失最重。全年台风共造成174人死亡、24人失踪，直接经济损失766.5亿元。与2006—2015年平均值相比，2016年台风造成直接经济损失明显偏多，死亡失踪人口偏少。

强对流 2016年，大风、冰雹、龙卷风、雷电等局地强对流天气发生频繁，损失偏重。全国共发生59次大范围强对流天气过程，为2010年以来同期最多，发生冰雹或龙卷风天气的县（市）次超过2000个。与2001—2015年平均值相比，2016年降雹次数明显偏多，其中北方风雹灾害突出；强对流天气造成的受灾面积和经济损失均偏多，死亡人数偏少，江苏、山西、新疆受灾严重。6月23日江苏盐城发生历史罕见龙卷风，造成的死亡人数为近25年来全国龙卷风灾害之最。

高温 2016年，南方高温日数普遍比常年偏多5～10天。夏季，全国平均高温（日最高气温≥35℃）日数9.9天，比常年同期偏多3天，为1961年以来第二多，仅次于2013年。华南夏季高温日数24.6天，为1961年以来最多，其中广东、广西夏季高温日数均为1961年以来最多。夏季，全国出现4次区域性高温天气过程，其中7月20日—8月26日，全国共有30个省（区、市）的1653个县（市）出现35℃以上高温天气，103个县（市）日最高气温超过40℃，64个县（市）日最高气温突破当地历史极值。

低温 2016年，低温冷冻害和雪灾影响偏轻。全年低温冷冻害和雪灾共造成12人死亡，农作物受灾面积200万公顷，绝收26.3万公顷，直接经济损失179亿元；与2010—2015年平均值相比，死亡人数、受灾面积、直接经济损失均偏少。1月下旬南方出现雨雪冰冻天气，69个县（市）最低气温突破历史纪录，农林业、交通、供电和通信等受到较大影响；2月中旬至3月上旬中东部接连遭受寒潮袭击，春运及农作物受到不利影响；11月下旬中东部遭受寒潮袭击，低温及雨雪使江淮、江汉及河南等地部分设施农业受影响。

沙尘暴 2016年春季，北方沙

尘天气少，影响偏轻。共出现8次沙尘天气过程，比常年同期偏少9次；北方地区平均沙尘日数2.4天，比常年同期偏少2.7天，为1961年以来第三少。5月10—11日的沙尘暴天气过程是2016年最强的一次，南疆盆地、内蒙古中部、宁夏北部、辽宁西部、吉林西部等地出现扬沙或浮尘天气，其中南疆盆地局地出现强沙尘暴。

地震灾害

2016年，中国境内共发生5级以上地震33次（大陆地区发生18次，台湾地区发生15次），其中6.0～6.9级地震9次，5.0～5.9级地震24次，最大地震为2月6日台湾高雄市和11月25日新疆维吾尔自治区阿克陶县分别发生的6.7级地震。大陆地区地震共造成灾害事件16次，按照《国家地震应急预案》的分级标准判定，其中较大地震灾害事件3次，一般地震灾害事件13次，共造成2人死亡，103人受伤，直接经济损失66.87亿元。2月6日台湾高雄6.7级地震造成117人死亡，559人受伤。

地质灾害

2016年，共发生地质灾害9710起，造成370人死亡、35人失踪、209人受伤，直接经济损失31.7亿元。地质灾害发生数量、造成死亡失踪人数和直接经济损失分别比2015年上升18.1%、41.1%和27.4%。其中，特大型地质灾害21起，造成97人死亡、10人失踪、29人受伤，直接经济损失12.7亿元；大型地质灾害41起，造成25人死亡、5人失踪、7人受伤，直接经济损失2.8亿元；中型地质灾害307起，造成107人死亡、11人失踪、64人受伤，直接经济损失6.4亿元；小型地质灾害9341起，造成141人死亡、9人失踪、109人受伤，直接经济损失9.8亿元。

海洋灾害

2016年，各类海洋灾害共造成直接经济损失50.00亿元，死亡（含失踪）60人。其中，造成直接经济损失最严重的是风暴潮灾害，占总直接经济损失的92％；人员死亡（含失踪）全部由海浪灾害造成。单次海洋灾害过程中，造成直接经济损失较严重的是1614“莫兰蒂”和1616“马勒卡”台风风暴潮、1617“鲇鱼”台风风暴潮、“160720”温带风暴潮，分别造成直接经济损失9.19亿元、8.92亿元和8.56亿元。

公报数据来源及评价说明

本公报中环境质量状况数据以国家环境监测网监测数据为主，同时吸收相关部委提供的环境状况数据。225 个地市级行政区地下水水质、土地资源及耕地面积、地质灾害由国土资源部提供，风景名胜区由住房和城乡建设部提供，交通内容由交通运输部提供，流域地下水水质、省界水体、水土流失、洪涝干旱灾害部分内容由水利部提供，内陆和海洋渔业水域、耕地质量、草原由农业部提供，能源内容由国家统计局和国家能源局提供，荒漠化和沙化、森林、湿地部分内容由国家林业局提供，地震灾害由中国地震局提供，气温、降水、气象灾害大部分内容由中国气象局提供，全海域海水环境状况、海洋国家级自然保护区、典型海洋生态系统、海洋灾害由国家海洋局提供。

国家环境监测网包括：338 个地级及以上城市的 1436 个城市环境空气质量监测点位、978 条河流和 112 座湖泊（水库）的 1940 个地表水水质评价、考核、排名断面（点位）、338 个地级及以上城市和部分县级城市近 1000 个酸沉降监测点位、338 个地级及以上城市的集中式饮用水水源水环境监测网、417 个近岸海域环境监测点位、338 个地级及以上城市的近 80000 个城市声环境监测点位、全国 31 个省（区、市）的 645 个生态点位、10 个区域重点站和 1 个定位监测站。

本公报中，城市环境空气质量评价依据《环境空气质量标准》（GB 3095—2012），评价指标为二氧化硫（SO_2）、二氧化氮（NO_2）、可吸入颗粒物（PM_{10}）、细颗粒物（$PM_{2.5}$）、一氧化碳（CO）和臭氧（O_3）。地表水水质评价依据《地表水环境质量标准》（GB 3838—2002）和《地表水环境质量评价办法（试行）》，评价指标为 pH 值、溶解氧、高锰酸盐指数、化学需氧量、五日生化需氧量、氨氮、总磷、铜、锌、氟化物、硒、砷、汞、镉、铬（六价）、铅、氰化物、挥发酚、石油类、阴离子表面活性剂和硫化物共 21 项；湖泊（水库）营养状态评价指标为叶绿素 a、总磷、总氮、透明度和高锰酸盐指数；地级及以上城市集中式饮用水水源水质评价依据《地表水环境质量标准》（GB 3838—2002）和《地下水质量标准》（GB/T 14848—1993）。地下水水质评价依据《地下水质量标准》（GB/T 14848—1993）。近岸海域水质评价依据《海水水质标准》（GB 3097—1997）和《近岸海域环境监测规范》（HJ 442—2008），评价指标为 pH、溶解氧、化学需氧量、五日生化需氧量、无机氮、非离子氨、活性磷酸盐、汞、镉、铅、六价铬、总铬、砷、铜、锌、硒、镍、氰化物、硫化物、挥发性酚、石油类、六六六、滴滴涕、马拉硫磷、甲基对硫磷、苯并［a］芘、阴离子表面活性剂、大肠菌群和粪大肠菌群共 29 项。声环境质量评价依据《声环境质量标准》（GB 3096—2008）和《环境噪声监测技术规范/ 城市声环境常规监测》（HJ 640—2012）。生态环境质量评价依据《生态环境状况评价技术规范》（HJ 192—2015）。数值修约依据《数值修约规则与极限数值的表示和判定》（GB/T 8170—2008）。

注：本公报中涉及的全国性数据，除行政区划、国土面积、地震灾害外，均未包括台湾省、香港和澳门特别行政区。

2016 中国环境状况公报编写单位

主持单位
环境保护部
成员单位
国土资源部
住房和城乡建设部
交通运输部
水利部
农业部
国家卫生和计划生育委员会
国家统计局
国家林业局
中国地震局
中国气象局
国家能源局
国家海洋局

文 件 索 引